A DICOTOMIA DA LIDERANÇA

Dos mesmos autores de

Responsabilidade Extrema

SEALs da Unidade de Tarefas Bruiser, técnicos em descarte de material bélico explosivo e soldados iraquianos realizam uma operação de limpeza no distrito de Malaab, região leste de Ramadi, junto com Soldados norte-americanos da Força-tarefa Red Currahee, o célebre "Band of Brothers" do 1º Batalhão, 506º Regimento de Infantaria Paraquedista (1/506º), 101º Divisão Aerotransportada. Um dos comandantes do 1/506º, o "Gunfighter Six", um Soldado extraordinário e profissional, está em primeiro plano, à direita.

(Fotografia de Todd Pitman)

BEST-SELLER INTERNACIONAL

JOCKO WILLINK e LEIF BABIN

Dos autores do livro mais vendido do *New York Times*
Responsabilidade Extrema

A DICOTOMIA DA LIDERANÇA

Como equilibrar os desafios da responsabilidade extrema para liderar e vencer

ALTA BOOKS
EDITORA
Rio de Janeiro, 2019

A Dicotomia da Liderança
Copyright © 2019 da Starlin Alta Editora e Consultoria Eireli. ISBN:978-85-508-1013-3

Translated from original The Dichotomy of Leadership. Copyright © 2018 by Jocko Command LLC and Leif Babin LLC. All rights reserved. ISBN 978-1-250-19577-7. This translation is published and sold by permission of St. Martin's Press, the owner of all rights to publish and sell the same. PORTUGUESE language edition published by Starlin Alta Editora e Consultoria Eireli, Copyright © 2019 by Starlin Alta Editora e Consultoria Eireli.

Todos os direitos estão reservados e protegidos por Lei. Nenhuma parte deste livro, sem autorização prévia por escrito da editora, poderá ser reproduzida ou transmitida. A violação dos Direitos Autorais é crime estabelecido na Lei nº 9.610/98 e com punição de acordo com o artigo 184 do Código Penal.

A editora não se responsabiliza pelo conteúdo da obra, formulada exclusivamente pelo(s) autor(es).

Marcas Registradas: Todos os termos mencionados e reconhecidos como Marca Registrada e/ou Comercial são de responsabilidade de seus proprietários. A editora informa não estar associada a nenhum produto e/ou fornecedor apresentado no livro.

Impresso no Brasil — 2019 — Edição revisada conforme o Acordo Ortográfico da Língua Portuguesa de 2009.

Publique seu livro com a Alta Books. Para mais informações envie um e-mail para autoria@altabooks.com.br

Obra disponível para venda corporativa e/ou personalizada. Para mais informações, fale com projetos@altabooks.com.br

Produção Editorial Editora Alta Books	**Produtor Editorial** Juliana de Oliveira	**Marketing Editorial** marketing@altabooks.com.br	**Vendas Atacado e Varejo** Daniele Fonseca Viviane Paiva	**Ouvidoria** ouvidoria@altabooks.com.br
Gerência Editorial Anderson Vieira		**Editor de Aquisição** José Rugeri j.rugeri@altabooks.com.br	comercial@altabooks.com.br	
Equipe Editorial	Adriano Barros Bianca Teodoro Ian Verçosa Illysabelle Trajano	Kelry Oliveira Keyciane Botelho Larissa Lima Leandro Lacerda	Maria de Lourdes Borges Paulo Gomes Thales Silva Thauan Gomes	Thiê Alves
Tradução Igor Farias	**Copidesque** Vivian Sbravatti	**Revisão Gramatical** Carolina Gaio Hellen Suzuki	**Revisão Técnica** Flavio Barbosa Doutor em Ciência Política pela UFJF com CAPES/PDSE na Prague University of Economics	**Diagramação** Lucia Quaresma **Capa** Bianca Teodoro

Erratas e arquivos de apoio: No site da editora relatamos, com a devida correção, qualquer erro encontrado em nossos livros, bem como disponibilizamos arquivos de apoio se aplicáveis à obra em questão.

Acesse o site www.altabooks.com.br e procure pelo título do livro desejado para ter acesso às erratas, aos arquivos de apoio e/ou a outros conteúdos aplicáveis à obra.

Suporte Técnico: A obra é comercializada na forma em que está, sem direito a suporte técnico ou orientação pessoal/exclusiva ao leitor.

A editora não se responsabiliza pela manutenção, atualização e idioma dos sites referidos pelos autores nesta obra.

Dados Internacionais de Catalogação na Publicação (CIP) de acordo com ISBD

```
W733d    Willink, Jocko
             A dicotomia da liderança: como equilibrar os desafios da
         responsabilidade extrema para liderar e vencer / Jocko Willink, Leif
         Babin ; traduzido por Igor Farias. - Rio de Janeiro : Alta Books, 2019.
             336 p. : il. ; 14cm x 21cm.

             Tradução de: The Dichotomy of Leadership
             Inclui índice.
             ISBN: 978-85-508-1013-3

             1. Administração. 2. Liderança. 3. Gestão motivacional. I. Babin, Leif. II.
         Farias, Igor. III. Título.
                                                        CDD 658.401
         2019-874                                       CDU 658.011.2
```
Elaborado por Odílio Hilario Moreira Junior - CRB-8/9949

Rua Viúva Cláudio, 291 — Bairro Industrial do Jacaré
CEP: 20970-031 — Rio de Janeiro - RJ
Tels.: (21) 3278-8069 / 3278-8419
www.altabooks.com.br — altabooks@altabooks.com.br
www.facebook.com/altabooks

Dedicamos este livro aos Big Tough Frogmen da Equipe SEAL Três, Unidade de Tarefas Bruiser, especialmente: a Marc Lee, Mike Monsoor e Ryan Job, que perderam suas vidas; a Chris Kyle, um amigo e uma Lenda; e a Seth Stone, comandante do Pelotão Delta e nosso irmão. Nossa sincera homenagem, agora e sempre.

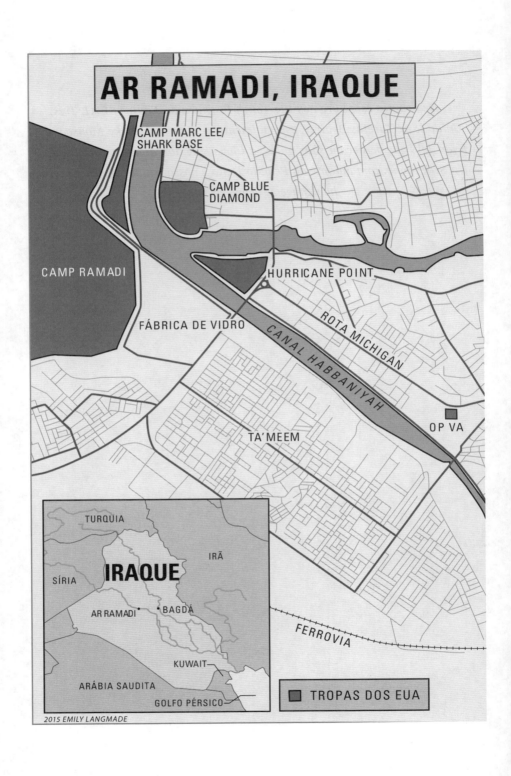

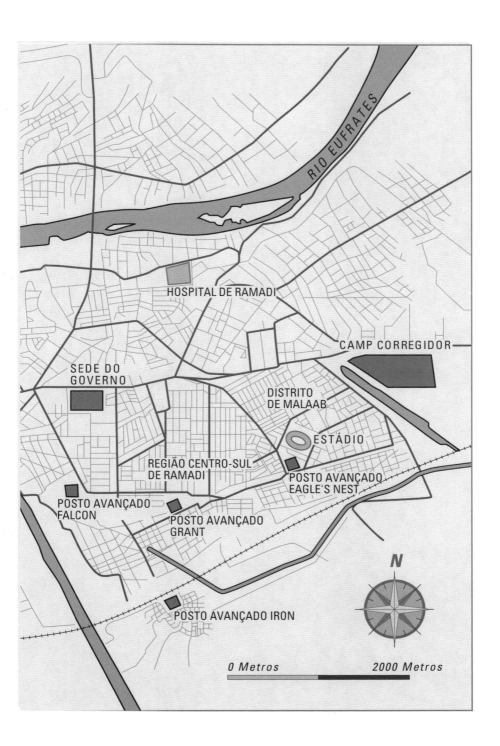

SUMÁRIO

Prefácio	xiii
Introdução	1

PARTE I: EQUILÍBRIO NA EQUIPE — 13

Capítulo 1:	A Dicotomia Fundamental	15
Capítulo 2:	Seja o Principal Responsável, mas Distribua o Poder	39
Capítulo 3:	Seja Firme, mas Não Arrogante	63
Capítulo 4:	Quando Orientar, Quando Demitir	85

PARTE II: EQUILÍBRIO NA MISSÃO — 107

Capítulo 5:	Treine Pesado, mas com Inteligência	109
Capítulo 6:	Seja Agressivo, mas Não Imprudente	135
Capítulo 7:	Seja Disciplinado, mas Não Rígido	161
Capítulo 8:	Responsabilize, Não Apadrinhe	185

xii   A DICOTOMIA DA LIDERANÇA

PARTE III: ATUANDO COM EQUILÍBRIO   203

Capítulo 9:   Um Líder e um Seguidor   205

Capítulo 10: Planeje, mas Não Exagere   227

Capítulo 11: Seja Humilde, mas Não Passivo   247

Capítulo 12: Tenha Foco, mas Preserve Sua Autonomia   271

Posfácio   291

Índice   309

PREFÁCIO

A guerra é um pesadelo. É terrível, indiferente, devastadora e atroz.

A guerra é um inferno.

Mas a guerra também é um excelente mestre, um instrutor brutal. Na guerra, aprendemos lições escritas com sangue sobre aflição, perda e dor. Também aprendemos sobre a fragilidade da vida humana e a força do espírito dos homens.

Evidentemente, aprendemos sobre tática e estratégia. Aprendemos a combater os inimigos da forma mais eficiente. Aprendemos a analisar alvos, a obter informações e aproveitá-las ao máximo, a identificar os pontos fracos do inimigo e utilizá-los a nosso favor. Assimilamos essas lições e fizemos o inimigo pagar pelas suas transgressões.

Mas, de tudo que aprendemos, nada é tão universal e comunicável quanto a compreensão incisiva que desenvolvemos sobre o poder da liderança. Vimos líderes bem-sucedidos conquistarem vitórias quando isso parecia impossível. Também observamos como uma liderança ruim pode causar o fracasso de equipes aparentemente invencíveis.

Descobrimos, em primeira mão, que os princípios da liderança são "simples, mas não fáceis". A aplicação eficiente de algumas estratégias, técnicas e habilidades exige tempo e prática. O requisito mais importante da liderança é a humildade de compreender e determinar adequadamente nossas deficiências enquanto líderes. Temos nos dedicado a transmitir tudo que aprendemos no campo de batalha, mas, todos os dias, nossa humildade é instigada pelos erros que cometemos e as lições que continuamos a aprender.

Este livro desenvolve o conteúdo da nossa primeira obra, *Responsabilidade Extrema*. Mas, embora atenda aos pedidos de muitos leitores, *A Dicotomia da Liderança* apresenta descrições, contextos e conceitos de forma precisa e compreensível para o público que não leu o primeiro livro. Para obter mais explicações sobre alguns trechos, os leitores podem recorrer às análises e cenários descritos com maior profundidade em *Responsabilidade Extrema*. Contudo, ainda que a leitura do primeiro livro seja recomendável para uma compreensão mais abrangente, não é essencial.

Nos dois livros, descrevemos nossas experiências como oficiais dos Navy SEALs. Aprendemos grande parte das lições citadas aqui na Batalha de Ramadi, em 2006, quando lideramos a Unidade Operacional Bruiser da Equipe SEAL Três. Durante essa batalha, os SEALs da Unidade Operacional Bruiser lutaram com coragem e garra incríveis. Seu impacto no campo de batalha foi extraordinário. Mas a Unidade Operacional Bruiser sofreu baixas expressivas. Esses sacrifícios nunca serão esquecidos.

Depois que saímos do serviço ativo da Marinha norte-americana, fundamos a Echelon Front para compartilhar essas lições com líderes de todas as áreas. Em 2015, publicamos o *Responsabilidade Extrema*, e líderes do mundo inteiro passaram a adotar os princípios fundamentais descritos no livro: a mentalidade da Responsabilidade Extrema e as quatro Leis do Combate: Cobrir e Mobilizar; Simplificar; Priorizar e Executar; e Descentralizar o Comando. Mais de um milhão de leitores já implementaram essas diretrizes nas suas vidas profissionais e pessoais com excelentes resultados.

Mas aplicar integralmente esses princípios é desafiador. Alguns aspectos, quando negligenciados ou mal compreendidos, criam obstáculos difíceis. Este livro contém insights e explicações minuciosas que muitas vezes fazem a diferença entre o sucesso e o fracasso. Ao final, você será capaz de processar, analisar e aplicar melhor esses princípios de liderança ao *seu* campo de batalha, seja qual for sua área de liderança, no combate, nos negócios ou na vida.

O formato de *A Dicotomia da Liderança* se parece com o do *Responsabilidade Extrema*: o livro está dividido em três partes, com quatro capítulos em cada parte e três seções por capítulo. A primeira seção descreve uma experiência de combate ou treinamento dos SEALs; a segunda seção aborda o princípio em questão; a terceira expõe uma aplicação direta do conceito ao mundo dos negócios.

A Dicotomia da Liderança não é uma autobiografia nem uma história da Guerra do Iraque. Como escrevemos em *Responsabilidade Extrema:* "Este livro trata de liderança. Ele foi escrito para líderes de pequenas e grandes equipes, para homens e mulheres, para todos que desejam melhorar como pessoas. Embora contenha relatos extraordinários das operações de combate dos SEALs, este livro reúne as lições que aprendemos com nossas experiências e que podem ajudar outros líderes a serem vitoriosos. Se este for um guia útil para os líderes criarem, treinarem e coordenarem equipes vencedoras de alta performance, sua meta terá sido atingida."

Todas as experiências de combate e treinamento descritas aqui são reais, mas não devem ser lidas como fontes históricas. Escrevemos diálogos para destacar a mensagem e o significado das interações. Eles são imperfeitos e estão sujeitos à passagem do tempo e às falhas da memória. Além disso, suprimimos algumas táticas, técnicas e procedimentos, bem como informações sigilosas sobre a ocasião, o local e os participantes de determinadas operações. Em cumprimento às normas do Departamento de Defesa dos EUA, o manuscrito foi submetido ao processo de análise de segurança do Pentágono e aprovado. Não revelamos os nomes dos nossos companheiros, exceto dos colegas mortos em combate e dos SEALs já conhecidos na esfera pública. Nossos irmãos que atuam no serviço ativo das Equipes SEAL são profissionais discretos, indiferentes a qualquer forma de reconhecimento; é nosso dever protegê-los com a máxima seriedade.

Também tivemos o cuidado de proteger os incríveis Soldados e Fuzileiros[1] com quem servimos na Batalha de Ramadi. Seus nomes ecoam em nossas memórias como exemplos incríveis de liderança, sacrifício e heroísmo. Mas, para zelar pela sua privacidade e segurança, não mencionamos seus nomes neste livro, exceto quando já conhecidos pelo público.

Da mesma forma, adotamos todas as medidas necessárias para proteger o sigilo dos clientes da nossa empresa de consultoria em liderança, a Echelon Front. Não identificamos as empresas, alteramos nomes e cargos de indivíduos e, em alguns casos, suprimimos e modificamos informações obtidas em contextos profissionais. Como em *Responsabilidade Extrema*, embora os relatos descritos sejam experiências reais no mundo dos negócios, em alguns casos combinamos situações, modulamos o tempo e alteramos os detalhes para proteger o sigilo e, mais importante, destacar os princípios abordados no trecho em questão.

É gratificante observar o impacto mundial de *Responsabilidade Extrema* e, especificamente, o sucesso de tantos leitores que aplicaram os princípios explicados na obra. No entanto, parte do público não entende esse título e seu extraordinário princípio fundamental: a mentalidade e a atitude da Responsabilidade Extrema. Muitas vezes, a liderança exige equilíbrio, não comportamentos extremos. Os líderes devem harmonizar forças que apontam para direções opostas. É essencial ser, ao mesmo tempo, agressivo e cauteloso, disciplinado e flexível, mestre e discípulo, em quase todos os aspectos da liderança. Encontrar esse ponto de equilíbrio entre tendências tão diversas é o obstáculo mais difícil para os líderes.

Com *A Dicotomia da Liderança*, os líderes entenderão esse desafio e encontrarão o equilíbrio necessário para vencer da forma mais eficiente. Em qualquer arena, a harmonia é essencial para um desempenho excelente. Quando há autoridade em excesso, a equipe reluta na execução; quando falta autoridade,

---

1 De acordo com a política do Departamento de Defesa dos EUA, os termos "Soldado" [do Exército dos EUA] e "Fuzileiro" [Fuzileiro Naval dos EUA] serão grafados em caixa-alta neste livro.

a equipe fica sem direção. Quando os líderes são muito agressivos, acabam colocando a equipe e a missão em risco; quando esperam demais para agir, os resultados podem ser igualmente catastróficos. Um treinamento excessivo pode esgotar as forças da equipe; mas, sem um treinamento desafiador e prático, a equipe não saberá lidar com situações reais. São diversas dicotomias, e todas devem ser equilibradas.

Desde a publicação de *Responsabilidade Extrema*, trabalhamos com milhares de líderes de centenas de empresas e organizações, e a maioria das dúvidas que ouvimos girava em torno de um mesmo conceito, de uma mesma dificuldade: atingir o equilíbrio na Dicotomia da Liderança.

Este livro aborda especificamente essas questões. Como indicamos no prefácio de *Responsabilidade Extrema*, não temos todas as respostas. Ninguém as tem. Mas, como líderes no campo de batalha, nossos fracassos e sucessos nos ensinaram importantes lições e a ser mais humildes. Muitas vezes, foram nossos erros e derrotas que mais contribuíram para o nosso desenvolvimento e crescimento. Continuamos aprendendo e crescendo até hoje.

Como *A Dicotomia da Liderança* desenvolve os conceitos descritos no *Responsabilidade Extrema*, devemos reproduzir aqui o seguinte trecho da nossa obra anterior:

> Escrevemos este livro para que as futuras gerações conheçam esses princípios de liderança, para que eles não sejam esquecidos e para que, nas guerras que virão e passarão, essas lições cruciais não tenham que ser reaprendidas nem reescritas com mais sangue.
>
> Escrevemos esta obra para que essas lições continuem sendo aplicadas dentro e fora do campo de batalha, em todas as situações de liderança, em empresas, grupos e organizações, por pessoas que desejam atingir uma meta e cumprir uma missão. Escrevemos este livro para que líderes do mundo inteiro implementem estes princípios e sejam vencedores.

A DICOTOMIA DA LIDERANÇA

Sob o comando do capitão "Main Gun" Mike Bajema, do Exército norte-americano, o apoio de fogo dos veículos M2 Bradley e dos tanques M1A2 Abrams da Equipe Bulldog (Companhia Bravo), Força-tarefa Bandit (1º Batalhão, 37º Regimento de Blindados da 1ª Brigada, 1ª Divisão de Blindados), foi crucial para as manobras terrestres das infantarias norte-americana e iraquiana e dos SEALs do Pelotão Charlie na região centro-sul de Ramadi. Os Soldados da Equipe Bulldog e da Força-tarefa Bandit foram extraordinários, agressivos e profissionais; suas ações corajosas salvaram os SEALs da Unidade de Tarefas Bruiser em diversas operações.

(Fotografia de Mike Bajema)

INTRODUÇÃO
Em Busca do Equilíbrio

Leif Babin

BLOCO J, REGIÃO CENTRO-SUL DE RAMADI, IRAQUE: 2006

"Fica ligado, que já vem", alguém disse pelo canal aberto do rádio, com a calma de uma aeromoça que pede aos passageiros para recolherem as mesas e se prepararem para o pouso. A rua diante de nós estava vazia. Como mágica, os habitantes do local haviam desaparecido de uma hora para outra. Sabíamos o que isso significava: o inimigo atacaria a qualquer momento. Entrei no modo de alerta máximo.

Depois de inúmeras trocas de tiros em Ramadi, "fica ligado, que já vem" era uma piada que aliviava a tensão sempre que havia indícios de problemas. A graça era diretamente proporcional à indiferença do humorista diante das piores circunstâncias possíveis.

Era dia quando nossa patrulha de SEALs e soldados iraquianos chegou a pé a uma estreita rua da cidade, cercada por muros altos de concreto nos dois lados.

De repente, o mundo explodiu. Dezenas de balas cruzaram o ar com zumbidos supersônicos, detonando contra o muro ao meu lado em rápidos estrondos. Fragmentos de concreto voaram para todos os lados. As nuvens carregadas de disparos soavam como uma tropa de britadeiras arrasando simultaneamente a rua e as paredes ao redor.

Aquele era o moedor de carne do inimigo. Os rebeldes estavam atacando de várias posições usando metralhadoras carregadas com cintas de munição. Eu não conseguia vê-los, nem os pontos de onde estavam atirando, mas o número de balas voando pelo ar era insano.

Não havia onde se esconder. Os muros altos impossibilitavam qualquer cobertura naquela rua estreita. Só um carro estacionado mais adiante e o típico lixo espalhado pelo chão nos separavam das metralhadoras do inimigo. A patrulha se dividiu em duas colunas, cada uma em um lado da rua, todos agachados perto dos muros. Não tínhamos nenhuma proteção contra as balas. Mas, a nosso favor, contávamos com um poder de fogo devastador. Como era certo travar confrontos armados nas patrulhas que fazíamos nessa região dominada pelo inimigo, partimos prontos para a ação. Cada esquadrão de oito SEALs levava, no mínimo, quatro metralhadoras e cintas de munição suficientes para neutralizar o inimigo ao longo do caminho. No início da crise, nossa primeira reação foi a única resposta diante da violência e da escala do ataque: Cobrir e Mobilizar. Após meses de aprendizado em combates urbanos e de várias lições de humildade, a Unidade de Tarefas Bruiser já era bastante experiente nesse princípio fundamental do confronto armado.

Nanossegundos depois, os SEALs à frente usaram suas metralhadoras imensas para criar a barreira de fogo mais letal e implacável que você pode imaginar. Apesar da intensidade e da violência do combate urbano de contato, tive que sorrir.

INTRODUÇÃO 3

Nossa, como eu adorava aqueles caras: eram os Big Tough Frogmen [Sapões Durões, em tradução livre] que carregavam as pesadas metralhadoras Mk48[2] e Mk46 (Mark Quarenta e Oito e Mark Quarenta e Seis) mais o peso das centenas de projéteis, dos seus uniformes, capacetes, rádios, água e de todo o equipamento que precisavam levar; tudo isso sob o sol escaldante do verão iraquiano.

Devemos nossas vidas a esses SEALs e suas metralhadoras. Nossos snipers mataram muitos alvos e receberam um merecido reconhecimento por isso, mas, em cada ataque, eram as metralhadoras e seus operadores que neutralizavam as ameaças. Em pé ou agachados, os SEALs disparavam suas armas encaixadas nos ombros com uma precisão incrível. As rajadas eliminavam os rebeldes ou os forçavam a procurar cobertura (o que efetivamente impedia mais ofensivas), abrindo espaço para novas manobras, tomada de flancos ou uma fuga para fora da rua e do alcance do perigo.

Mesmo com dezenas de balas voando pelas ruas e atingindo os muros, ninguém foi ferido. Era a beleza do Cobrir e Mobilizar.

Como comandante do Pelotão Charlie e oficial mais experiente no local, minha vontade era assumir o comando, transmitir a ordem de recuar e instalar um "refúgio" em um prédio próximo, para obter a proteção das paredes de concreto, montar um esquema de segurança e aproveitar o telhado. Dessa posição, seria possível localizar os rebeldes e enviar um esquadrão para cercá-los ou mandar os tanques explodirem tudo e todos. Desde criança, eu sonhava em ser um líder de combate. Queria entrar para os SEALs desde que conheci essa unidade de operações especiais da Marinha de Guerra, ainda no colégio. Liderar operações de combate intensas em um local como Ramadi era a realização definitiva desse antigo sonho. Meu maior desejo era dar um passo à frente e assumir o comando, gritando a plenos pulmões para ser ouvido em meio àquele violento tiroteio.

---

2 Mk48: A Mark 48 é uma metralhadora média, calibre 7,62mm padrão OTAN, desenvolvida especificamente para as Equipes SEAL da Marinha de Guerra dos EUA; é maior que sua irmã, a Mark 46, uma metralhadora um pouco mais leve, calibre 5,56mm padrão OTAN.

Mas eu não estava no comando.

O líder dessa operação de combate era um comandante assistente recém-integrado ao Pelotão Charlie, o oficial menos experiente do pelotão. Era sua operação, o comando era dele.

Eu teria prontamente assumido o controle e decidido se ele e os outros precisassem, no momento necessário. Mas ele era um excelente oficial, e, como nosso incrível e altamente experiente chefe de pelotão Tony Eafrati, eu confiava totalmente no comandante assistente, que provou seu valor em diversas ocasiões.

O comandante assistente logo indicou um prédio grande como refúgio. Enquanto os SEALs na dianteira despejavam seu fogo neutralizador, os outros se deslocaram até o portão principal (a via de saída da rua) e penetraram no complexo.

Estava na metade da patrulha quando avistei um foco do inimigo alguns quarteirões à frente e atirei várias granadas 40mm usando o lançador de granadas acoplado ao meu fuzil M4. Lancei esses "ovos de ouro" explosivos sobre as cabeças do grupo até a posição dos rebeldes, que foram detonados com um estrondo arrasador. Foi uma contribuição pequena, mas eficaz para conter os insurgentes, complementando as rajadas das metralhadoras.

Logo depois, cheguei ao portão de entrada do complexo, onde me posicionei para receber os membros da patrulha que corriam para lá. Marc Lee, com uma monstruosa Mk48, estava bem na minha frente, massacrando os alvos com uma sequência de rajadas. Marc era durão e cobria a tropa inteira. O fogo inimigo ainda caía sobre nós e voava pela rua, mas, com o estrago que Marc estava fazendo, os rebeldes não conseguiam mirar direito.

Conferi a retaguarda da patrulha. Um dos últimos SEALs na rua estava correndo rapidamente na minha direção.

"Vamos lá!", gritei, indicando o portão com um gesto.

INTRODUÇÃO 5

De repente, a poucos metros de mim e da segurança das paredes de concreto, o SEAL desmoronou violentamente e caiu de cara no chão. Aflito, corri até ele.

Uma baixa, pensei. *Deve ter pego um tiro no peito ou na cabeça.*

Disparei até o local, já prevendo uma cena sangrenta. Fiquei surpreso quando o vi deitado, sorrindo para mim.

"Tudo bem?", gritei em meio ao som intenso do tiroteio.

Balas passavam raspando entre nós, levantando poeira a poucos metros e ricocheteando nos muros próximos.

"Tudo certo", ele respondeu. "Eu tropecei."

Abri um sorriso aliviado, contente por ele não estar gravemente ferido nem morto.

"Brou!", gritei forte em meio aos tiros. "Pensei que a tua cabeça já era!" Nós dois rimos.

Rapidamente, peguei sua mão e o ajudei a se levantar. Corremos juntos até o portão. Enquanto o SEAL entrava no complexo, eu me adiantei para chamar Marc.

"Última chamada", gritei, indicando que todos já estavam dentro do prédio. Dei cobertura para Marc recuar, metralhadora apontada para o céu, fumegante, e passamos juntos pelo portão. Enfim, todos estavam fora da rua, longe da linha de fogo do inimigo e dentro do complexo, sob a proteção das suas paredes de concreto. Graças ao Marc e aos outros SEALs armados com metralhadoras, auxiliados pelos companheiros com fuzis M4, apesar da intensidade do ataque e do poder de fogo do inimigo, ninguém foi ferido.

Segui para o telhado onde os atiradores dos SEALs já estavam posicionados. Investíamos contra os inimigos, que ainda percorriam os prédios e prosseguiam com o ataque. O comandante assistente também estava lá, junto com o operador de rádio do Pelotão Charlie, avaliando a situação.

"O que você quer fazer?", perguntei a ele.

"Vamos pedir o apoio de fogo dos tanques", ele disse, calmo. O comandante assistente estava tranquilo em combate, uma excelente qualidade que todo líder deve almejar.

"Entendido", eu disse. Essa era a melhor jogada. No telhado, a vantagem era nossa. As paredes eram muito seguras. O operador chamou a Equipe Bulldog (Companhia Bravo, 1º Batalhão, 37º Regimento de Blindados da 1ª Brigada, 1ª Divisão de Blindados do Exército norte-americano), e os tanques M1A2 Abrams começaram a rodar com seu massivo poder de fogo. Esses Soldados, liderados pelo capitão "Main Gun" Mike Bajema, eram extraordinários. Apesar da ameaça mortal das bombas de fabricação caseira, que destruíram vários tanques na região centro-sul de Ramadi, sempre que chamávamos, o valente "Main Gun" Mike aparecia para ajudar pessoalmente com seu tanque e outro blindado da Bulldog. Nossa patrulha sabia que poderia se arriscar bastante e ir bem longe no território inimigo mais hostil, porque, se houvesse problemas, a Equipe Bulldog daria cobertura. Mike e seus Soldados eram guerreiros incríveis, agressivos. Eles fariam tudo ao seu alcance para nos resgatar, mesmo encarando grandes perigos e dificuldades. E, quando os tanques chegavam, *traziam o inferno com eles.*

Em minutos, as tripulações subiram nos tanques e se encaminharam para o complexo. Continuávamos sob fogo cerrado do inimigo. No telhado, um SEAL levantou um pouco para localizar os insurgentes. Ato contínuo, sua cabeça voou para trás, e ele caiu de costas bruscamente. Intacto, ele se sentou, sem compreender o que tinha ocorrido. Quando tirou o capacete para examiná-lo, encontrou uma rachadura profunda; uma bala do inimigo havia ricocheteado no equipamento de visão noturna acoplado na parte frontal. Se tivesse acertado dois ou três centímetros mais para baixo, a cabeça dele teria explodido.

"O que aconteceu?", perguntou um SEAL próximo a ele.

"Peguei um tiro", ele disse, sorrindo e apontando para o capacete.

Foi por um triz, mas felizmente a situação só produziu risadas.

Enquanto esperávamos no telhado, liguei o rádio para monitorar a rede de comunicações da Bulldog. Ouvi "Main Gun" Mike perguntando se nós poderíamos marcar os prédios de onde os insurgentes estavam atirando.

"Vocês têm granadas de fumaça vermelha?", perguntou o operador de rádio.

Eu não tinha nenhuma.

"Temos munição traçante", sugeri. O SEAL que operava o rádio tinha um pente cheio de cartuchos traçantes, que emitiam um brilho laranja ao longo da trajetória da bala. Marc Lee também tinha balas traçantes a cada cinco cartuchos na cinta de munição. Comunicamos o plano para "Main Gun" Mike e sua equipe. Enquanto os pesados tanques Abrams se aproximavam, com suas lagartas ressoando pela rua na cidade de concreto, transmiti a ordem de marcar o alvo que ouvi pelo rádio.

"Marquem o alvo", gritei. Marc e o operador de rádio iluminaram a posição do inimigo com a munição traçante.

Fica ligado, que já vem. Pensei nisso quando a torre do tanque Abrams de Mike girou e apontou o canhão 120mm para o prédio de onde saíam os disparos dos rebeldes. O tanque arrasou o local e encerrou o ataque do inimigo. Os insurgentes que não foram neutralizados abandonaram a posição rapidamente. Não houve mais ataques naquele dia, graças ao Mike e seus Soldados da Equipe Bulldog. Outra vez, os tanques foram nossa salvação. A equipe combinada de SEALs e Soldados do Exército dos EUA deu uma surra homérica nos insurgentes. E o comandante assistente provou novamente que era um líder consistente, competente e tranquilo, mesmo diante da pressão de um combate de proximidade.

Mas, se o assistente estava pronto para liderar nessa situação, eu estava preparado para obedecer. A meta dos líderes deve ser trabalhar duro até entregar o cargo. É difícil chegar a esse ponto, mas, ao colocarmos líderes novatos e homens da linha de frente no comando, aumentamos muito a eficiência do nosso pelotão de SEALs e da nossa unidade de tarefas. Assim, criamos uma cultura de líderes em todos os níveis. Alternar entre os papéis de líder e seguidor é um exemplo da Dicotomia da Liderança, o equilíbrio entre forças opostas que o líder deve atingir em sua missão. Estar pronto para liderar, mas saber quando seguir. Assumir uma Responsabilidade Extrema por todos os aspectos da missão, mas aplicar o Comando Descentralizado para incentivar outras pessoas a liderarem. O conhecimento dessas dicotomias e a habilidade de equilibrar forças opostas são ferramentas essenciais para líderes vencedores em todos os níveis.

A Dicotomia: Equilibrando os Desafios da Responsabilidade Extrema

Jocko Willink e Leif Babin

Nosso primeiro livro, *Responsabilidade Extrema*, chamou a atenção de muitos leitores. A ideia de assumir a responsabilidade (uma Responsabilidade Extrema) por todos os aspectos da missão vem mudando a visão das pessoas sobre a liderança. Líderes eficientes não culpam ninguém quando algo dá errado. Eles assumem a responsabilidade pelos erros, determinam o que deu errado, desenvolvem soluções e evitam que eles ocorram novamente enquanto seguem em frente.

Até os melhores líderes e equipes às vezes têm um desempenho ruim. A perfeição não está ao alcance de ninguém. Os melhores líderes e equipes são excelentes porque, quando erram, reconhecem seus erros, assumem a responsabilidade por eles e implementam correções para incrementar sua performance. A cada iteração, a equipe e seus líderes aumentam sua eficácia. Com o tempo, a equipe deixa a concorrência para trás, especificamente as equipes que adotam uma cultura de desculpas e culpabilização, o que nunca resolve os problemas nem incrementa a performance.

Nossas quatro Leis do Combate têm contribuído para melhorar radicalmente o desempenho de equipes e organizações (de pequeno e grande porte) em muitos setores do mundo dos negócios, nos Estados Unidos e em outros países, inclusive instituições de defesa civil, militares, policiais, filantrópicas, escolares e esportivas.

A primeira Lei do Combate é Cobrir e Mobilizar. Esta é uma atividade coletiva: os indivíduos e equipes devem colaborar para o sucesso da missão. Os departamentos e grupos da equipe (e até grupos externos cruciais para o sucesso) devem eliminar unidades isoladas e trabalhar juntos pela vitória. Não é suficiente que só um elemento do grupo funcione: se a equipe fracassar, todos perdem. Mas, se a equipe inteira vencer, todos ganham. O sucesso é compartilhado por todos os membros.

A segunda Lei do Combate é Simplificar. A complexidade traz o caos, especialmente quando algo dá errado. E as coisas sempre dão errado. Os responsáveis pela execução têm dificuldades com planos e ordens muito complexos. Quando os membros da equipe não entendem os planos e as ordens, não conseguem executá-los. Portanto, os planos devem ser simplificados para que todos reconheçam o "intuito do comandante", o objetivo geral da missão, e compreendam sua função no desenvolvimento da operação. As ordens devem ser comunicadas de forma "simples, direta e concisa". O teste mais eficiente para confirmar se os planos e ordens foram bem comunicados é o seguinte: confira se a equipe entendeu tudo. Os membros da equipe só executarão as ordens se as compreenderem.

A terceira Lei do Combate é Priorizar e Executar. Abordar vários problemas simultâneos (um cenário bastante comum) é uma receita para o fracasso. É essencial que os líderes se distanciem (tirem o foco dos detalhes) e avaliem a situação para determinar a prioridade máxima da missão estratégica. Depois de defini-la, eles devem comunicá-la objetivamente para a equipe e monitorar sua execução. Em seguida, os líderes e a equipe podem abordar a próxima prioridade e assim por diante. Um treinamento e planos de contingência adequados preparam melhor as equipes e os líderes para Priorizar e Executar ativamente em meio a situações de pressão.

A quarta Lei do Combate é Descentralizar o Comando. Ninguém pode administrar tudo nem tomar todas as decisões. A liderança deve ser descentralizada, com líderes capazes de tomar decisões em todos os níveis até os homens da linha de frente, que só controlam as próprias vidas e sua pequena parcela da missão. No Comando Descentralizado, todos lideram. Portanto, os membros da equipe devem compreender não só o que precisam fazer, mas *por quê*. Isso exige uma comunicação direta e frequente em toda a cadeia de comando e, mais importante, confiança. Os líderes novatos devem ter confiança em sua compreensão da missão estratégica, do intuito de seu comandante (ou chefe) e dos parâmetros aplicáveis à tomada de decisões. Os líderes experientes devem incentivar e confiar na capacidade dos novatos de tomar as decisões corretas. Para implementar essa prática com máxima eficácia, são necessários treinamento e comunicação constantes.

O título do livro anterior era um grande problema. Embora escancare um princípio fundamental da liderança, a expressão *Responsabilidade Extrema* também pode causar equívocos. A Responsabilidade Extrema é a base de uma boa liderança. Mas liderar quase nunca requer ideias e posturas *extremas*. Na verdade, quase sempre ocorre o oposto: a liderança exige equilíbrio. Abordamos esse conceito no Capítulo 12 de *Responsabilidade Extrema*. Mas, quando conferimos as legiões de líderes de empresas, equipes e organizações que implementaram os princípios descritos no livro, constatamos que muitos tinham dificuldades para atingir esse equilíbrio. Verificamos que esse é o maior desafio para as centenas de empresas e milhares de líderes que treinamos e orientamos nos últimos anos por meio da nossa empresa de consultoria em liderança, a Echelon Front.

No último capítulo de *Responsabilidade Extrema*, escrevemos:

O líder deve ser um perito em dosagem. Para liderar, precisa atingir um equilíbrio entre qualidades aparentemente contraditórias, entre um extremo e outro. Essa simples informação é uma das ferramentas mais poderosas do líder. Sabendo disso, ele pode equilibrar mais facilmente essas forças opostas e atuar com máxima eficácia.

Todo comportamento e característica do líder pode ser empregado em excesso. Posturas muito extremas prejudicam o equilíbrio necessário para conduzir a equipe. Sem estabilidade, a liderança perde eficácia e o desempenho do grupo cai rapidamente.

Até os princípios básicos da Responsabilidade Extrema em combate podem se desequilibrar. Um líder pode Cobrir e Mobilizar demais, interferindo no trabalho de outros líderes, departamentos e divisões. Um plano pode ser Simplificado demais e não abordar todas as possíveis contingências. Ao Priorizar e Executar em excesso, uma equipe pode sofrer de fixação no alvo e perda de consciência situacional diante de novos problemas e ameaças. O Comando Descentralizado também pode ser excessivo quando os líderes subordinados recebem autonomia sem compreender os objetivos estratégicos nem a respectiva execução.

Isso se aplica a todas as ações da liderança. Os líderes devem se aproximar dos seus subordinados, mas não tanto a ponto de criar um problema. Eles devem impor disciplina, mas sem posturas autoritárias. É possível levar a Responsabilidade Extrema ao extremo, como quando um líder assume tanta responsabilidade por tudo que os membros da equipe não se sentem responsáveis por nada. Nesse caso, eles só executam as ordens específicas do chefe, sem nenhuma responsabilidade direta ou interesse pessoal, e a equipe perde bastante sua capacidade de superar obstáculos para concluir a missão.

Portanto, o equilíbrio na liderança é crucial para a vitória. Ele deve ser sempre monitorado e modulado de acordo com cada situação. Caso alguém tenha um desempenho ruim, por exemplo, o líder deve pôr a mão na massa e microgerenciar o indivíduo em questão até que seu rendimento seja satisfatório. Mas, quando o membro da equipe se recuperar e apresentar um desempenho eficiente, o líder deve saber se distanciar e dar espaço para que esse indivíduo assuma mais responsabilidade e organize suas tarefas por conta própria.

Não é fácil manter uma postura de mudança constante, modulação contínua e ajustes frequentes para equilibrar as dicotomias pertinentes à liderança. No entanto, essa habilidade é essencial para uma liderança eficiente.

Como observamos, essas dificuldades são comuns entre bons líderes que querem melhorar seu desempenho. Foi isso que nos motivou a desenvolver o conceito de Dicotomia da Liderança. O objetivo deste livro é ajudá-los apresentando exemplos de como encontrar o equilíbrio adequado na liderança (moderando a ideia de liderar com atos extremos e focando a manutenção do equilíbrio) em equipes e entre colegas, acima e abaixo na cadeia de comando. Os bons líderes devem saber como reconhecer, compreender e ajustar esse equilíbrio. Embora não seja fácil, com estudo, prática disciplinada e um esforço contínuo, todos podem se tornar mestres na arte de equilibrar a Dicotomia da Liderança. Aqueles que conseguirem, dominarão seus campos de batalha e conduzirão suas equipes até a vitória.

PARTE I
EQUILÍBRIO NA EQUIPE

Em homenagem a Marc Lee, colocamos um memorial com seu equipamento de combate (capacete, botas e a Mark 48 com pintura personalizada) no telhado do centro de operações básicas do Sharkbase, o acampamento da Unidade de Tarefas Bruiser, que passou a ser conhecido como Camp Marc Lee. Embora tecnicamente fosse proibido hastear a bandeira norte-americana no Iraque, a Unidade de Tarefas Bruise coroou seu quartel-general com a Old Glory. Marc lutou pela bandeira e por seus companheiros de armas e foi o primeiro SEAL a ser morto em combate no Iraque. A Unidade de Tarefas Bruiser também perdeu Michael Monsoor e Ryan Job, que morreu por complicações de saúde após a cirurgia que tratou seus ferimentos de combate.

(Fotografia dos autores)

CAPÍTULO 1
A Dicotomia Fundamental

Jocko Willink

HOSPITAL CHARLIE, CAMP RAMADI, IRAQUE: 2006

"Senhor", disse o jovem SEAL, quase sussurrando. "O senhor pode vir aqui?" Apertamos as mãos. Não foi um gesto formal entre homens de negócios; as palmas se uniram e os polegares se cruzaram atrás das mãos, como em uma queda de braço. Era o cumprimento de uma fraternidade. Seus olhos indicavam o efeito da morfina, mas ele ainda estava consciente e atento. Ele tinha tudo: era inteligente, corajoso, atlético, engraçado, leal e durão. Sua perna fora atingida por um tiro meia hora atrás. Depois, fiquei sabendo que Mikey Monsoor, outro jovem atirador de metralhadora dos SEALs, sob um pesado fogo inimigo, havia arrastado esse SEAL para fora dos escombros de uma rua do distrito de Malaab, em Ramadi, o foco mais violento da insurgência no Iraque.

O SEAL estava em uma maca no Charlie Med, o hospital de campanha do Camp Ramadi, onde as equipes médicas se dedicavam a salvar os combatentes que chegavam quase todos os dias com ferimentos graves. A bala, um cartucho perfurante monstruoso calibre 7,62×54mm com núcleo de aço, entrara na parte inferior da coxa, rasgando músculos e ossos até sair na parte superior, já perto da virilha. A perna seria salva? Era difícil dizer. Pelo aspecto do ferimento, eu achava que não. Ela teria que ser amputada.

O SEAL segurou minha mão com mais força e me puxou para bem perto dele. Eu achava que ele queria me dizer algo, então virei a cabeça e coloquei o ouvido perto da sua boca. Não sabia o que esperar. Ele estava assustado, irritado ou deprimido com a possibilidade de perder a perna? Ele estava nervoso com o que poderia acontecer depois? Ele estava confuso?

Ele respirou fundo e sussurrou: "Senhor. Deixe-me ficar. Por favor. Não me mande para casa. Posso fazer qualquer coisa. Até varrer o acampamento inteiro. Posso me recuperar aqui. Por favor, por favor, por favor. Me deixe ficar na unidade de tarefas."

Foi isso mesmo. Nada de medo, irritação nem tristeza com a possibilidade de perder a perna. Ele só se preocupava com seu possível desligamento da unidade de tarefas.

Unidade de Tarefas Bruiser. Nossa unidade. Nossa vida. Aquela era nossa primeira baixa expressiva. Tivemos problemas com estilhaços nas operações anteriores. Escapamos por pouco várias vezes. Mas aquele era o primeiro SEAL da unidade a sofrer um grave ferimento de combate que mudaria drasticamente sua vida. Mesmo que não perdesse a perna, o dano era tão grande que dificilmente teria o mesmo condicionamento físico incrível de antes. E, apesar de tudo isso, ele só estava preocupado com a possibilidade de me decepcionar e prejudicar a unidade de tarefas, seu pelotão, sua equipe.

Ele era um homem de verdade. Um amigo de verdade. Um irmão. Ele era um herói: jovem, corajoso e, sem dúvida, mais dedicado aos seus amigos do que à própria vida.

Fiquei emocionado. Senti lágrimas inundando meus olhos. Segurei o choro e engoli em seco. Não era o momento de perder o controle. Ali eu era "o Líder". Ele tinha que me ver forte.

"Fique tranquilo, irmão. Primeiro você tem que se recuperar", sussurrei. "Assim que estiver 100%, vamos trazê-lo de volta. Mas você tem que se restabelecer primeiro."

"Vou ficar bem", respondeu o SEAL ferido. "Me deixe ficar, me deixe ficar."

"Cara", eu disse, em um tom sério. "Você vai voltar logo que ficar em pé. Mas agora tem que ir embora e se recuperar."

"Posso melhorar aqui e trabalhar no TOC", ele disse, mencionando o centro de operações táticas, no qual monitoramos as missões de combate por meio de rádios e telas que exibem imagens panorâmicas captadas por aeronaves, tripuladas e autônomas.

"Presta atenção", eu disse. "Isso não vai dar certo. Seu ferimento não é leve. O tratamento tem que ser de ponta, e não temos isso por aqui. Volte para casa. Fique bem. Quando você estiver andando de novo, dou um jeito de trazê-lo de volta. Prometo."

Eu falei sério. Com ou sem perna, quando ele se estabilizasse, eu faria tudo ao meu alcance para que ele voltasse.

"Ok, senhor", ele respondeu, certo de que não demoraria. "Em breve, estarei de volta."

"Tenho certeza disso, irmão. Certeza", eu disse.

Pouco depois, ele foi carregado para o helicóptero de resgate e levado para um hospital com um centro cirúrgico bem mais equipado, onde teria mais chances de salvar a perna.

Voltei para o acampamento Sharkbase, uma estrutura de tendas e prédios espremida entre a imensa base militar dos EUA (Camp Ramadi) e o rio Eufrates.

Fui para o meu quarto, no segundo andar do prédio que abrigava o TOC, um local com colunas ornamentadas que já fora luxuoso e pertencera a membros do regime de Saddam Hussein. Agora, o lugar funcionava como nosso quartel-general e alojamento, com sacos de areia nas janelas e móveis improvisados. Sentei na minha cama sem colchão, feita de compensado e ripas.

Hora de encarar a realidade: aquele era só o primeiro mês do nosso turno. Meu pessoal vinha trocando tiros com rebeldes diariamente. A cidade de Ramadi, nossa base de operações, estava cheia de insurgentes. Todos competentes, bem equipados, bem treinados e bem disciplinados. Lutavam com garra e impetuosidade.

Sem dúvida, nosso grupo era melhor. Tínhamos os melhores treinamentos, equipamentos e procedimentos entre as tropas de combate mais eficientes do mundo. Em Ramadi, nosso objetivo era pacificar a cidade para os habitantes locais, combater o inimigo no seu covil, caçar os insurgentes nas ruas e matá-los. Todos.

Mas nenhum de nós era à prova de balas. Era impossível percorrer todo dia a cidade de norte a sul e não sofrer nenhuma baixa cedo ou tarde. Ossos do ofício. Em guerras, especialmente em combates urbanos violentos, sempre ocorrem baixas. Faz parte do trabalho. Felizmente, até aquele momento, os SEALs haviam tirado a sorte grande no Iraque. Em três anos de guerra, o grupo registrara poucos feridos e nenhuma morte. Os incidentes costumavam ser bem aleatórios, mais ligados a azar do que a outros fatores.

Mas aquele turno não seria tranquilo. Era o que eu tinha acabado de testemunhar: um SEAL da minha equipe ferido, pálido depois da hemorragia, grogue de morfina, mas com sorte, muita sorte, de estar vivo.

O SEAL ferido era um rapaz. Aquele era seu segundo pelotão na força e seu segundo turno no Iraque. Era um excelente operador, um membro crucial da equipe e um cara muito legal: honesto. Leal. Engraçado.

Mesmo sendo diferentes, os SEALs da unidade também eram, em muitos aspectos, iguais. Evidentemente, eles tinham manias e características que marcavam sua individualidade e estavam longe da perfeição. Como todos nós.

Mas eles também eram pessoas extraordinárias individualmente. Patriotas. Desprendidos. Todos estavam nas "Equipes" (como chamamos as Equipes SEAL de Operações Especiais de Guerra Naval) pelos mesmos motivos: para servir, cumprir a missão e se dedicar ao máximo ao sucesso da unidade de tarefas, da equipe e da nossa grande nação.

E estavam sob o meu comando.

Mas esse "comando" não explicava o que eu sentia por eles. Por todos. Eles eram meus amigos, pois contávamos piadas, ríamos e vivíamos juntos. Eles eram meus irmãos, pois compartilhávamos o laço comum da nossa irmandade. Eles também eram algo parecido com filhos para mim, pois eu era responsável pelas suas ações (boas ou más) e tinha que protegê-los no que fosse possível: meu dever era vigiá-los enquanto monitoravam a cidade dos telhados e percorriam aquelas ruas violentas.

Eles se dedicavam 100%. No trabalho, no treinamento e, agora, no campo de batalha. Por isso, eram tudo para mim. Em muitos aspectos, eu era mais próximo deles do que dos meus pais, dos meus irmãos e até mesmo da minha mulher e dos meus filhos. Claro, eu amava minha família. Mas os homens dessa unidade de tarefas também eram uma família para mim, e eu faria de tudo para cuidar deles.

No entanto, por mais que eu quisesse protegê-los, tínhamos uma missão a cumprir. Nosso trabalho era violento, perigoso e implacável. Meu dever era colocá-los em situações de (tremendos) riscos dia após dia. Esse é um exemplo da Dicotomia da Liderança mais fundamental que o líder precisa encarar em combate: zelar pela tropa como se só ela existisse no mundo e, ao mesmo tempo, cumprir a missão. Por isso, o líder deve tomar decisões, executar planos e implementar estratégias que talvez custem a vida dos homens que ele tanto preza.

Tive dificuldades incríveis com essa dualidade. Isso porque, em Ramadi, a questão não era *se* haveria baixas. A questão era *quando*.

A DICOTOMIA DA LIDERANÇA

Isso não era fatalismo da minha parte. Esse não era o caso. Não estou dizendo que eu achava que as baixas eram essenciais. Eu rezava para que nada desse errado. Fazíamos o possível para mitigar os riscos controláveis e evitar baixas.

Minha postura nessa situação era realista. Na realidade, os Soldados e Fuzileiros dos EUA estavam sendo feridos e mortos todos os dias em Ramadi. *Todos os dias.*

Sempre assistíamos aos funerais dos heróis que tombavam.

Tive que admitir que aquele turno em Ramadi era totalmente diferente do meu primeiro turno no Iraque (2003-2004), quando tudo era mais controlado e bem menos dinâmico. Em 2006, o contínuo e violento combate urbano em Ramadi apresentava riscos que excediam nossa capacidade de controle. E, a cada dia que meus homens estavam nas ruas, quase sempre, eu achava que seria *O Dia.*

Esse era o fardo mais pesado do comando.

Até que *O Dia* veio.

Em 2 de agosto de 2006, Leif e os SEALs do Pelotão Charlie, acompanhados pelo pelotão do Exército iraquiano para o qual prestavam consultoria, uniram-se à Equipe Bulldog[1], nossos irmãos do Exército dos EUA, para realizar uma grande operação de limpeza na região centro-sul de Ramadi. A ação começou de manhã bem cedo; nas primeiras horas, tudo foi tranquilo.

De repente, ouviu-se um disparo e, logo depois, um alerta frenético no rádio: "Soldado abatido!" O jovem SEAL Ryan Job, grande atirador de metralhadora do Pelotão Charlie, fora atingido no rosto por um sniper inimigo. Seu estado era grave. A situação logo mergulhou no caos, com insurgentes atirando de todas as direções. Leif e o Pelotão Charlie tiveram que abrir caminho para o resgate, auxiliados pelo poder de fogo dos veículos M2 Bradley

---

1 Equipe Bulldog: Companhia Bravo, 1º Batalhão, 37º Regimento Armado, 1ª Divisão Armada.

e tanques M1A2 Abrams da Equipe Bulldog, até colocarem Ryan no veículo que o levaria para uma unidade médica adequada, fora do campo de batalha. Depois, a patrulha formada por Leif, o Pelotão Charlie e os soldados iraquianos seguiu um percurso arriscado rumo ao Posto Avançado de Combate Falcon (COP Falcon), uma posição fortificada do Exército dos EUA situada a vários quarteirões de distância. O combate na região centro-sul de Ramadi só se acirrava com o número cada vez maior de rebeldes na área. O Pelotão Charlie ouvia a Equipe Bulldog (com "Main Gun" Mike e seus Soldados, todos irmãos do Exército dos EUA) travando uma violenta troca de tiros que abrangia vários quarteirões da cidade. Leif e a liderança do pelotão discutiram rapidamente a situação; depois, ele me chamou pelo rádio e pediu permissão para recuar e invadir alguns prédios suspeitos de abrigarem combatentes inimigos. "Vá em frente", eu disse.

Leif e seu pelotão fizeram tudo ao seu alcance para mitigar os riscos. Eles foram aos prédios suspeitos em veículos de combate Bradley fortemente blindados. Os Bradleys amaciavam os alvos com seus canhões automáticos calibre 25mm e chegavam a colidir e derrubar as paredes dos complexos para que o pelotão saísse das ruas e penetrasse nos prédios pelas vias de entrada. Mas esses procedimentos não mitigavam todos os riscos. Sempre sobrava alguma coisa.

Pelas imagens captadas em tempo real por um drone, eu vi o Pelotão Charlie desembarcando dos Bradleys e entrando em um prédio, bem como uma intensa troca de tiros. Depois que os SEALs entraram, não pude mais acompanhá-los.

Minutos depois, que pareceram uma eternidade, vi um grupo de SEALs carregando uma baixa para fora do prédio, em direção a um Bradley estacionado lá perto. Era um dos nossos. Um corpo sem vida.

Monitorando a operação no TOC, senti um abismo se formando no estômago. Eu queria chorar, gritar, vomitar e blasfemar contra os céus.

Mas tive que sufocar essas emoções, pois havia uma missão a cumprir. Então, limitei-me a ficar perto do rádio, esperando pela chamada de Leif. Não liguei porque eu sabia que ele tinha um trabalho a fazer e não queria interferir no seu serviço.

Minutos depois, ele ligou. Percebi que estava se esforçando para parecer calmo, embora sua voz transmitisse uma multidão de emoções.

Seu relatório: enquanto entrava no prédio, o Pelotão Charlie foi atacado por combatentes inimigos posicionados no prédio adjacente. O SEAL Marc Lee, um bravo atirador de metralhadora, dirigiu-se a um portão para contra-atacar e proteger os outros SEALs, que estavam chegando ao saguão atrás dele, quando foi atingido pelo inimigo e tombou. Sua morte foi instantânea.

Marc Alan Lee, um extraordinário guerreiro, amigo, irmão, filho, marido, tio, homem de fé e humorista, além de um ser humano incrível, estava morto. E não era só isso, pois Ryan Job, outro atirador de metralhadora do Pelotão Charlie e um verdadeiro santo, também fora gravemente ferido e estava sendo transportado em coma induzido para um centro cirúrgico na Alemanha. Seu estado ainda era indefinido.

Essas perdas abalaram profundamente a minha alma.

Quando Leif voltou para a base, percebi que seu coração estava pesado de tanta dor. Seus olhos estavam cheios de lágrimas, mas também de dúvidas e do rigor solene da responsabilidade. Leif nem mesmo mencionou que também fora atingido: um fragmento de bala entrara nas suas costas, a poucos centímetros do colete. Ele não estava nem aí para esse ferimento. Seu coração estava partido.

Um dia se passou.

Leif veio à minha sala. Notei que sua alma estava no mais absoluto caos.

Como líder da operação, Leif havia tomado a decisão de voltar para a zona de turbulência. Eu aprovara essa decisão. Mas era Leif quem lidava com o fardo de ter sobrevivido, ao contrário de Marc.

"Acho que tomei a decisão errada", Leif disse, bem calmo. "Só queria desfazer isso tudo. Só queria ter feito outra coisa, para que Marc ainda estivesse aqui."

Percebi como aquela situação estava massacrando Leif. Mesmo diante de todo o caos e loucura, ele achava que poderia ter tomado outra decisão, escolhido outro caminho.

Mas ele estava errado.

"Não, Leif", eu disse, lentamente. "Não havia outra opção. Os Soldados estavam travando um combate pesado (e massivo) e precisavam da nossa ajuda, do nosso suporte. Você agiu de acordo. A alternativa era ficar sentado, vendo o Exército encarar sozinho o inimigo. Você não podia deixar o Pelotão Charlie protegido dentro do complexo enquanto a Equipe Bulldog corria todos os riscos e sofria todas as baixas. Não agimos assim. Somos um time. Cuidamos uns dos outros. Não havia outra opção nem outra decisão a ser tomada."

Leif ficou calado, me olhou e assentiu lentamente. Embora fosse difícil aceitar, ele sabia que eu estava certo e compreendia que jamais poderia ter ficado quieto no seu canto enquanto outros norte-americanos corriam perigo e precisavam de ajuda, ainda mais diante do maior confronto da Batalha de Ramadi, que já durava meses. Caso contrário, ele e o pelotão inteiro teriam reconhecido o equívoco da sua decisão. Mas, com o peso daquele fardo, ele precisava de mais suporte emocional.

Continuei: "Somos os Frogmen. Somos os SEALs. Somos guerreiros norte-americanos. Se podemos fazer algo para ajudar nossos companheiros, fazemos. É assim que agimos. Você sabe disso. Marc sabia. Todos sabemos. Está na nossa natureza."

"Só queria trocar de lugar com o Marc", Leif disse, com olhos marejados de emoção. "Eu faria qualquer coisa para trazê-lo de volta."

"Escuta", eu disse. "Aqui ninguém tem bola de cristal. Não sabemos quando vamos ter mortos e feridos. Se esse fosse o caso, algumas operações não sairiam do papel. Mas ninguém sabe. Não é possível saber. O único modo de garantir a segurança de todos é não fazer nada e deixar o combate para outras tropas. Mas, como você sabe, isso é errado. Temos que fazer de tudo para vencer. Claro, devemos mitigar os riscos no que for possível, mas, francamente, não podemos eliminar todos eles. Sempre temos um dever a cumprir."

Leif assentiu novamente. Ele sabia que eu estava certo e compreendia porque percebia a verdade.

Mas nada parecia aliviar o fardo terrível da perda de Marc. Leif carregaria aquela morte para sempre. Eu já sabia disso. Leif também.

É difícil compreender esta que talvez seja a mais complexa e dolorosa Dicotomia da Liderança: prezar seus homens mais do que tudo no mundo (a ponto de se dispor a sacrificar sua vida pela deles) e, mesmo assim, liderá-los em missões que podem resultar em suas mortes.

Mesmo nos ambientes não hostis das bases nos EUA, o treinamento dos SEALs é perigoso. Se todos os riscos fossem mitigados, as tropas não poderiam saltar de paraquedas, realizar descidas rápidas de helicópteros por corda, subir a bordo de navios partindo de pequenas embarcações, conduzir veículos em alta velocidade usando apenas o equipamento de visão noturna nem participar de exercícios com munição real. Infelizmente, apesar das rigorosas medidas de segurança, esses treinamentos ocasionalmente registram mortes ou ferimentos graves. No entanto, eliminar os riscos associados a exercícios realistas prejudicaria bastante a segurança do grupo nas missões em zonas de combate, pois os SEALs não estariam bem preparados para executá-las. Por isso, embora deva estimar profundamente sua tropa, o líder também precisa colocar seus combatentes em risco durante o treinamento e, especialmente, em confrontos reais. Claro, é essencial mitigar os riscos no que for possível. Mas sempre há riscos que excedem o controle do líder, e suas consequências podem ser fatais.

Essa dicotomia (zelar pelo bem-estar dos seus homens e, simultaneamente, destacá-los para uma missão arriscada) é um desafio constante para o líder de combate e marcava essencialmente a liderança nos confrontos em Ramadi.

A DICOTOMIA FUNDAMENTAL 25

Isso porque, mesmo determinados a fazer tudo ao nosso alcance para dominar e destruir o inimigo e pacificar Ramadi, também sabíamos que a vitória seria paga com o sangue dos jovens, homens e mulheres, mais promissores do país.

O sangue continuou a ser derramado na Unidade de Tarefas Bruiser. Depois de perdermos Ryan e Marc, sofremos outras baixas, menos significativas: pequenos ferimentos e lesões, mas nada sério. Até que, em 29 de setembro, poucas semanas antes do fim do nosso turno, Leif e eu estávamos ouvindo o rádio no centro de operações táticas enquanto o Pelotão Delta, também ligado à Unidade de Tarefas Bruiser, executava uma operação de combate. O pelotão estava informando a movimentação do inimigo e o número de rebeldes mortos, procedimentos de rotina em Ramadi. De repente, ouvimos um pedido de evacuação de baixas. Pelo rádio, dava para perceber que havia vários SEALs feridos. A situação parecia grave.

Foi um banho de água fria. Uma Força de Reação Rápida do Exército foi imediatamente mobilizada e destacada para a posição do pelotão. Poucos minutos depois, o setor de operações táticas informou pelo rádio um grande número de SEALs feridos; um deles foi descrito como "cirurgia urgente", ou seja, o SEAL precisava de atendimento médico imediato, pois corria risco de morte. Seguimos ouvindo o rádio apreensivos, na esperança de que tudo corresse bem com nossos irmãos feridos, especialmente aqueles em estado grave.

Uma ligação do comandante do batalhão do 1/506[o2] pôs abaixo nossas esperanças. Suas notícias eram péssimas. Havia três baixas com ferimentos leves, sem risco de morte ou amputação. Então o comandante, sempre bravo e profissional, ficou calado por um instante. Ele disse que havia um quarto ferido, Mikey Monsoor, cujo estado era muito grave. Sua voz tremeu ligeiramente. Para ele, Mikey não sobreviveria.

---

2 1/506º: 1º Batalhão, 506º Regimento de Infantaria Paraquedista, 101ª Divisão Aerotransportada do Exército dos EUA. 506º era a lendária unidade "Band of Brothers", cujas operações da Segunda Guerra Mundial foram detalhadas no livro *Band of Brothers*, de Stephen Ambrose, e na série da HBO de mesmo nome, baseada no livro.

Pareceu uma eternidade o tempo que Leif e eu esperamos por mais informações. Até que uma notícia de cortar o coração chegou do hospital de campanha. O jovem Michael Anthony Monsoor, um SEAL excepcional, amado por todos no pelotão e na unidade, um excelente ser humano, incrivelmente forte, determinado, bem-educado, generoso e inspirador, havia morrido em decorrência dos seus ferimentos.

Depois que os demais membros do Pelotão Delta foram removidos do local, recebi uma ligação do meu amigo Seth Stone, comandante do pelotão, informando os detalhes da operação. Ele disse que um combatente inimigo havia lançado uma granada no telhado que abrigava uma das posições dos atiradores de elite do Pelotão Delta. Em um gesto de total altruísmo, Mikey Monsoor se jogou heroicamente sobre a granada para proteger três companheiros da explosão. Ele se sacrificou para salvá-los. A operação provavelmente teria sido a última missão de Mikey em Ramadi; seu voo de volta para casa estava marcado para dali a alguns dias.

Assim como Leif tinha dificuldades com a morte de Marc, Seth se mortificava pela perda de Mikey. Ele continuou liderando missões e concluiu sua escala com os SEALs que nos substituíram, mas percebi na sua voz uma intensa aflição pela morte de Mikey. Quando voltamos para os EUA, poucas semanas após o incidente com Mikey, Seth se abriu comigo na sala da unidade de tarefas depois do expediente.

"Me sinto culpado pela morte de Mikey. Me sinto responsável", Seth disse, com lágrimas nos olhos.

Pensei por um instante e optei por dizer a verdade: "Nós somos responsáveis."

Fiz uma pausa. Seth não disse nada. Ele estava surpreso com a minha fala.

"Nós *somos* responsáveis", repeti. "A estratégia era nossa. Nós a criamos. Conhecíamos os riscos. Você planejou as missões. Eu as aprovei. Nós éramos os líderes. E somos responsáveis por tudo que aconteceu durante esse turno. Tudo. É assim que as coisas são. Não podemos fugir disso. Faz parte da liderança."

Olhei para Seth. Era evidente que ele estava passando por um momento difícil. Leif e Seth, ambos durões no campo de batalha, determinados no cumprimento das missões, agressivos no combate ao inimigo, amavam suas equipes mais do que tudo no mundo. Eles fariam qualquer coisa para trocar de lugar com os combatentes que tombaram. Qualquer coisa. Mas não havia essa opção. O mundo não funciona assim.

Agora eles tinham que lidar com a Dicotomia da Liderança mais fundamental: por mais que preze sua equipe, o líder tem um dever a cumprir — você precisa completar a missão. Isso envolve riscos e muito provavelmente resultará em algumas mortes.

Minha última fala ecoou na mente de Seth que, enfim, se pronunciou: "Fico repassando a missão na cabeça, tentando definir o que eu poderia ter feito de maneira diferente. Será que eu deveria ter colocado os atiradores em outro prédio? Ou deveria ter orientado os SEALs a se instalarem no segundo andar e não no telhado? A missão era mesmo necessária?" Sua voz ficava cada vez mais sufocada pela emoção à medida que descrevia seus pensamentos.

"Seth", eu disse, calmamente. "Depois, tudo fica claro. Havia um milhão de alternativas à mão se nós soubéssemos o que aconteceria naquele dia. Mas esse não foi o caso. Você escolheu o prédio porque ele era a melhor posição tática na área. O telhado oferecia a melhor visibilidade e, portanto, a melhor proteção. Você executou essa missão porque é assim que agimos: combatemos o inimigo onde ele estiver. Seu currículo contém inúmeras operações como essa. Você mitigou todos os riscos possíveis. Mas era impossível prever o resultado."

Seth concordou. Como Leif, ele sabia que isso tudo era verdade. Mas a dor pela perda de Mikey ainda persistia.

Nas semanas seguintes, enquanto fechávamos o turno, entregávamos o equipamento e cumpríamos disposições administrativas, Seth e eu conversamos sobre seu futuro. Leif e eu tínhamos ordens para ministrar cursos de treinamento e transmitir as lições de liderança aprendidas em Ramadi para a próxima geração de SEALs que lutariam no Iraque e no Afeganistão. Seth estava indeciso quanto ao que faria da vida. Ele não sabia se queria continuar na Marinha. Fora um turno difícil. Em seis meses de pressões constantes, Seth lidara com vários feridos e um morto na sua equipe. Ele havia convivido quase diariamente com a morte e o medo.

Na mesma época, a Equipe SEAL Três precisava de alguém para ocupar o meu lugar no comando da Unidade de Tarefas Bruiser. O cargo foi oferecido ao Seth.

"Não sei", ele disse. "Não sei se posso fazer isso de novo."

"Compreendo", eu disse, já por dentro da sua mentalidade. Ele havia comido o pão que o diabo amassou. "Você não é obrigado a pegar o trabalho. Pode fazer o que quiser. Pode sair das Equipes. Viajar. Surfar. Fazer um MBA. Ganhar muito dinheiro. São muitas opções. Se você quiser, pode fazer tudo isso e mais. Você sempre se dedicou totalmente a mim e às Equipes. Mas tenho que dizer uma coisa. Dois pelotões de SEALs precisam de um líder. Precisam de alguém que cuide deles dentro e fora do campo de batalha. Você é o cara que mais tem experiência de combate na equipe. Ninguém é mais capacitado para liderar a unidade de tarefas do que você. Há muito o que fazer por aí, mas esses caras precisam de você. Eles precisam de um líder. Você sabe como é."

Seth ficou calado por alguns segundos. Ramadi fora um serviço pesado. Havia muitas oportunidades à sua espera fora da Marinha; ele era extremamente inteligente, criativo e aplicado e já tinha um currículo incrível. Eu sabia que Seth tinha ambições que iam além do serviço militar, desafios que ele queria encarar como civil. Sua saída da Marinha seria compreensível, pois ele já fizera sua parte. Observei Seth pensando silenciosamente até que sua expressão mudou e um olhar de confiança se instalou no seu rosto.

"Eu topo", disse Seth, levantando da cadeira.

"Você topa o quê?", perguntei.

"Vou", ele disse enquanto caminhava até a porta.

"Vai para onde?", perguntei.

"Vou dizer ao oficial administrativo que aceito a unidade de tarefas. Quero comandar a Unidade de Tarefas Bruiser. Tenho que fazer isso", ele disse. "Não há outra opção."

Seth sorriu e saiu da sala.

Não há outra opção, pensei. Mesmo com todas essas oportunidades, Seth não tinha opção. Ele sabia qual era o caminho correto, seu dever falava mais alto. Por isso, ele topou.

Como fizera várias vezes em Ramadi, Seth deu um passo à frente e se prontificou. Novamente, ele suportaria o fardo pesado do comando e encararia as forças antagônicas que caracterizam as inúmeras dicotomias da liderança, buscando o equilíbrio ao atuar como líder e seguidor. Sendo confiante, mas não arrogante. Agressivo, mas cauteloso. Audacioso e, ao mesmo tempo, criterioso.

Mais importante, ele topou encarar a dicotomia fundamental: treinar, acompanhar e desenvolver uma equipe de amigos e irmãos, cuidar deles com a maior dedicação possível e, em seguida, liderá-los em missões pontuadas por riscos fatais.

Esse é o fardo. Esse é o desafio. Essa é a dicotomia.

Isso é liderança.

Princípio

A liderança apresenta infinitas dicotomias, e o líder deve equilibrar cuidadosamente todas essas forças opostas. Mas nada é tão difícil quanto manter uma ligação intensa com cada integrante da equipe e, ao mesmo tempo, aceitar os riscos inerentes à missão. Um bom líder precisa desenvolver relações sólidas e consistentes com seus subordinados. Mas, embora ele se dedique ao máximo aos membros da equipe, seu foco deve abranger o trabalho a ser feito. E esse serviço pode colocar seu tão estimado grupo em situações de alto risco.

Na guerra, essa é a dicotomia fundamental: o contexto em que o líder destaca seu ativo mais precioso (sua equipe) para uma operação que pode resultar em feridos e mortos. Quando seu vínculo emocional é muito intenso, o líder não consegue tomar decisões difíceis que criem riscos para o grupo. Com essa atitude, a equipe não consegue fazer nada e fracassa na missão. Por outro lado, o líder que se concentra demais em cumprir a missão pode sacrificar a saúde e a segurança dos seus subordinados sem obter nenhuma vantagem significativa. Além do impacto terrível sobre cada indivíduo, essa prática também afeta a equipe, que passa a identificar o líder como cruel, perdendo o respeito e a motivação para segui-lo. O grupo se desagrega.

Essa dicotomia também ocorre no setor civil, embora de forma não tão extrema. É muito difícil encontrar um equilíbrio nesse caso, pois comumente ocorrem excessos nos dois polos. Quando os líderes ficam muito próximos dos seus subordinados, às vezes perdem a capacidade de exigir o desempenho necessário para a execução de um projeto ou tarefa. Em alguns casos, o líder não é capaz de dispensar os funcionários mais próximos, mesmo que essa medida beneficie a empresa. Além disso, os líderes ficam tão íntimos dos subordinados que eles passam a evitar conversas difíceis e não indicam os pontos em que precisam melhorar.

Por outro lado, um líder desconectado da equipe pode exigir ou expor demais e prejudicar seus subordinados sem obter nada de significativo com esse sacrifício. Muitas vezes, esse líder demite com facilidade para economizar uns trocados e ganha a reputação de não ligar para as demandas da equipe que não tenham relação com os objetivos estratégicos.

Portanto, os líderes devem encontrar um equilíbrio. Devem pressionar, mas sem excessos. Devem conduzir a equipe durante a missão, mas sem empurrar ninguém para o penhasco.

Aplicação no Mundo dos Negócios

"Esse povo trabalha pesado!", ouvi de um gerente regional, em tom enfático. Ele supervisionava cinco operações de mineração que comercializavam a matéria-prima extraída do solo no mercado de commodities. O esquema era simples: quanto menor o custo de produção, maior o lucro da empresa. Mas, até no setor de commodities, as vidas e os hábitos dos seres humanos entram na equação.

"Conheço o trabalho deles, já os vi em ação", respondi.

"Você os viu por algumas horas. Isso não é nada diante dos dias, semanas, meses e anos sem fim que esses caras dedicam à empresa", disse o gerente regional, em tom agressivo.

Era evidente que, para ele, eu não estava entendendo nada. Analisando as coisas da sua maneira, vi que ele tinha razão; eu não podia compreender o dia a dia daqueles homens e mulheres nas minas. Mas aquela agressividade também estava ligada à sua opinião de que eu era um "deles", um sabichão do mundo corporativo que descera da torre de marfim para ajudá-lo a "consertar as coisas". É claro que ele tinha razão: eu fora enviado pela direção para ajudá-lo a lidar com um problema.

Oito meses antes, a administração fechara uma das minas, e o número de operações supervisionadas caíra de seis para cinco. O custo de produção aumentara demais, e a mina não gerava retorno suficiente. Após o fechamento, o gerente regional conseguiu remanejar cerca de um quarto dos funcionários para as outras minas. A direção se posicionou contra, mas ele insistiu, afirmando aos seus superiores que, com a mão de obra adicional, a produção aumentaria nas outras minas em todas as áreas. Mas, aparentemente, a decisão do gerente regional foi motivada por sua estima pelos funcionários, um apreço genuíno e intenso. Ele era da terceira geração de uma família de mineiros e conhecia as dificuldades da área.

Nossa conversa não estava indo bem. Tive que recuar.

"Sei que não estou por dentro do trabalho duro que eles fazem", eu disse, admitindo que não entendia o nível de dedicação dos funcionários. "Sem dúvida, não sou nenhum especialista. Mas, mesmo com poucas horas de observação, posso dizer que é um serviço bem pesado."

O gerente regional não se deu por satisfeito.

"Não é só dedicação", ele respondeu. "Eles têm habilidades. Alguns deles são os melhores operadores do mundo. O Miguel, por exemplo, ali na retroescavadeira, é um dos melhores que eu já vi." O gerente apontou para fora da janela, onde uma retroescavadeira imensa transportava terra até uma caçamba gigantesca.

"É isso aí. Ele controla a máquina como se fosse uma extensão do corpo dele. Ele é bom", eu disse.

"E tem mais", continuou o gerente regional. "Ele não é só um bom operador. Ele é um homem bom. Tem mulher e quatro filhos. Crianças excelentes."

"Um homem de família", concordei.

"Pode apostar", disse o gerente regional. "Pode apostar."

"Bem, vamos falar sobre esses números no escritório", eu disse, pronto para encarar a inevitável conversa sem mais demora. O gerente regional conhecia os números bem melhor do que eu. O excedente de pessoal remanejado para as outras minas havia aumentado a produção, mas não em nível suficiente para cobrir as despesas associadas. Havia funcionários demais, e ele sabia disso. O retorno das cinco operações de mineração que ele supervisionava não era tão bom.

Ele entrou no escritório e se sentou.

"Já sei o que você vai dizer", ele disse. Pelo tom da sua voz, percebi que ele queria brigar, que estava a fim de se irritar comigo. Eu tinha que pisar em ovos.

"Certo. Então acho que não preciso falar muito", eu disse. "Os números já explicam tudo."

"Os números não contam toda a história", afirmou o gerente regional.

"É claro que não", respondi. "Mas os números contam a parte da história que paga as contas."

"Mas isso não é tudo", ele respondeu, visivelmente frustrado.

"Sei que não é", eu disse, demonstrando empatia.

"Sabe mesmo?", ele respondeu, agressivamente.

Decidi apertar o cerco.

"Sim", disse, com firmeza. "Sei disso tudo."

O gerente regional fixou o olhar em mim, levemente surpreso com meu tom quando afirmei que conhecia o setor dele. Mas não era esse o caso. Na verdade, eu compreendia a situação dele enquanto líder.

"Sei que são muitos", eu disse. "Muitos funcionários dependem das suas decisões, que podem determinar o futuro deles no emprego, o pagamento da hipoteca e a capacidade de colocar comida na mesa da família. São decisões complexas e difíceis. Sei como é. Já tive que tomar decisões com grandes impactos sobre as vidas das pessoas. Definir missões. Escolher áreas para exploração. Distribuir tarefas. Já destaquei minha equipe (meus amigos, meus irmãos) para situações de alto risco várias vezes. E o resultado nem sempre foi positivo."

O gerente regional agora estava me ouvindo atentamente pela primeira vez na conversa. Finalmente eu tinha conseguido estabelecer uma conexão com ele.

"Escute", continuei. "Você é o líder. Essa carga é muito pesada. No serviço militar, chamamos isso de 'fardo do comando'. É a responsabilidade que o líder sente pelas vidas dos seus subordinados. Nas Equipes SEAL, eu lidava com vidas. Aqui, você lida com o ganha-pão das pessoas. Não é exatamente a mesma coisa, mas existe uma ligação. As pessoas dependem de você para continuar recebendo seus salários e cuidando das suas famílias. E você tem estima por elas, como esperado. Eu também estimava minha equipe; aqueles caras eram tudo para mim. Ainda são. Essa é uma das dicotomias mais complexas da liderança."

"Qual?", perguntou o gerente regional.

"Essa dicotomia ocorre quando você preza intensamente seus subordinados, mas tem que os liderar. Como líder, você toma decisões que colocam em risco a integridade física dos membros da equipe. Mas também há decisões que viabilizam a missão e beneficiam o grupo como um todo. Se os líderes militares resolverem fazer de tudo para proteger as tropas de todos os riscos, como concretizarão os objetivos?"

"Bem, acho que não conseguiriam fazer nada", ele admitiu.

"Exatamente", eu disse. "O que seria do nosso país se os militares não fizessem o serviço deles? A resposta é uma só: não haveria país. É por isso que os líderes militares têm que cumprir com o dever deles. Sua situação é bem parecida. Você fez tudo que podia para preservar os empregos. Mas isso não pode continuar. É impossível. Essa questão já se arrasta há oito meses. Você transferiu quantos funcionários da mina que fechou?", perguntei.

"Cento e quarenta e sete", respondeu o gerente regional.

"E quantos funcionários você contratou nas outras cinco minas antes dessa transferência?", perguntei.

"Por volta de seiscentos", ele disse.

"Então, você quer salvar os empregos de cento e quarenta e sete funcionários", destaquei. "Mas está arriscando cinco minas e seiscentos empregos. A missão inteira. Se você não tomar as decisões difíceis agora, é exatamente isso que vai acontecer."

O gerente regional não disse nada. Percebi pelos seus olhos que a ficha estava caindo.

"Mas... Eu não sei... Não sei se consigo fazer isso", ele disse, sobriamente. "Alguns deles são como uma família para mim."

"Então, preste atenção", eu disse. "Se você não assumir a liderança agora, o que acha que a diretoria fará?"

"Eles vão fechar a operação... ou...." Sua voz sumiu, sem admitir a outra possibilidade, a mais óbvia.

"Ou o quê?", perguntei.

"Ou me dar cartão vermelho", ele respondeu.

"Exato", concordei. "Qual é a melhor opção para todos? Fechar totalmente a operação? Ou mobilizar alguém que não tenha tanta estima pela equipe quanto você para assumir o comando e cortar custos com demissões em massa? Sei que é difícil, mas, se você não encarar a questão de frente agora, não vai conseguir ajudar ninguém. Definitivamente, isso não é liderança. Na verdade, é o oposto de liderar. Se você não tomar essa decisão difícil, só prejudicará seus funcionários mais próximos. Esta é outra dicotomia: às vezes, para ajudar sua equipe, você precisa colocá-la em situações ruins. Pense em um médico realizando uma cirurgia. Cirurgias são brutais: o corpo deve ser aberto para que partes dele sejam removidas; ao final, ele é costurado. Mas, para salvar vidas, o cirurgião tem que fazer isso. Você também tem que fazer algo brutal. Mas, se nada for feito, as consequências serão muito mais violentas."

O gerente regional concordou. Ele compreendeu, pois era um líder de boa índole que estimava seus subordinados, algo admirável e importante na liderança. Mas ele havia se excedido e desequilibrado a dicotomia valorizando mais os funcionários do que a missão. Perdera o foco estratégico. Para proteger alguns indivíduos, ele colocou em risco toda a missão e todos os funcionários. Agora, o gerente percebia como sua atitude era incompatível com a liderança. Sabendo disso, ele poderia corrigir e reequilibrar a dicotomia. Ele precisava tomar decisões difíceis. Não era agradável, mas agora ele compreendia.

Nas duas semanas seguintes, o gerente regional demitiu cerca de oitenta pessoas. Claro que não foi fácil, mas ele teve que fazer isso. Ele tinha que liderar. A economia de recursos levou as minas do vermelho para o azul. As operações recuperaram a lucratividade e a sustentabilidade no curto e médio prazo. O gerente regional compreendeu a dicotomia mais complexa da liderança: o líder que preza pelas suas tropas também tem o dever de concluir a missão, ainda que haja riscos e consequências inevitáveis para o grupo. O gerente aprendeu que é preciso encontrar um equilíbrio entre a afeição pela equipe e a missão a ser cumprida e que, se não equilibrar essas duas metas opostas, não conseguirá concretizar nenhuma delas.

O Pelotão Echo da Equipe SEAL Sete parte em uma missão noturna de ação direta para capturar ou eliminar terroristas suspeitos em Bagdá, em 2003. Observação: os Humvees não tinham blindagem e suas portas foram removidas para que os operadores no interior dos veículos pudessem observar o lado de fora, usar seus fuzis em contra-ataques e testar as placas balísticas dos seus coletes táticos em situações reais com um nível mínimo de segurança.

(Fotografia de Jocko Willink)

CAPÍTULO 2
Seja o Principal Responsável, mas Distribua o Poder

Jocko Willink

FALUJA, IRAQUE: 2003

Havia muito sangue pelo chão e fumaça no ar. Ouvi tiros lá fora, mas não sabia quem eram os atiradores nem os alvos. Percorri o corredor, conferindo se todos os compartimentos estavam limpos. Logo descobri de onde vinha o sangue: era de um civil iraquiano ferido, sendo atendido por um oficial médico do corpo de saúde dos SEALs, um profissional altamente qualificado para atuar em situações de combate.

"O que aconteceu?", perguntei.

"Ele estava perto da abertura da porta", o oficial médico respondeu. Perdeu um olho e parte da mão. A bala atingiu uma artéria. Por isso há tanto sangue."

A carga utilizada pelo nosso pelotão em arrombamentos com explosivos foi projetada para abrir portas com um potencial mínimo de danos colaterais para os civis no interior do recinto. Aparentemente, aquele iraquiano estava bem próximo da porta quando foi atingido pelos estilhaços.

"Ele vai sobreviver?", perguntei.

"Sim. Consegui conter a hemorragia", o oficial médico respondeu, apontando para o torniquete no braço do sujeito. Agora, ele estava cuidando do ferimento no olho.

"Compreendi", eu disse e segui em frente. O corredor formava um círculo no pavimento. Desembocava no início da escada que devíamos subir para começar a limpeza. Ao verificar o último cômodo, confirmei que estava limpo.

Peguei o rádio e comuniquei: "Alvo seguro. Montar segurança e iniciar a busca."

Naquele outono de 2003, meu pelotão de SEALs estava realizando uma operação para capturar ou eliminar um líder terrorista em Faluja, uma das zonas mais perigosas do Iraque, com alta probabilidade de ataques inimigos. Eu comandava o pelotão, mas os outros líderes seniores do grupo também davam conta do recado. Eles controlaram a situação, montaram o esquema de segurança e promoveram buscas em cada cômodo. Detemos treze homens em idade militar; um deles poderia ser o nosso alvo. Depois de imobilizá-los com algemas de plástico, fizemos uma revista geral e nos preparamos para conduzi-los até os veículos fora do prédio e transportá-los.

Uma voz pipocou pelo fone do rádio: "Se puder, dá um pulo aqui, Jocko. Os nativos estão ficando muito agitados aqui fora."

Era o comandante da unidade de tarefas. Ele estava lá fora, controlando a segurança externa, a cargo dos Humvees[1] e dos SEALs desembarcados, junto com as unidades do Exército atuando na área. Como comandante das forças terrestres, ele liderava a operação inteira, o que incluía a mim e minha força de assalto. Nossa equipe havia invadido o prédio suspeito de abrigar o terrorista, limpado tudo e montado a segurança; agora, parecia que a busca teria que ser agilizada.

"Compreendido", respondi.

---

1 "Humvee" é a pronúncia mais popular da sigla HMMWV (High Mobility Multipurpose Wheeled Vehicle, ou Viatura sobre Rodas Multitarefa de Alta Mobilidade).

A força de assalto estava tendo dificuldades com o alvo, que era bem mais complexo que o previsto. Limpezas em prédios costumam ser complicadas, mas a estrutura daquele local era bem singular: havia muitas passagens e cômodos, pequenos e contíguos. Para complicar ainda mais, as cargas para arrombamentos com explosivos e as granadas de fumaça criaram uma espessa neblina que prejudicava a visibilidade e só piorava a situação geral. Além disso, vários prisioneiros e o iraquiano ferido precisavam de cuidados médicos. Estávamos em um atoleiro, sem nenhuma perspectiva de sair. Parecia que ninguém sabia qual deveria ser o próximo passo. Eu disse para alguns dos caras se apressarem.

"Temos que ir embora", eu disse. Eles concordaram e prosseguiram com o serviço. Não saímos do lugar. Como se não bastasse, ouvi tiros lá fora, o que podia ser um aviso ou o início de um confronto generalizado. Esses disparos resultaram no alerta do comandante da unidade de tarefas. Eu precisava mobilizar o pelotão.

"Todo mundo escutando!", gritei. De repente, o prédio inteiro ficou em silêncio. "Quem não está na segurança da retaguarda deve vir até mim. Apresentem-se e levem os prisioneiros até os Humvees. Temos que transportar todos os homens em idade militar. *Vamos lá!*"

Quase instantaneamente, o pelotão recuperou o ritmo. Os SEALs vinham até a saída, se apresentavam para mim, pegavam um prisioneiro e o escoltavam até a rua. Um minuto depois, o suboficial do pelotão (um líder essencial para o grupo) me abordou e informou que todos os prisioneiros já haviam saído do local. No prédio, só estávamos nós dois e mais dois homens a cargo da segurança de retaguarda.

"Tudo certo! Vamos nessa", eu disse. O suboficial mandou a equipe da retaguarda fechar tudo e se encaminhar para a saída. Quando eles chegaram ao portão em frente à rua, saímos juntos do prédio e entramos nos Humvees.

Dentro do veículo, o navegador principal fez a chamada: "Contagem a partir da retaguarda." Os comandantes dos Humvees responderam em sequência.

"Seis." "Cinco." "Quatro." "Três." "Dois."

"Um — saindo."

Ato contínuo, o comboio seguiu viagem, atravessando as ruas escuras de Faluja, com armas apontadas para fora e olhos atentos a ameaças através do equipamento de visão noturna. Esses deslocamentos rápidos na mais completa escuridão se revelaram um método eficaz contra emboscadas do inimigo. Meia hora depois, estávamos seguros no perímetro de uma base operacional avançada do Exército. Entregamos os prisioneiros para o centro de detenção e os agentes de inteligência com quem vínhamos trabalhando.

Depois de concluir essa parte da operação, voltamos para a estrada principal que ligava Faluja a Bagdá. As estradas no entorno de Faluja eram muito precárias devido à alta frequência dos ataques. Mas, fora da cidade, a pista lembrava uma rodovia qualquer dos Estados Unidos. Cerca de uma hora depois, estávamos de volta à nossa base, ao lado do Aeroporto Internacional de Bagdá. Alguns meses antes do início da guerra, aquele lugar era conhecido como Aeroporto Internacional Saddam Hussein.

Na base, seguimos as normas padrão de ação. Primeiro, abastecemos os Humvees para o caso de haver outra chamada. Queríamos estar prontos. Em seguida, estacionamos os veículos, desembarcamos e nos reunimos em formação na área de planejamento do pelotão para apresentar o relatório da missão. Ainda carregando o equipamento operacional para, caso fosse necessário, responder a uma chamada urgente, analisamos cada detalhe da operação: onde ocorreram erros, no que poderíamos melhorar e no que havíamos acertado. Depois de concluirmos o relatório, retornamos aos veículos para fazer a manutenção do equipamento do pelotão: nesse caso, os Humvees, o armamento pesado e os sistemas de navegação e comunicação. Quando terminamos, fomos para a área de limpeza de armas. Só depois da manutenção do equipamento do pelotão e da equipe, os SEALs cuidaram dos seus itens pessoais e, enfim, deles mesmos, tomando um banho e batendo um rango. Ao final de tudo, o comandante assistente do pelotão e eu analisamos possíveis operações para a noite seguinte, elaborando documentos de aprovação para encaminhar aos nossos superiores e dossiês sobre as operações para o pelotão. Por volta das seis ou sete da manhã, tiramos algumas horas de sono; às onze, estávamos de pé para o almoço.

Criamos rapidamente um modelo de operação: incursões noturnas frequentes, com ações diretas contra suspeitos, entre terroristas e partidários do regime de Saddam Hussein. Incrivelmente, como a maioria dos SEALs na época, não tínhamos nenhuma experiência real em combate. Ninguém participara da primeira Guerra do Golfo, que durara apenas setenta e duas horas e tivera poucos confrontos terrestres. Nenhum de nós tinha idade para ter lutado em Granada e no Panamá. Dava para contar nos dedos os SEALs que estiveram na Somália; no nosso pelotão, não havia nenhum. Antes da Guerra do Iraque, a maioria de nós só havia visto algo parecido com combate nas operações anticontrabando ao norte do Golfo Pérsico, em cumprimento às sanções da ONU contra o governo de Saddam. Interceptávamos pequenas embarcações, de ferro e de madeira (dhows), suspeitas de contrabandear petróleo e outros itens do Iraque para outros países. Nossa equipe as seguia com lanchas e helicópteros e, quando atingiam águas internacionais, subia a bordo, avançava rapidamente até a ponte e controlava a tripulação. Com a situação dominada, a Marinha ou a equipe de inspeção da Guarda Costeira dos EUA eram chamadas para assumir a operação.

Embora essas operações anticontrabando, entre o final da década de 1990 e o início dos anos 2000, fossem melhor do que nada, certamente não eram missões desafiadoras. Como comandante assistente, realizei diversas ações desse tipo, mas nunca disparei nenhum tiro e, francamente, nunca houve nenhuma ameaça real. Mas era nossa missão, e a cumprimos profissionalmente.

Essas missões eram passeios se comparadas com caçar terroristas em solo iraquiano. No Iraque, o nível de ameaça era infinitamente maior e as operações, tremendamente mais agressivas. Dada a nossa inexperiência em combate, eu precisei aprender na marra a planejar e executar operações. No meu primeiro combate real, senti uma necessidade inconsciente de provar algo para mim mesmo e para os meus companheiros. Para que nosso desempenho fosse o melhor possível, encarei o processo da missão com uma postura extremamente detalhista. Logo que recebia um alvo do grupo de inteligência, eu mergulhava de cabeça: analisava as rotas de entrada e saída, estudava os dados do dossiê, ajudava a planejar a sequência da equipe de arrombamento, organizava as tarefas da força de assalto, desenvolvia o plano de embarque-desembarque dos Humvees, fazia simulações. Resumindo, eu assumia responsabilidade total pelo meu mundo. Nada ficava de fora.

Eu queria que meus subordinados fossem mais proativos e comprometidos e liderassem missões por conta própria. Mas nada disso ocorreu. Fiquei um pouco surpreso porque, na equipe, havia membros experientes e novatos com muito potencial. Mas nenhum deles estava assumindo responsabilidade no nível que eu esperava. Por isso, continuei monitorando tudo nos mínimos detalhes, microgerenciando.

Mas eu tinha poucas opções e já concentrava muitas responsabilidades. Rapidamente, nosso ritmo operacional aumentou. Além das missões de ação direta para captura ou eliminação de insurgentes, começamos a realizar outras operações, como missões de reconhecimento com transporte aéreo ou terrestre e outras ações de coleta de inteligência.

Uma manhã, fomos destacados para múltiplas missões de reconhecimento e informados sobre duas possíveis missões simultâneas de ação direta para captura/eliminação para a mesma noite. Constatei que nunca conseguiria tocar todas essas operações sozinho. Então, distribuí a responsabilidade pelas missões para quatro líderes novatos e os orientei a desenvolver um plano, resolver entre si a distribuição de ativos e membros e, ao final, apresentar o resultado do planejamento para mim. Em seguida, saí de cena e dei espaço para eles.

Os resultados superaram qualquer expectativa. Eles se comprometeram. Além de apresentarem planos consistentes do ponto de vista tático, também foram criativos, propondo medidas inovadoras para aumentar a eficiência das ações. Mais importante, *eles* assumiram responsabilidade total pelas operações e atuaram na liderança com a confiança e a agressividade de que precisávamos para a vitória. Era tudo que eu queria para a equipe desde o início. Claro, minha atitude ainda era de Responsabilidade Extrema, o princípio que fundamenta tudo que eu já fiz, e ainda faço, como líder. Eu ainda era 100% responsável pelas operações, pelos planos e pela execução das missões, bem como pelo sucesso ou fracasso de todas as ações. Mas essa postura teve que ser harmonizada com a Descentralização do Comando; meus subordinados precisavam ser responsáveis pelas respectivas missões de acordo com seu nível, concentrando o poder, a capacidade de executar e a convicção para liderar com segurança.

À medida que o ritmo se intensificava, eu passava cada vez menos tempo imerso em detalhes, e eles demonstravam mais e mais responsabilidade. Logo, minha atuação se limitava a verificar rapidamente os planos antes de autorizar o início das operações, realizadas sem a minha presença nem a do comandante assistente ou a do chefe do pelotão; em outras palavras, sem a supervisão de nenhum SEAL sênior.

Contudo, o desempenho dos líderes novatos foi um sucesso. Isso me ensinou uma importante lição: eles só não haviam se prontificado até aquele ponto porque eu não abrira espaço. Minha atitude de Responsabilidade Extrema por tudo não permitia nenhum comprometimento. Meu microgerenciamento era tão controlador que havia paralisado todos, e ninguém se dera conta disso. Eles não estavam desinteressados nem se comportavam mal, muito pelo contrário. Mas, como líder, eu transmitia a mensagem de que faria tudo sozinho. Então, enquanto eu tocava a operação, eles ficavam na deles, à espera dos detalhes do plano e das decisões. Logo que eu saí de cena e abri espaço, eles seguraram a barra e fizeram um bom trabalho. Era uma cena linda de se ver. Eu gostava de observar a extrema intensidade e dedicação com que eles abordavam as missões.

Esse modelo tinha diversas vantagens. Primeiro, como eu não estava mais atolado em detalhes, percebia melhor a situação geral. Meu foco se voltou para ações como coordenar as atividades com outros elementos atuando na área, compreender os dados de inteligência mais a fundo e analisar minuciosamente o terreno e os alvos próximos.

Segundo, como eu não estava concentrado em uma ação específica, podia analisar as operações e identificar possíveis articulações e conflitos entre elas. Assim, consegui alocar os recursos nos pontos e momentos corretos sem desgastar o grupo nem o equipamento.

Finalmente, com a atribuição das operações táticas aos líderes subordinados, pude avaliar os aspectos mais complexos das missões. Montei um esquema com os dados da inteligência para definir formas de capturar e eliminar o maior número possível de terroristas. Assim, comecei a perceber melhor os outros níveis além da minha equipe.

Nesse episódio, compreendi que a Responsabilidade Extrema, uma qualidade essencial para a liderança, também poderia ser aplicada em excesso. A Responsabilidade Extrema era sempre minha, enquanto líder. Mas isso não significava que eu deveria fazer *tudo* sozinho. Meu erro em relação à Responsabilidade Extrema prejudicava a Descentralização do Comando, um aspecto crucial para uma execução eficaz por parte do pelotão. Eu tinha que encontrar um equilíbrio entre assumir a responsabilidade por tudo e permitir que a equipe se comprometesse.

Mas, por vezes, não assumi responsabilidade suficiente, deixando algumas decisões nas mãos dos outros, e a dicotomia pendeu demais para o outro lado. Antes de ir para o Iraque, meu pelotão estava fazendo exercícios para realizar uma missão importante e confidencial. Para essa operação marítima, deveríamos criar técnicas para abordar uma embarcação em alto-mar e transferir pessoas em condições extremas.

Como líder, eu estava tentando praticar a Descentralização do Comando, pois tinha dificuldades em distribuir o poder entre os líderes subordinados e permitir que eles comandassem. Então, destaquei um dos suboficiais para liderar a operação. Ele deveria coordenar a criação das novas técnicas e a realização dos exercícios de preparação. Era um SEAL experiente e maduro, com uma excelente reputação operacional; eu confiava na sua capacidade. A missão seria realizada com a colaboração de uma unidade de apoio das Operações Especiais de Guerra Naval, uma equipe que operava as embarcações de alta velocidade utilizadas pelos SEALs. Precisávamos da cooperação desse grupo para definir a melhor forma de usar aqueles ativos. O suboficial promoveu alguns encontros com a unidade; fizemos os exercícios iniciais à beira do píer, no local onde praticávamos as técnicas terrestres, e simulações em alto-mar para desenvolver e testar os procedimentos. As novas técnicas utilizavam equipamentos que já conhecíamos: rádios marítimos, óculos de visão noturna, radar, corda de nylon trançado de uma polegada e outros itens similares. Depois de definir o conceito, o resto foi simples e relativamente fácil.

Durante os encontros e exercícios, percebi que o suboficial estava sendo um pouco mais flexível do que eu costumava ser. E, como eu não estava em cima dele, ele não supervisionava adequadamente os outros membros do pelotão. Ele deixava o grupo correr solto, e os caras começaram a se aproveitar disso.

Se o horário marcado com a unidade era 7h, alguns SEALs chegavam às 6h59. Se o pelotão tinha planejado realizar seis simulações, só fazia três. Alguns caras apareciam com uniformes incompletos, até mesmo com peças civis. O grupo não parecia nada profissional. Embora o pelotão estivesse encenando a missão de acordo com as previsões, as simulações não preparavam a equipe para contingências imprevistas.

Essa situação durou algumas semanas, enquanto nos aproximávamos da data marcada para a missão. Mantive minha postura altiva e permiti que o suboficial continuasse liderando com relativa flexibilidade. Não me sentia à vontade com isso, mas queria que ele se comprometesse e soubesse que eu confiava nele. Meu instinto dizia que tudo estava indo de mal a pior; eu havia permitido que as coisas saíssem do controle. Mas eu nunca falava sobre isso com o suboficial ou o pelotão. Para mim, já que ele estava no comando, era responsável por tudo.

Isso mudou no primeiro dia das simulações em alto-mar. O horário de saída dos barcos da unidade de apoio estava marcado para as 6h em ponto no píer. Apareci às 5h30, uniformizado e preparado para sair, e embarquei na lancha indicada. Conferi várias vezes meu equipamento até ter certeza de que estava tudo pronto.

Já perto do horário marcado, o pelotão começou a brotar, em grupos de dois ou três, com uniformes desalinhados, apressados, atrasados.

Às 6h em ponto, dois SEALs ainda não tinham chegado.

O chefe da unidade de apoio foi até o suboficial e disse que era hora de partir. O líder explicou que tinha acabado de falar com os dois caras que estavam alguns minutos atrasados e que devíamos esperá-los.

Eles chegaram e atravessaram do píer ao barco pelo passadiço às 6h07.

Sete minutos de atraso.

Fiquei constrangido por mim, pelo pelotão e pelas Equipes SEAL. Normalmente, uma embarcação naval teria deixado os vacilões para trás. Eles teriam "perdido o navio", como se diz na Marinha, uma grave violação punida com medidas severas. Mas, como a missão girava em torno da nossa participação, o chefe da unidade concordou em esperar pelos dois SEALs. No entanto, a situação era imperdoável.

Enfim, com o pelotão embarcado, as duas lanchas saíram do píer e avançaram, desaparecendo no horizonte. Quando atingimos a área determinada para a simulação, o suboficial autorizou o início das atividades. Os membros do pelotão tomaram posição e começaram a trabalhar, instalando o cordame, montando o equipamento de comunicação e se preparando para executar as ações e concretizar o objetivo. Eu havia atribuído a liderança da missão para o suboficial, então realizei minhas tarefas como atirador dos SEALs, como um homem da linha de frente.

De repente, notei uma certa inquietação no pelotão e, em seguida, pânico.

Pelos papos que corriam entre os SEALs, era evidente que faltava algo:

"Não está comigo."

"Você não trouxe?"

"Onde você tinha deixado?"

"Essa não era minha função."

"Ninguém me disse para trazer."

Fiquei na minha, observando a aflição do grupo por alguns minutos. Depois, fui até o suboficial.

"O que foi?", perguntei.

"Esquecemos a corda de nylon trançado", ele disse, desanimado, pois aquele era um item simples, mas crítico para a missão.

Novamente, fiquei decepcionado, constrangido e irritado. Era evidente que, como líder, eu havia sido displicente.

"Ok", eu disse. "É melhor você dar um jeito nisso. E rápido. Fale com o chefe da unidade. Deve ter uma corda dessas em algum lugar."

O suboficial perguntou para a tripulação se havia uma corda de nylon trançado de uma polegada sobrando. No final das contas, os caras da unidade arranjaram uma corda de nylon de extensão suficiente para a execução da missão. Esse improviso não era ideal, nem tão seguro quanto queríamos, mas fizemos o melhor possível. O pior era que a equipe estava cada vez mais atrasada em relação ao cronograma, e a culpa era única e exclusivamente nossa.

Prosseguimos com a simulação, concluímos o exercício e voltamos para o píer. Na base, desembarcamos o equipamento e nos dirigimos ao espaço de planejamento do pelotão.

Na área do grupo, iniciei a apresentação do relatório da operação simulada. O item ausente foi mencionado, bem como outros pontos em que poderíamos melhorar. Mas as críticas foram leves demais diante da experiência. Eu não disse nada. Ao final, perguntei: "Alguém mais quer falar?" Ninguém se manifestou. Esperei um pouco para confirmar. Ninguém abordara nosso desempenho insatisfatório. Isso não era bom. Era hora de assumir a Responsabilidade Extrema.

Chamei a liderança do pelotão para uma reunião na minha sala. Eles sabiam que eu não estava contente. Quando todos entraram, fechei a porta.

"Quero fazer todos os serviços de vocês", eu disse, em tom ríspido. "Sei como executá-los do jeito certo. Sei como enquadrar os SEALs para que ninguém se atrase. Sei como conferir o equipamento para que nada seja esquecido antes de partir para uma missão. Sei exatamente como fazer isso. E quero fazer. Quero comandar este pelotão. Quero alinhar cada aspecto do grupo aos padrões rigorosos, sólidos e inquestionáveis que conhecemos. Mas também sei que esse não é o jeito certo de comandar um pelotão. Sei que isso prejudica seu crescimento como SEALs e como líderes. Então, vou dar mais uma chance. Mais uma chance para que nada disso ocorra novamente. Ninguém mais vai se atrasar. Ninguém mais vai esquecer o equipamento. Todos serão pontuais. Todos inspecionarão o equipamento inteiro. Vocês devem liderar cada missão, operação e treinamento como se fossem os eventos mais importantes das suas vidas. Se vocês pisarem na bola de novo, será o fim da linha. Vou assumir o comando de tudo. Sem reclamação. Compreendido?"

O suboficial, um amigo e um SEAL competente, compreendeu exatamente a minha mensagem. Ele sabia que eu tinha razão e que estava falando sério.

"Compreendemos, senhor", ele respondeu. "Isso não vai se repetir. Vou trabalhar para isso. Todos vamos."

Fim da história. O pelotão nunca mais me decepcionou. Algumas semanas depois, embarcamos para o Iraque, onde realizamos várias missões agressivas de combate. A ameaça de microgerenciamento que eu fiz após a operação marítima bastou para que a equipe melhorasse sua atitude, suas ações e seu comprometimento. Os SEALs nunca mais foram relapsos; na verdade, no Iraque, era eu quem tinha que soltar o freio de mão às vezes. Eu precisei dar espaço para o comando. Para o comprometimento. Para a liderança. Tive que equilibrar a dicotomia entre a responsabilidade total e um comprometimento insuficiente.

Princípio

Os estilos de liderança baseados no microgerenciamento e na delegação de funções são obviamente opostos.

O microgerente tenta controlar todos os pensamentos e ações dos membros da equipe. Ele não é eficiente porque ninguém pode controlar múltiplas pessoas executando um grande número de ações em um ambiente dinâmico, marcado por mudanças rápidas e imprevisíveis. Além disso, essa prática inibe o crescimento dos subordinados: as pessoas se acostumam a receber ordens e se tornam dependentes. A iniciativa diminui e acaba desaparecendo. A criatividade e a audácia nos pensamentos e nas ações também desaparecem. A equipe se transforma em um grupo de autômatos simplórios e negligentes, que executam ordens sem compreendê-las e só avançam quando comandados. Uma equipe como essa nunca atingirá a excelência.

O líder que distribui funções e mantém uma atitude complacente está no outro polo do espectro. Esse tipo de liderança não impõe uma meta específica e, às vezes, não estabelece nenhuma meta definida. Em vez de ser paralisada pelo microgerenciamento, a equipe do líder complacente pensa demais. Seus membros apresentam ideias e planos grandiosos, táticas e procedimentos novos e estratégias que ultrapassam os limites das suas atribuições e competências. Essas criações extravagantes, quando não se alinham com a visão e os objetivos estratégicos da empresa, são problemáticas. Em vez de desenvolver

A DICOTOMIA DA LIDERANÇA

suas principais metas, a tropa fica perambulando em direções aleatórias. As pessoas não apenas perdem a capacidade de colaborar em iniciativas simples, como também executam projetos e ações que entram em conflito direto com as atividades dos outros membros da equipe.

Para atingir um equilíbrio adequado entre esses dois estilos, o líder deve achar um meio-termo e observar atentamente a equipe para não se exceder em nenhuma das abordagens. Alguns sinais indicam claramente quando o líder exagera na aplicação de um desses estilos. Os sintomas mais comuns do microgerenciamento são:

1. A equipe demonstra falta de iniciativa. Seus membros só agem quando recebem ordens.

2. A equipe não cria soluções para os problemas. Seus membros sentam e esperam alguém propor uma solução.

3. Até mesmo em uma emergência, a equipe sob microgerenciamento não se mobiliza nem age.

4. Ações agressivas e audaciosas ocorrem só raramente.

5. A criatividade agoniza e morre.

6. A equipe costuma atuar só no seu espaço, sem coordenar atividades com outros departamentos e divisões por receio de ultrapassar seus limites.

7. Uma postura generalizada de passividade e incapacidade de reação.

Ao identificar esses comportamentos na equipe, o líder deve executar uma ação corretiva. Nesse caso, é melhor evitar ordens específicas; em vez de explicar a natureza e cada aspecto da missão, o líder deve indicar o objetivo geral, o resultado esperado e a importância da operação, abrindo espaço para o planejamento da equipe. O líder deve monitorar e verificar continuamente o desempenho da equipe, mas não pode emitir orientações específicas sobre a execução, a menos que o plano elaborado pela equipe tenha um grande potencial para resultados negativos. Enfim, quando o tempo e os níveis de risco forem adequados, o líder deve sair completamente de cena e deixar o planejamento e a execução da missão por conta da equipe. Na Unidade de Tarefas Bruiser, esse procedimento era realizado durante o ciclo de treinamento que antecedia os destacamentos. A liderança sênior, formada por Leif, Seth Stone (comandante do Pelotão Delta) e pelos membros mais graduados da equipe, saía de cena e permitia que os líderes novatos controlassem, planejassem e executassem as missões de treinamento. Rapidamente, os novatos, antes observadores passivos e cumpridores de ordens, transformavam-se em líderes proativos que definiam os problemas e implementavam soluções.

Estes são alguns dos sintomas que indicam um líder excessivamente complacente:

1. A equipe não tem objetivos e procedimentos definidos.

2. Não há coordenação entre os membros da equipe, cujas ações muitas vezes interferem ou se sobrepõem umas às outras.

3. A iniciativa ultrapassa os limites da competência da equipe e dos seus membros, cujas ações excedem suas atribuições.

4. Não há coordenação. Se a equipe microgerenciada não colabora com outros grupos para não ultrapassar suas atribuições, uma equipe mal orientada não coordena suas atividades por pura desinformação. Ao se desdobrar para resolver problemas e completar a missão, o grupo esquece que talvez haja outras equipes atuando na mesma área e muitas vezes interfere nas atividades delas.

5. A equipe está focada em prioridades equivocadas, como missões e soluções incoerentes com a meta estratégica do grupo ou o intuito do comandante.

6. A liderança é muito disputada. Como todos os membros tentam liderar, quase não sobra ninguém para executar a missão. Em vez de avanços, ocorrem discussões. Há muita conversa e pouca ação. No lugar de um bloco uniforme, surgem indivíduos focados em seus próprios interesses.

Diante desses comportamentos, há medidas básicas que devem ser tomadas para que a equipe volte ao caminho certo. Primeiro, é essencial orientar o grupo consistentemente. A missão, o objetivo e o resultado esperado devem ser explicados de modo simples, direto e conciso. A equipe deve ser informada sobre os limites das suas atribuições e sobre as ações que precisará adotar em caso de excessos. Se o grupo estiver realizando várias ações ao mesmo tempo, o líder terá que determinar e implementar expressamente a linha de ação definida. Além disso, a equipe deve conhecer as atividades das outras equipes para abordar os possíveis conflitos. Enfim, se a equipe estiver paralisada pelo excesso de líderes (o caso clássico de "muito cacique para pouco índio"), o líder terá que definir claramente a cadeia de comando, as funções e as responsabilidades dos líderes do grupo e conceder a autoridade necessária a cada um deles.

Vi isso ocorrer nas unidades de tarefas dos SEALs, inclusive na Bruiser, quando a distribuição das tarefas era atribuída aos pelotões sem que nenhuma liderança fosse expressamente indicada. Cada unidade de tarefas tem dois pelotões; cada pelotão tem sua liderança: um comandante, um chefe, um comandante assistente e um suboficial. Se a missão era atribuída aos pelotões sem que um deles fosse indicado como líder, os grupos logo criavam planos e linhas de ação diferentes. À medida que se prolongava a indefinição em torno da liderança da operação, os pelotões avançavam nos seus respectivos planos, desperdiçando tempo e energia. Essa situação era facilmente resolvida com a indicação de um pelotão como elemento precursor e do outro como elemento de suporte da operação. Após essa definição, as ações eram coordenadas e a equipe passava a atuar em conjunto na execução de um mesmo plano.

Mas, novamente, equilíbrio é fundamental; a tropa deve ser orientada durante a execução do serviço e, ao mesmo tempo, ter espaço para tomar suas decisões e liderar.

Aplicação no Mundo dos Negócios

O produto final foi vendido. Mas havia um problema: ele ainda não tinha sido finalizado. Claro, existiam versões beta funcionais, fabricadas à mão uma a uma, mas nenhuma delas fora totalmente desenvolvida. Além disso, não havia nenhum processo-padrão definido para a produção em larga escala.

O setor só piorava a situação. O produto era voltado para carros, o que criava dificuldades expressivas. Primeiro, o software de integração devia ser compatível com diferentes fabricantes e modelos de automóveis. Segundo, o produto tinha que caber em espaços predefinidos que quase não permitiam mudanças no formato e no volume do equipamento. Por fim, em razão dos regulamentos de segurança aplicáveis à produção automotiva, as opções de materiais para a fabricação eram bastante escassas.

Quando eu apareci para coordenar o treinamento de novos líderes nessa empresa, as coisas pareciam estar indo bem. Embora já atuasse no setor havia muitos anos, a organização passava por uma fase de crescimento e precisava formar novos líderes, recém-contratados e promovidos. O clima na empresa era excelente, e os funcionários ficaram muito animados com as oportunidades e o sucesso que despontavam no horizonte.

Além disso, havia muita confiança. Grande parte daquele crescimento estava ligada à alta demanda por um novo produto que a empresa planejava lançar. Comecei a trabalhar com a organização nas etapas finais da produção. O grosso do design já estava pronto, os testes preliminares do software haviam sido feitos e o processo de adaptação para o formato definitivo fora iniciado.

As vendas já estavam a todo vapor. Acima de tudo, fiquei impressionado com a dinâmica da empresa. Passei a maior parte do tempo formando líderes recém-promovidos e contratados. Nos intervalos, tratei de me inteirar sobre a liderança e a situação da empresa.

Ao final dos três dias do programa de desenvolvimento de líderes que promovi na empresa, meu plano era retornar à organização dali a seis semanas. Na época, eu organizaria um curso complementar para os participantes do primeiro evento e um novo curso para outros líderes recém-contratados e promovidos.

Quando voltei, seis semanas depois, encontrei uma atmosfera totalmente diferente. Não havia nada do entusiasmo e da confiança de antes. Nada dos sonhos de oportunidades e sucesso. Um novo clima havia se instalado: um clima de medo e incerteza.

O CEO foi curto e grosso: "Acho que não vai dar", ele disse, referindo-se à data programada para o lançamento do novo produto. "Desde a sua última visita, quase não saímos do lugar. Nosso ritmo entrou em coma profundo. As equipes não estão dando conta do recado."

"Essas equipes são lideradas pelos caras que eu treinei?", perguntei, citando o grupo de gerentes intermediários que haviam participado do curso básico de liderança da Echelon Front.

"Não, nada disso", respondeu o CEO. "Eles são o menor dos problemas. São os líderes seniores que não têm apresentado bons resultados."

"O que está errado?", perguntei.

"Não sei", respondeu. "Mas precisamos resolver isso. Podemos adiar os próximos cursos para gerentes intermediários para você dedicar alguns dias à equipe de liderança sênior e definir o problema?"

"Acho que sim", respondi. "Tenho que confirmar na minha agenda."

Liguei para Jamie, o diretor de operações da Echelon Front, que rapidamente trocou alguns eventos na minha agenda e liberou tempo para que eu me adaptasse ao pedido do CEO e abordasse a equipe de liderança sênior da empresa.

"Você quer conversar com a equipe?", perguntou o CEO.

Esses líderes seniores já tinham participado do curso sobre Responsabilidade Extrema e os princípios fundamentais da liderança de combate. Aparentemente, eles captaram tudo muito bem. Não havia nada a dizer. Eu tinha que botar a mão na massa e definir o contexto e o local do problema.

"Não", respondi. "Já chega de conversa. Quero ver a equipe em ação. Quando é a próxima reunião com o grupo inteiro?"

"Na verdade, vamos ter uma reunião geral daqui a alguns minutos e outra logo depois do almoço", respondeu o CEO. "No intervalo entre elas e ao longo da tarde, vou me encontrar com os líderes o líder do grupo."

"Agenda cheia. Essas reuniões ocorrem quantas vezes por semana?", perguntei.

"Elas são diárias. A situação está crítica, e eu tenho que me responsabilizar (Responsabilidade Extrema) para manter tudo nos eixos."

"Saquei", eu disse, bem devagar, enquanto me perguntava se aquele não era o primeiro indicativo do problema.

Cruzamos o corredor rumo à primeira reunião. A equipe inteira estava lá. Eu achava que o encontro seria rápido, só uma atualização geral sobre a situação. Ledo engano. Cada líder fez uma apresentação extensa sobre o contexto dos respectivos departamentos. Foram citados detalhes específicos que não deveriam estar no escopo daquela equipe de nível executivo. No debate sobre as linhas de ação, os participantes apresentaram opções quase idênticas e argumentos longos e enfadonhos até que, finalmente, o CEO definiu o modo como as equipes deveriam executar o serviço. A reunião durou quase duas horas. Para piorar, assim que o encontro acabou, começou outra reunião, dessa vez com a equipe de engenharia, sobre os fabricantes selecionados para fornecer alguns componentes do produto. Essa sessão, que também empacou nos detalhes, durou mais quarenta e cinco minutos. Quando vimos, já era a hora do almoço.

Acompanhei o CEO de volta à sala dele. Enquanto comíamos, ele respondeu a dezenas de perguntas por e-mail e fez duas ligações, nenhuma delas para seus subordinados diretos, mas para engenheiros da linha de frente, que explicaram elementos específicos dos componentes eletrônicos que seriam incorporados ao novo produto.

Depois dos e-mails e ligações, saímos para uma checagem vespertina com os líderes. Novamente, eu achava que a reunião seria uma sessão rápida para confirmação dos avanços e resolução de possíveis problemas. Outro ledo engano.

Como antes, essa reunião rapidamente se converteu em uma discussão minuciosa sobre todos os aspectos da engenharia, fabricação, marketing e venda do produto. O CEO se aprofundava em cada ângulo do planejamento e da execução e tomava decisões em todos os níveis. Observei os outros participantes da reunião em busca de sinais de frustração. Quase ninguém parecia frustrado. Eles ficavam lá sentados, atentos, esperando sua vez de falar e de obter respostas do CEO. Não havia emoção, frustração nem senso de urgência. O grupo estava sem nenhuma iniciativa.

Dois dias se passaram no mesmo ritmo: reuniões, reuniões e mais reuniões. O CEO tomava quase todas as decisões. Até que, ao final de mais uma sessão, ele e eu nos dirigimos para a sala dele.

"Você entende o que eu quis dizer?", ele perguntou.

"Agora entendo", respondi.

"Eles não têm nenhuma iniciativa, não fazem nada acontecer, não estão se responsabilizando!", ele lamentou.

"Percebi isso claramente em todas as reuniões", comentei.

"E agora?", o CEO perguntou. "O que posso fazer para eles assumirem uma Responsabilidade Extrema?"

"A resposta é simples, mas não é fácil", respondi. "*Você* tem que *dar espaço* para eles se comprometerem."

"Estou tentando fazer isso; a minha postura tem que servir de exemplo. Mas ninguém está se responsabilizando", o CEO reclamou.

"Sim. Mas aí está o problema: você está se responsabilizando *demais*, está se excedendo", eu disse ao CEO.

"Estou me responsabilizando demais?", ele perguntou, confuso. "Você nunca disse que isso poderia ocorrer."

"Pode, sim. E você tem razão: eu deveria ter explicado melhor esse ponto", eu disse. "Às vezes, o líder se responsabiliza demais. Claro, com a Responsabilidade Extrema, você é responsável por tudo no seu mundo. Mas ninguém pode tomar todas as decisões. Distribua o poder entre a sua equipe para incentivar o comprometimento. Dê espaço a eles."

"O líder pode se comprometer com cada ação da equipe", continuei. "Mas isso não funciona. A motivação pode ser o desejo de garantir que o projeto corra bem ou a falta de confiança na capacidade dos líderes subordinados. Pode ser o ego falando mais alto: uma vontade de ser crucial em cada decisão, por menor que seja. Mas, quando o líder assume responsabilidade demais, não sobra espaço para o comprometimento da equipe e dos líderes subordinados. A equipe perde iniciativa. O ritmo diminui. Ninguém toma decisões. As pessoas só ficam sentadas, esperando ordens."

Embora fosse um grande volume de informações, percebi que o CEO havia compreendido meu comentário.

"Eu sufoquei a equipe, não foi?", ele disse.

"Bem, essa é uma palavra muito forte, lembra morte", brinquei. "Mas, metaforicamente, sim. Essa é uma boa descrição."

"Então, o que eu devo fazer agora?", o CEO perguntou.

"Libere espaço. Libere a atmosfera", orientei. "A equipe tem que respirar. Tem que tomar suas próprias decisões. Tem que traçar seu caminho. Indique o resultado esperado, mas permita que o grupo determine a rota. Deixe que eles assumam a responsabilidade (a verdadeira) pela sua cota da missão. Só então você terá uma cultura autêntica e eficiente de Responsabilidade Extrema, e sua performance vai atingir a excelência."

"Isso parece bom. Mas como implementar esse modelo do ponto de vista tático?", perguntou o CEO.

"Primeiro, vamos eliminar todas as reuniões. Essa é uma das razões pelas quais nada está saindo do lugar. Em vez de encontrar soluções, a equipe se limita a esperar que tudo venha de bandeja. Durante as reuniões, não fique dando uma de 'Sr. Resolve Tudo'", eu disse.

"Sr. Resolve Tudo? Sou o Sr. Resolve Tudo?", o CEO perguntou.

"Sim, porque você responde a todas as perguntas, resolve todos os problemas e toma todas as decisões", apontei. "Por que os líderes deveriam aprender a pensar por conta própria se basta chamar o Sr. Resolve Tudo para usar a cabeça e decidir? Além do mais, eles sempre podem culpá-lo pelas decisões erradas. Quando você faz tudo isso, eles não precisam mais pensar nem agir. Por isso, não usam a cabeça nem se mexem. Esse é o resumo da situação."

"Mas se eu não responder às perguntas deles...", o CEO começou.

Interrompi: "Eles vão buscar as respostas por conta própria. Vão desenvolver soluções. Vão trabalhar juntos para resolver problemas na origem em vez de encaminhar tudo para você."

SEJA O PRINCIPAL RESPONSÁVEL, MAS DISTRIBUA O PODER

"Então, esse é o Comando Descentralizado?", o CEO perguntou.

"Exato", eu disse. "Você deve encontrar esse equilíbrio entre o Comando Descentralizado e a Responsabilidade Extrema. Quando sua equipe é descentralizada demais, todos ficam sem direção. Se você assume responsabilidade demais, a equipe perde a iniciativa."

"Fui longe demais nesse caminho. Exagerei na responsabilidade", o CEO reconheceu.

"Sim", respondi. "Mas fique tranquilo. Você agora consegue perceber a dicotomia. Então, faça os ajustes necessários, mas sem exageros. Sempre vejo as pessoas cometendo esse erro: elas corrigem sua postura, mas acabam se excedendo. Portanto, pode mandar ver. Cancele algumas reuniões. Dê espaço para as equipes e os líderes tomarem decisões. Mas não abandone o barco. Você não tem que remar nem ficar no timão. Basta conferir se todos estão no rumo certo."

Nas próximas semanas, o CEO ajustou seu nível de controle. Tive que intervir algumas vezes para mitigar sua tendência a controlar tudo. Mas ele conseguiu se autoavaliar, e as mudanças na liderança subordinada (bem como na equipe como um todo) vieram rapidamente. Em pouco tempo, a atitude do grupo se transformou. Os líderes de todos os níveis começaram a liderar e assumir a responsabilidade. O ritmo se intensificou, e a equipe conseguiu lançar o produto na data prevista.

A chamada de rádio "Frogman no Telhado" avisava a todos na área que os SEALs estavam em uma posição elevada. Aqui, os SEALs da Unidade de Tarefas Bruiser, formada pelos pelotões Charlie e Delta, fazem manobras em um terraço, sempre abaixados para minimizar a exposição ao fogo inimigo. Marc Lee, à esquerda, aparece com sua metralhadora Mark 48. À direita, em segundo plano, o SEAL que foi gravemente ferido, como vimos na cena descrita no Capítulo 1.

(Fotografia de Todd Pitman)

CAPÍTULO 3
Seja Firme, mas Não Arrogante

Leif Babin

REGIÃO SUL DE RAMADI, IRAQUE: 2006

Pouco acima de nós, projéteis traçantes deixavam rastros supersônicos, como lasers de brilho laranja passando com um forte estrondo.

Que merda, pensei, enquanto o grupo se agachava atrás da mureta do terraço. *Fogo amigo nos atacando.*

Procurei Dave Berke; ele estava abaixado perto de mim. Como os outros SEALs no terraço, precisávamos ficar bastante encolhidos para proteger nossas cabeças dos tiros.

Dave me olhou e balançou a cabeça, com um sorriso que indicava tanto bom humor quanto apreensão.

"Isso não é nada bom", disse Dave, de olho no prêmio de maior otimista do ano.

Major dos Fuzileiros Navais e piloto de caça experiente, ele já fora instrutor-chefe na lendária U.S. Navy Fighter Weapons School, mais conhecida como TOPGUN. Depois de largar as nuvens, Dave agora era voluntário no controle aéreo avançado das operações terrestres no ponto mais perigoso do Iraque: Ramadi. Ele liderava uma equipe de apoio SALT (Supporting Arms Liaison Team) ligada à 5ª Companhia de Ligação de Combate Aéreo e

Naval dos Fuzileiros. Dave e mais doze Fuzileiros da SALT 6 acompanhavam o Pelotão Charlie para coordenar as ações de apoio aéreo. Eles avançavam pelo terreno com a patrulha, à frente das unidades dos Exércitos norte-americano e iraquiano.

A cerca de duzentos e cinquenta metros, um dos nossos tanques havia disparado uma rajada de metralhadora contra nós. Era fogo amigo, um caso de *blue-on-blue* [azul contra azul], no jargão militar norte-americano. Ser morto ou gravemente ferido por fogo inimigo era ruim. Mas morrer por ação das nossas próprias forças era bem pior.

Essa proximidade é arriscada demais, pensei logo depois, enquanto me agachava atrás do pequeno muro de concreto, a única cobertura possível no local. Precisávamos pôr um fim àquele impasse e avisar ao pessoal do tanque que nosso grupo era aliado. Para isso, eu tinha que entrar em contato com o comandante do blindado pelo rádio e comunicar o cessar-fogo.

O tanque usava uma M2 Browning calibre .50. Conhecida como a "Ma Deuce", a arma era uma máquina do diabo. Desde 1933, os militares dos EUA vêm aplicando o potencial mortífero dessa metralhadora nas guerras travadas pelo país. Um só projétil pode facilmente arrancar a cabeça ou abrir uma cratera na caixa torácica de alguém, além de atravessar muros de concreto, como aquele que dava cobertura para a equipe. Fomos alvo de uma rajada automática com uma dezena de balas disparadas em poucos segundos. Se o tanque não fosse informado logo sobre o cessar-fogo e nossa condição de aliados, a situação poderia acabar em tragédia, com mortos e feridos.

Pouco antes, eu e os demais SEALs do Pelotão Charlie estávamos em um terraço, dentro do território inimigo. Dave estava ao meu lado, em contato com a aeronave de combate AC130U "Spooky" da Força Aérea dos EUA, que voava em círculos no céu noturno milhares de metros acima de nós, com um poder de fogo e uma capacidade de vigilância incríveis. Logo que chegamos àquela zona hostil, patrulhamos a área e montamos uma posição de vigilância para desarticular possíveis ataques contra a principal força da operação: cerca de cinquenta tanques e veículos blindados e quase mil combatentes, entre norte-americanos e iraquianos, liderados pela Força-tarefa Bandit, 1º Batalhão, 37º Regimento de Blindados, 1ª Divisão de Blindados. Os atiradores de elite dos SEALs foram instalados perto das equipes a cargo das metralhadoras e da segurança. Dave e o fuzileiro que operava o rádio também estavam no terraço, atualizando a Spooky com as últimas informações.

Observamos quando o comboio de blindados dos EUA (com tanques M1A2 Abrams e veículos de combate M2 Bradley) surgiu, atravessando a ponte da ferrovia sobre o canal e seguindo pela estrada em direção à vila onde estávamos. A fim de desobstruir o campo de visão dos snipers, os técnicos em descarte de material bélico explosivo e os SEALs da equipe de arrombamento usaram cargas para derrubar algumas palmeiras. Tomamos as medidas necessárias para informar a Força-tarefa Bandit (o batalhão, as companhias e os pelotões) sobre o local exato da posição dos atiradores de elite para que o comboio não os confundisse com forças inimigas. Além disso, marcamos nossa posição usando um dispositivo com um sinal predeterminado. Mas eu não havia avaliado os riscos associados às explosões que removeram as árvores.

Essa foi uma das primeiras grandes operações baseadas na estratégia de "Conquistar, Liberar, Manter, Construir"; seu objetivo era recuperar Ramadi dos implacáveis rebeldes que a controlavam. O planejamento demorara várias semanas e abordara todas as contingências realistas imagináveis. Havíamos previsto um combate intenso e um grande número de baixas entre os norte-americanos. Os Soldados que tripulavam os tanques já estavam uma pilha de nervos, esperando ataques a qualquer momento enquanto avançavam pelo território inimigo. Os principais líderes conheciam o prédio destacado para a posição de vigilância, mas essa informação não chegara à linha de frente da operação. Além disso, mesmo que essa localização tivesse circulado entre os combatentes na vanguarda, identificar os pontos no mapa e relacioná-los aos prédios e ruas reais era bem complicado. Pelo rádio, eu tinha avisado ao Jocko, que estava com o batalhão no ponto de concentração do outro lado da ponte, sobre a "detonação controlada" que seria realizada: uma explosão técnica de cargas de demolição montadas pela nossa equipe. O batalhão deu o ok pelo rádio. Mas, novamente, a transmissão e a compreensão da mensagem pelas tripulações dos tanques não foram confirmadas. Os tripulantes encaravam riscos e desafios específicos: ameaças constantes de bombas de fabricação caseira enterradas na estrada e ataques com metralhadoras e RPGs.

Quando as detonações controladas cortaram o silêncio e iluminaram rapidamente a escuridão, um dos comandantes dos tanques Abrams deve ter pensado que se tratava de um ataque. Ao ver nossas silhuetas no terraço, ele imaginou que éramos combatentes inimigos e nos cumprimentou com uma rajada de metralhadora. De vez em quando, dávamos uma olhada por cima da mureta, observando os blindados que rastejavam em nossa direção, até que os projéteis calibre .50 começaram a voar por cima de nós. Foi então que corremos para a cobertura do muro.

Cada nanossegundo era crucial enquanto eu procurava o rádio em meio ao equipamento.

Pelo procedimento-padrão, eu deveria entrar em contato diretamente com Jocko, que transmitiria a mensagem ao pessoal do batalhão próximo a ele; a informação então seria repassada à companhia, que a encaminharia ao pelotão associado à unidade do tanque em questão. Mas não havia tempo para isso. Cada momento era essencial. Eu tinha que falar diretamente com o tanque, e rápido, se quisesse impedir a próxima rajada de balas calibre .50, sabendo ainda que esses cartuchos eram desejáveis diante da possibilidade de um disparo do imenso canhão de cano liso calibre 120mm instalado no tanque.

Prontamente, sintonizei o canal de rádio do comandante do tanque e mandei ver: "Cessar-fogo, cessar-fogo", eu disse. "Alvo errado. Somos amigos."

Houve um sinal de recebimento da transmissão. Os tiros cessaram.

Essa foi por pouco, pensei. Eu não estava irritado, mas preocupado com a possibilidade tão presente de fogo amigo, apesar de todas as medidas aplicadas para mitigar aquele tipo de ocorrência.

A iniciativa de sintonizar outra rede no rádio e falar diretamente com o tanque de onde partira o ataque salvou nossa pele. Essa habilidade era crítica para a missão e para quase todas as operações de combate, tanto para mim quanto para os outros líderes do Pelotão Charlie e da Unidade de Tarefas Bruiser. No entanto, logo que chegamos a Ramadi, por sermos SEALs, não conhecíamos as redes de rádio usadas pelo Exército e pelos Fuzileiros e, portanto, não conseguíamos nos comunicar diretamente com eles.

As Equipes SEAL tinham uma cultura, táticas e equipamentos diferentes dos nossos irmãos do Exército e dos Fuzileiros. Nada realçava tanto essas diferenças quanto nosso equipamento de rádio. Eles usavam um sistema totalmente diferente. Para estabelecer comunicação com eles, tivemos que aprender a usar esse outro sistema. Em geral, em um pelotão SEAL, o operador de rádio é o especialista que programa e resolve os problemas nos equipamentos dos membros do grupo. Dependemos do operador para todos os assuntos relacionados a rádios. Nas missões anteriores, se você tivesse um problema com o rádio, era só removê-lo do equipamento e encaminhar o aparelho para o operador, que o consertava ou trocava por um novo. Além disso, o líder dependia do operador para todas as comunicações com o centro de operações táticas e unidades externas ao pelotão ou esquadrão SEAL. Mas, em Ramadi, muitas vezes atuávamos em unidades pequenas, e não havia operadores suficientes para todas as equipes. Era comum um SEAL servir como operador em um grupo quando o operador de verdade estava em outro grupo ou esquadrão, em outro prédio ou até mesmo em outra operação.

Como comandante da unidade de tarefas e ex-operador, Jocko achava que todo membro da Bruiser tinha que ser proficiente em rádios. Para ele, todos nós precisávamos aprender a programar os aparelhos para falar diretamente com os Soldados e os Fuzileiros com quem atuávamos em combate e que nos tiravam das enrascadas. Era uma habilidade crítica para salvar vidas no campo de batalha.

"Todo mundo tem que saber programar os rádios", Jocko destacou durante uma reunião inicial no espaço de planejamento do Pelotão Charlie. Até para os padrões dos SEALs, ele era um cara grande, mal-encarado e intimidante. Se a ordem viesse de Jocko, fosse qual fosse, todo mundo obedecia. Não só por medo da ira dele, mas também porque respeitávamos sua liderança e sua experiência.

Mas não aprendemos a programar os rádios. Quer dizer, a maioria de nós não aprendeu. Não porque dávamos pouca importância a esse ponto ou não respeitávamos Jocko. Muito pelo contrário. O problema era nossa sobrecarga de tarefas; com um cronograma tão agitado, outras prioridades logo surgiam. A ordem de Jocko para estudar a programação dos rádios sempre ia para o fim da fila. Grande parte da equipe nunca chegou a encarar esse desafio.

Poucos dias depois dessa ordem, a Bruiser estabeleceu um plano e recebeu aprovação para realizar uma ação noturna com o objetivo de capturar ou eliminar os líderes de uma célula terrorista local responsável por uma série de ataques fatais contra tropas norte-americanas e iraquianas em Ramadi. Destacado para liderar a missão, o Pelotão Charlie elaborou um plano. Como fazíamos antes de todas as ações, reunimos os SEALs para a apresentação conhecida como "ordem de operações" (OPORD). Os principais líderes descreveram suas respectivas funções no plano. Analisamos os detalhes e respondemos as dúvidas que surgiram.

No encerramento da OPORD, Jocko fez alguns comentários estratégicos. Até que, de repente, ele fez uma pergunta que nos surpreendeu no ato.

"Todo mundo já sabe programar os rádios?", perguntou Jocko. O espanto era evidente, mas ninguém teve coragem de dizer "não".

Pensei: *Não tivemos tempo. Não arranjamos tempo.*

Mas Jocko nem precisava das respostas. Com certeza, bastava analisar o espanto e a inércia para concluir que a maioria dos SEALs na sala, pouco antes de uma operação de combate, não sabia programar seus rádios.

Jocko se voltou para um SEAL novato conhecido no pelotão como "Biff", em homenagem ao personagem do filme *De Volta para o Futuro*.

"Biff, me dá o seu rádio", disse Jocko, em tom ríspido. Prontamente, Biff obedeceu, soltou o conector do fone de ouvido, puxou a presilha, removeu o rádio do equipamento e entregou-o a Jocko. O aparelho tinha uma função de limpeza da memória, que, nesse caso, deveria ser reprogramada. Jocko apagou a memória do rádio e o devolveu a Biff.

"Agora, reprograme o dispositivo", orientou Jocko.

Biff olhou para o teto, perplexo. Ele não sabia reprogramar o rádio. A situação era desconfortável: convocado diante de todo o pelotão e da unidade de tarefas, ele não conseguiu cumprir a ordem de Jocko. Mas ele não estava sozinho; a maioria de nós estava no mesmo barco.

Jocko não ficou irritado. Ele sabia que, se muitos dos SEALs ali não sabiam programar os rádios, não era por pura desobediência, mas por não compreenderem a importância desse ponto. Como não percebíamos a relevância do tema, não arranjávamos tempo para estudá-lo. Mas Jocko não era de recuar. Ele não deixava barato. Jocko mantinha a disciplina e aplicava o padrão. Ele já previa que, no campo de batalha, atuaríamos em grupos menores sem acesso a suporte e, portanto, precisávamos saber operar os rádios por conta própria. No Comando Descentralizado, era crucial que todos os líderes fossem totalmente autônomos e estivessem sempre preparados para executar e cumprir a missão.

Então, ele se voltou para o operador mais experiente do Pelotão Charlie e disse: "Ensine o Biff a reprogramar o rádio."

Para o resto do pelotão, Jocko disse: "Todo mundo deve aprender a programar os rádios. Isso pode salvar vidas. Quem não souber programá-los, não irá à próxima missão."

Na operação seguinte, o pelotão inteiro, ou seja, todos os SEALs na Bruiser, sabiam programar os rádios; havíamos praticado muitas vezes. O chefe tinha chamado nossa atenção e determinado expressamente que a ordem deveria ser cumprida, sem nenhuma exceção.

Para o líder, muitas vezes é difícil saber o momento e o ponto certos para impor disciplina. Nas Equipes SEAL, e em todas as organizações, os líderes que costumam tratar a equipe à base de pontapés e agressões verbais por questões triviais são desprezados, não respeitados. Eles são ineficazes e têm poucos seguidores em situações críticas. O líder não pode ser controlador demais. Mas, devido a essa dicotomia, ele também não pode ser tolerante demais a ponto de pôr em risco a segurança, o sucesso da missão e o bem-estar da equipe em longo prazo.

Se Jocko não nos tivesse pressionado a programar os rádios, nunca teríamos feito isso. Muito provavelmente, essa lacuna teria resultado em baixas. Eu não teria sido capaz de conversar diretamente com os Soldados e os Fuzileiros pelas redes de rádio das suas companhias e pelotões. Se Jocko não tivesse feito isso, ele estaria zelando plenamente pelos SEALs na unidade de tarefas? Com certeza, não. Mas ele sabia que cuidar da equipe consiste em velar pelo seu bem-estar em longo prazo e pelo desenvolvimento eficaz da missão estratégica ao longo do tempo. Não se pode abrir mão de alguns padrões em nenhuma circunstância.

Logo, todos os membros da Unidade de Tarefas Bruiser sabiam programar e utilizar os rádios pessoais. Como não éramos operadores, também treinamos com os rádios maiores para lidar com possíveis situações de urgência, que ocorriam com frequência. Quando outros SEALs vinham a Camp Ramadi e se incorporavam ao nosso pelotão e à unidade de tarefas para pegar "carona" nas operações de combate, uma das nossas primeiras diretrizes era ensiná-los a programar os rádios e se comunicar diretamente com as unidades do Exército e dos Fuzileiros. Jocko impôs seu padrão. Por isso, ficamos mais bem preparados para encarar o campo de batalha, mitigar os riscos, atuar com mais eficácia e cumprir nossa missão.

Diante desse exemplo de responsabilidade na liderança demonstrado por Jocko ao aplicar os padrões necessários, pensei nos momentos em que não consegui fazer isso. Como um jovem líder, eu identificava oportunidades para melhorar nosso desempenho, fazer outro exercício na casa de tiro (onde treinávamos técnicas de combate a curta distância) e realizar uma simulação adicional para deixar a equipe totalmente preparada. No entanto, às vezes eu soltava as rédeas e não conduzia o grupo com a força necessária. Quando a equipe recebia serviços adicionais, havia resistência e reclamações. Além disso, houve casos em que as coisas saíram do controle, e minha postura de "cuidar do grupo" permitiu o comprometimento insuficiente dos seus membros. No final das contas, nosso desempenho era medíocre. A equipe nunca melhorava, nunca se comprometia. Essa era uma falha da minha liderança.

Identifiquei a dicotomia: em outras ocasiões, eu fora controlador demais. Insistia em fazer o serviço da forma como queria e repisava pontos triviais sem nenhuma importância estratégica, achando que dessa maneira eu estava impondo disciplina. Essa atitude causava atritos desnecessários e inibia o crescimento da equipe e dos líderes novatos. O grupo não conseguia atuar de modo eficiente com o Comando Descentralizado.

Eu tinha conhecido e trabalhado com muitos líderes controladores ao longo da minha carreira na Marinha, mas não queria liderar dessa forma. Alguns aplicavam uma disciplina estrita, gritavam com todo mundo e arrasavam o moral da equipe. Ninguém ficava do lado deles. Esses líderes podem realizar uma tarefa urgente, mas, em longo prazo, minam o crescimento da equipe. Seus exemplos negativos ficaram gravados na minha mente: *esse não é o tipo de líder que quero ser.*

Mas, às vezes, o líder deve sair de cima e dar espaço para a equipe. Em 2005, quando montamos a Bruiser e iniciamos o treinamento, nosso objetivo era chegar ao Iraque prontos para o combate. Lá, atuaríamos com muitos Soldados e Fuzileiros dos EUA, das divisões de infantaria, blindados e aerotransportadas. Seus protocolos para uniformes e equipamentos eram estritos. Os Soldados portavam o emblema oficial da unidade e a bandeira norte-americana. Os Fuzileiros portavam a bandeira norte-americana e o emblema com a águia, o globo e a âncora, o símbolo da corporação. Mas, nas suas equipes, os SEALs geralmente usavam o que dava na telha deles. Em geral, era uma combinação de vários uniformes e itens. Nas operações de combate no Vietnã, os primeiros SEALs vestiam jeans e roupas camufladas usadas por caçadores civis. Muitos SEALs mantiveram essa tradição e continuaram se vestindo de maneira "não convencional". Além dos uniformes, que nos diferenciavam das outras unidades, os SEALs também usavam itens personalizados. Cada pelotão criava um emblema que seus membros usavam nos uniformes. Na Bruiser, o símbolo do Pelotão Delta tinha um triângulo representando a letra delta e o esqueleto de um sapo. O Pelotão Charlie usava o logotipo da Cadillac com um "3" e um "C", indicando "Equipe SEAL 3" e o nome do pelotão. Além disso, alguns SEALs usavam outros emblemas, como a primeira bandeira da Marinha (hasteada na proa das embarcações navais), com treze faixas, uma cascavel e as palavras "Don't Tread on Me" [Não Pise em Mim, em tradução livre], inspirada na bandeira de Gadsden da Revolução Americana. Os SEALs costumavam criar emblemas com o que achassem legal, inclusive frases e citações engraçadas de filmes. Quando iniciamos o treinamento na Bruiser, um dos emblemas mais recorrentes era o "Fun Meter" [Medida de Diversão, em tradução livre], com uma seta apontando para a parte vermelha de um medidor, a diversão máxima. Muitos SEALs usavam emblemas com a inscrição "More Cowbell", em referência à popular sátira da banda Blue Oyster Cult encenada por Will Ferrell no *Saturday Night Live*. Havia outros emblemas bem menos profissionais e muito mais grosseiros.

Eu sabia que aqueles itens fugiam do protocolo. Alguns eram bastante ofensivos, e eu, como comandante do pelotão, deveria mandar os caras jogarem fora seus emblemas. Mas eu também ria deles e não conseguia entender direito como algo tão simples como aqueles emblemas poderiam causar problemas quando atuássemos junto com unidades do Exército e dos Fuzileiros. Para mim, mandar remover os emblemas seria prejudicial ao moral do grupo e passaria uma imagem muito autoritária. Então, deixei rolar.

Jocko deduziu que, sem compreender o contexto, alguém poderia se ofender com aqueles emblemas toscos, causando atritos que talvez piorassem com o tempo. Ele não era nenhum anjo a passeio na Terra. Eu sabia que Jocko achava engraçados muitos daqueles símbolos. Mas ele concluíra que, se os emblemas pudessem causar problemas, não valia a pena mantê-los. Essa questão ameaçava a indicação da nossa unidade de tarefas para a missão no Iraque. Quando de fato chegássemos lá, concretizando nossas expectativas, atuaríamos com unidades do Exército e da Marinha que, em um primeiro momento, nos julgariam pela aparência. O grande orgulho deles eram seus uniformes impecáveis, uma prova dos seus valores e da sua disciplina. Com aqueles emblemas aleatórios e grosseiros, a primeira impressão que os Soldados e os Fuzileiros teriam sobre a Bruiser não seria muito boa. Jocko captou a importância disso e não teve nenhum problema em se livrar dos emblemas.

"Livre-se dos emblemas", ele disse. Falei que cuidaria disso.

Em seguida, ele abordou o assunto diante de todos os membros da Bruiser.

"Estão proibidos os emblemas na Unidade de Tarefas Bruiser", declarou Jocko. "Muitos deles são incompatíveis com o protocolo. Sei que são engraçados, mas esse bom humor não ajuda a consolidar uma parceria com as forças convencionais. Os emblemas prejudicam nossa capacidade de operar com o Exército e a Marinha para rastrear, cercar e destruir o inimigo."

"Nada de emblemas", ele enfatizou. "Nenhum. Fui claro?" Só estávamos autorizados a usar o emblema-padrão com a bandeira norte-americana. O chefe da unidade de tarefas, principal assessor de Jocko, garantiu que a ordem seria cumprida sem nenhuma exceção.

"Compreendido", a equipe concordou em uníssono. Na unidade de tarefas e, especialmente, no Pelotão Charlie, ninguém estava satisfeito com a situação, mas todos entenderam e obedeceram. Aquele era o novo padrão, o limite fora traçado. Todos os emblemas foram removidos.

Alguns meses depois, a Bruiser foi indicada para combater no Iraque. Nesse intervalo, minha convicção pessoal de que nossa unidade era um grupo de importância histórica, destinado a brilhar no campo de batalha, só aumentou. Por isso, precisávamos de um emblema oficial. Em um dia de folga, enquanto surfávamos sem o onipresente Jocko por perto, tive uma conversa com meu grande amigo Seth Stone, comandante do Pelotão Delta.

"Cara, a Bruiser precisa de um emblema", eu disse. "Sei que Jocko proibiu, mas acho que devemos criar um emblema e distribuir para todos os membros."

"Concordo", Seth respondeu. Jocko tinha nossa estima e admiração. Respeitávamos sua liderança e raramente discordávamos dele, em pontos essenciais ou secundários. Mas era importante para a coesão do grupo que a unidade tivesse um emblema. Havia uma diferença entre emblemas ofensivos e símbolos que representavam a equipe.

"Temos que fazer isso em segredo", eu disse. "Jocko não pode ver os emblemas."

"Demorou", Seth concordou.

Depois, já em casa, criamos dois emblemas para pôr nos ombros dos membros da equipe. Eles eram circulares, em tons de areia, e tinham a inscrição "Task Unit Bruiser" na parte superior. Em um deles, Seth colocou um crânio de boi com os chifres virados para baixo e a legenda "Big Balls in Cowtown" [Os Maiores Colhões do Curral, em tradução livre]. Como bons texanos, Seth e eu éramos grandes fãs do clássico country "Big Ball's in Cowtown", de Bob Wills and His Texas Playboys. Essa referência caía como uma luva, pois tínhamos acabado de saber que nossa base seria em Ramadi. No outro emblema, coloquei o Lord Humungus, o líder dos bandidos pós-apocalípticos do filme *Mad Max II*, com uma máscara de hóquei e uma pistola de grosso calibre. Como legenda, usei a frase "The Ayatollahs of Rock'n'Rolla" [Os Aiatolás Baladeiros, em tradução livre], em homenagem ao título que o personagem se atribui no filme.

Poucas semanas antes da nossa partida, procurei um ateliê que fabricasse os emblemas com o indispensável velcro, para que pudéssemos colocá-los e removê-los facilmente dos uniformes de combate. Eles ficaram prontos poucos dias antes da nossa ida para o Iraque. Joguei a caixa, ainda fechada, em uma das malas e a coloquei junto com o material que seria transportado pelo avião em que viajaríamos. Logo que chegamos a Ramadi, removi discretamente a caixa sem que Jocko percebesse e chamei Seth. Abrimos o pacote e pegamos emblemas para todos os membros dos nossos pelotões. Na surdina, distribuímos os símbolos para todo mundo na Unidade de Tarefas Bruiser, menos para Jocko e sua equipe de assessores.

Na base e nas operações de combate acompanhadas de perto por Jocko e seu principal assessor, todos só usavam o emblema-padrão com a bandeira norte-americana. Mas os SEALs dos Pelotões Charlie e Delta e os técnicos de explosivos guardavam os emblemas nos bolsos do ombro. Nas operações que Jocko acompanhava da torre de comando, logo que nosso comboio de Humvees saía da base, a mensagem circulava pelo rádio: "Emblemas liberados." Os membros da equipe tiravam o símbolo da unidade do bolso e colavam o velcro no uniforme. A partir daí, estávamos prontos para atuar como a Unidade de Tarefas Bruiser e combater, cercar e destruir o inimigo.

Mas, por se tratar de uma violação flagrante do protocolo, era apenas uma questão de tempo até a casa cair. O dia fatídico coincidiu com uma das primeiras grandes operações da Bruiser. Um jornalista civil que acompanhava a unidade do Exército com que estávamos colaborando tirou fotos dos SEALs da equipe em ação. As imagens circularam entre os altos escalões da base e, logo depois, foram parar nas mãos de Jocko e do seu principal assessor. Nas fotos, o emblema da Bruiser aparecia claramente nos ombros de vários SEALs.

O assessor ficou uma arara e se preparou para acabar com a nossa raça. Ele só queria fazer o trabalho dele e executar a ordem do comandante. Eu já esperava pela ira do Jocko e, como tudo fora ideia minha, assumiria toda a responsabilidade pelo ato.

Porém, um dia se passou. Depois, outro dia. Jocko não tocou no assunto. Fiquei surpreso. Jocko sabia que havíamos descumprido a ordem; era um ato voluntário de desobediência. Mas, nesse caso, Jocko não tomou as rédeas para impor o padrão. Ele deixou rolar.

Por algum tempo, me perguntei por que ele não havia dito nada, até que tudo se esclareceu quando, já em casa depois do turno, ele confirmou minhas suspeitas. Jocko concluiu que os emblemas reforçavam mesmo a coesão do grupo, pois eram motivo de orgulho. Ele também sabia que os outros emblemas haviam sido eliminados e que ninguém mais portava os itens ofensivos e inadequados que a equipe adorava nos Estados Unidos. Em vez disso, todo mundo estava usando o emblema-padrão da Bruiser, em tons de areia como os uniformes. Jocko achou que, se o grupo não mostrasse os emblemas para ele, também teria que escondê-los das demais unidades.

Embora não tenha autorizado expressamente os emblemas, Jocko permitiu esse pequeno desvio. Eles eram especiais e expressavam nossa reputação no campo de batalha sem nos alienar dos Soldados e dos Fuzileiros; eles transmitiam a ideia de uma unidade coesa. Ao final do nosso turno, demos vários emblemas da Bruiser para os líderes mais importantes com os quais colaboramos, como o coronel do Exército a cargo da brigada de combate.

Ao presenciarmos Jocko impondo disciplina para que a equipe aprendesse a programar os rádios e relaxando um pouco na questão dos emblemas, vimos um grande exemplo de equilíbrio na dicotomia. Há um momento para demonstrar firmeza e aplicar as regras e outro para dar espaço e permitir algumas quebras de protocolo. Encontrar esse equilíbrio é fundamental para que os líderes obtenham a maior eficácia possível da equipe.

Princípio

Os líderes não podem ser muito complacentes, mas também não podem ser arrogantes. Eles devem fixar padrões de excelência e orientar a equipe a atingi-los, mas não podem ser dominadores nem inflexíveis diante de questões de pouca importância estratégica. Esse equilíbrio está em saber o momento certo de impor disciplina e de deixar rolar. Os líderes precisam identificar a ocasião propícia para ouvir os líderes subordinados e permitir que eles assumam a responsabilidade, adaptando-se às demandas de cada um deles.

Muitos usam o termo "capital de liderança" para compreender a análise minuciosa do líder ao equilibrar essa dicotomia. Nesse modelo, o líder possui uma quantidade limitada de poder. Esse poder pode ser gasto de forma estúpida por líderes fixados em questões triviais e sem importância estratégica. O capital de liderança é acumulado gradualmente, enquanto o líder desenvolve um vínculo baseado em confiança e integridade com a equipe e demonstra que valoriza o sucesso do grupo e da missão no longo prazo. Priorizar as áreas em que é necessário aplicar os padrões e impor disciplina, e fazer concessões em pontos menos importantes, é um uso inteligente do capital de liderança.

Como escrevemos no Capítulo 8 de *Responsabilidade Extrema*, a explicação mais importante que um líder pode oferecer à equipe é "por quê?". Ao impor disciplina e aplicar padrões, o líder deve sempre explicar por que as medidas são importantes, como elas contribuirão com a missão e quais serão as consequências se elas não forem adotadas. Nada disso deve ser feito com a postura do "é assim e pronto". Essa conduta só trará mais retrocessos e dificuldades para a equipe, impedindo que ela atinja os padrões estabelecidos. Como líder, você deve equilibrar a dicotomia e ser firme nos pontos mais importantes, mas nunca arrogante; nunca seja inflexível em questões de pouca importância para o sucesso da equipe e da missão estratégica.

Aplicação no Mundo dos Negócios

"Li muito sobre Patton", disse, em tom de orgulho, o vice-presidente-executivo, referindo-se a George S. Patton Jr., o famoso general do Exército que realizou proezas lendárias durante a Segunda Guerra Mundial. "Gostei muito da sua menção a ele durante a apresentação. Quero exatamente esse tipo de organização disciplinada, como Patton sugeria. Precisamos de pessoas que cumpram ordens, não de questionadores."

Percebi de cara que o vice-presidente-executivo não tinha nenhuma experiência militar. Era evidente que ele não compreendia o modo como os líderes militares eficientes conduzem suas equipes. Eles não recorrem a posturas autoritárias, do tipo *"você tem que me obedecer ou vai se dar mal"*. Claro, já houve quem tentasse liderar dessa forma nas forças armadas, mas esse método nunca foi eficiente.

Sentei em uma sala de conferências com o vice-presidente para conhecê-lo melhor e saber mais sobre sua função na empresa. Parte das ações do Programa de Desenvolvimento e Alinhamento de Lideranças da Echelon Front, aquelas reuniões pessoais eram essenciais para a determinação dos desafios e atritos envolvendo os líderes, departamentos, equipes e estratégias de cada organização. Para nossa equipe, essas informações eram críticas para adaptar o programa com base nos desafios de cada empresa e implementar soluções de liderança para resolver os problemas identificados.

Essa empresa tinha um longo histórico de trabalho e qualidade. Mas, nos últimos tempos, a equipe executiva estava planejando uma expansão para além da região de atuação tradicional da organização. Para isso, a empresa, que antes se orientava com base na vasta experiência dos líderes que operavam na linha de frente, agora tinha que estabelecer procedimentos operacionais para que suas diferentes equipes e divisões atuassem em harmonia.

O vice-presidente assistira à minha apresentação de abertura, na qual mencionei o general Patton durante a sessão de perguntas e respostas, já no final do evento. Aquela citação claramente o havia impressionado.

"Disciplina é liberdade", disse o vice-presidente, citando o mantra de Jocko, abordado pouco antes na última sessão do curso. "Venho tentando incutir disciplina na nossa equipe. Precisamos muito disso por aqui."

"De que maneira?", perguntei, interessado no rumo da conversa.

"Celulares", disse o vice-presidente. "Fico fora de mim toda vez que vejo, no meio de uma reunião, alguém grudado no telefone. Lá estou eu, na frente de todo mundo, tentando passar informações importantes, até que vejo alguém no celular respondendo a e-mails. Ou alguém sai da sala para atender a uma ligação."

"Eles fazem isso até na presença do CEO", acrescentou o vice-presidente, incrédulo diante de tal comportamento.

"Às vezes, isso é frustrante", respondi. "Sempre vemos esse tipo de coisa onde quer que a Echelon Front vá. Mas, obviamente, há questões muito importantes para a empresa que precisam de atenção imediata."

"Isso não ocorre nas minhas reuniões", o vice-presidente se gabou. "Deixei claro para todos os líderes e supervisores: nada de celulares nas minhas reuniões."

"Como você aplica essa medida?", perguntei.

"É fácil", disse o vice-presente. "Antes de cada reunião, eu obrigo todos a tirarem os celulares dos bolsos e desligá-los. Eles precisam me mostrar que o telefone foi totalmente desligado. Não começo a reunião até que todo mundo tenha feito isso."

Ele era prepotente e se sentia claramente orgulhoso de estar impondo disciplina, mantendo uma postura inflexível ao aplicar um padrão tão estrito na equipe.

"Qual foi a reação da equipe?", perguntei.

"Eles ficam chiando, é claro", respondeu. "Mas vou continuar em cima deles, como Patton faria."

"Essas reuniões são mesmo importantes?", perguntei.

"Sim, são importantes", insistiu o vice-presidente. "Estou implementando novos procedimentos operacionais para todos os funcionários. Essa é uma orientação direta do CEO; minha função é implementá-la mesmo que haja resistência. Além disso, o que é tão importante a ponto de impedir que eles desliguem seus celulares por uma ou duas horas e se concentrem no tema que estou propondo?"

"Bem, alguns casos me vêm à mente agora", eu disse. "Que tal um problema urgente que exige uma solução rápida para a manutenção de um cliente importante e um contrato expressivo? Ou um problema sério de qualidade que pode irritar os clientes e gerar uma repercussão negativa na imprensa, prejudicando seu crescimento no mercado? Ou uma falha grave de segurança que pode resultar em ferimentos graves e morte?"

O vice-presidente concordou que esses casos teriam precedência sobre as reuniões. "Escute", disse ele. "Estou apenas tentando estabelecer disciplina na equipe. Como Patton faria, como você e Jocko costumam falar. Se formos disciplinados em pequenos pontos, não teremos mais disciplina para encarar questões maiores?"

"É importante ter disciplina até nos menores detalhes", eu disse. "Mas, como líder, você deve equilibrar criteriosamente a dicotomia entre duas forças opostas: saber o momento de ser firme e o de ceder. Você precisa estabelecer prioridades e definir onde é necessário impor disciplina e aplicar os padrões."

"É claro que você já ouviu falar em 'capital de liderança'", continuei. "Como líder, você tem uma quantidade limitada de autoridade para gastar e deve ser inteligente ao aplicá-la. Parece que você está investindo muito capital de liderança em celulares quando há formas muito melhores de aproveitá-lo."

"Você mencionou que há resistência aos novos procedimentos operacionais", observei. "Fale mais sobre isso."

"Estou lidando com muita oposição", ele admitiu. "Muitos dos nossos líderes têm o próprio jeito de fazer as coisas. E não querem mudar."

"Bem, essa é uma reação bastante normal entre os humanos", eu disse. "As pessoas querem continuar fazendo o que sempre fizeram. Você deve orientá-las a entender por que precisam mudar e implementar procedimentos padronizados. Quando compreenderem que isso será positivo para elas, para a equipe e para a missão como um todo, ficarão bem mais receptivas a mudanças."

"Mas por que eu?", ele perguntou. "Isso é problema *delas*. *Todo mundo* tem que chegar junto. Eu já expliquei diversas vezes por que precisamos fazer isso. Francamente, estou de saco cheio dessa conversa fiada. Só temos que começar a impor disciplina e aplicar os padrões: é implementar os novos procedimento ou afundar de vez."

Para mim, tudo estava claro. A postura do vice-presidente era o principal fator por trás da oposição de grande parte dos líderes à implementação dos novos procedimentos. Ele fora imprudente ao investir seu capital de liderança em pontos como a proibição de celulares nas reuniões, algo sem nenhum valor estratégico. Depois, ficou com pouco capital para implementar as novas rotinas, que teriam um grande impacto no sucesso ou no fracasso da empresa.

"É ótimo que você tenha lido um pouco de história militar", eu disse. "Mas talvez sua compreensão sobre a dinâmica da liderança militar esteja meio equivocada. O que você vê em filmes e séries de televisão sobre militares cumprindo ordens cegamente não é verdade. Eles não são robôs do tipo Exterminador do Futuro, nem seguem instruções sem pensar nem ligar para as consequências. Eles são indivíduos dotados de cognição que precisam saber por que estão praticando seus atos."

"Mas vocês das forças armadas não são obrigados a cumprir ordens?", o vice-presidente perguntou.

"No meio militar, quando a equipe recebe uma ordem que contraria as convicções dos seus membros ou que envolve risco de morte e perigos terríveis, você acha que ela aceita numa boa?", perguntei. "É claro que a equipe se opõe e chega até a contestar e descumprir essas ordens, mesmo correndo o risco de ir para a corte marcial."

Continuei: "Como no mundo dos negócios, os melhores líderes militares se dedicam a explicar o 'porquê' para a equipe. Eles não empurram ordens para os subordinados nem se desgastam com mixarias. Assim, quando explicam algo realmente importante, a mensagem não se perde na tropa. Todos ficam bem mais propensos a concretizar as propostas do líder."

O vice-presidente concordou. Ele estava começando a entender que, para a equipe se comprometer com o novo processo, suas táticas tinham que ser reformuladas.

"Vamos falar sobre importância estratégica", eu disse. "O que é mais importante para a empresa: líderes que não usam celulares durante as reuniões ou líderes envolvidos com o novo processo e que o implementam em suas equipes?"

"Os procedimentos padronizados são prioridade", ele admitiu. "Estrategicamente, é muito mais importante que os líderes implementem o novo processo."

"Compreendido", eu disse. "Então, você deve ser mais criterioso ao gastar seu capital de liderança. Não o desperdice com a proibição dos celulares. Isso só prejudica sua capacidade de implementar medidas mais importantes."

"Essa também é uma dicotomia", expliquei. "Não é viável que todo mundo fique grudado nos celulares durante uma reunião importante. Por isso, deixe claro que é permitido usar o telefone, mas apenas para assuntos de grande importância."

"Mas assim não vou parecer fraco?", ele perguntou. Pensei em dizer que provavelmente ele estava com a cabeça em Patton outra vez.

"Na verdade, você vai parecer mais forte", eu disse. "Essa postura indica sua noção de importância estratégica; você sabe quando tomar as rédeas e quando ser flexível e dar espaço para seus líderes. Seu capital de liderança *aumentará* junto à direção dos departamentos em que você deseja implementar os novos procedimentos."

Foi assim que o vice-presidente percebeu a importância de definir o momento certo de aplicar os padrões e o de ceder. Ele entendeu que, como líder, não deveria recorrer ao "obedeça ou encare as consequências", mas explicar tudo. Mais importante, ele reconheceu o valor de harmonizar a dicotomia e ser firme, mas não arrogante.

Aqui, "REDBULL SIX", o sinal identificador de Jocko Willink, comandante da Unidade de Tarefas de Ramadi, orienta seus SEALs e os soldados iraquianos que estavam recebendo consultoria de combate durante uma operação de cerco e busca em larga escala, realizada em colaboração com a Força-tarefa Red Currahee (1º Batalhão, 506º Regimento de Infantaria Paraquedista, 101º Divisão Aerotransportada do Exército dos EUA) no distrito de Malaab, região leste de Ramadi. Essas operações de combate destoavam bastante dos casos abordados no treinamento dos SEALs, mas eram ações essenciais à missão de combate aos insurgentes na área.

(Fotografia de Todd Pitman)

CAPÍTULO 4
Quando Orientar, Quando Demitir

Jocko Willink

DISTRITO DE MALAAB, REGIÃO LESTE DE RAMADI: 2006

Ouvi tiros, mas não era um disparo eficaz; nenhuma bala chegara à nossa posição. Era só um lembrete de que, a qualquer momento, a situação poderia desandar. Havia ameaças por toda parte. Cada passo tinha o potencial de acionar uma bomba de fabricação caseira. Cada janela poderia abrigar um sniper. Até mesmo do céu poderia vir um morteiro letal de uma hora para a outra.

Essas ameaças e a sensação constante de perigo geravam medo. Mas, durante as patrulhas, o medo não era nossa prioridade. Nosso foco estava no serviço, na tarefa em questão. Cobrir uma esquina. Avançar pela rua. Montar um posto de segurança em uma porta ou janela. Checar o campo de tiro. Manter contato visual com o SEAL à frente e o outro logo atrás. Observar os prédios e as ruas durante o deslocamento, sempre atento à posição no campo de batalha. Ouvir pelo rádio as atualizações sobre pontos pacificados e movimentações suspeitas, mas alerta a possíveis ameaças nas ruas e nos arredores.

Em meio a tudo isso, o medo não ocupava muito espaço mental; não havia tempo para pensar nisso. Mas, às vezes, durante uma patrulha, eu ficava só na minha, observando os arredores e meus colegas de equipe. Nesses momentos, os SEALs da Bruiser eram uma visão incrível, atuando como um só organismo, funcionando como uma mesma máquina. Quando uma arma se afastava de uma ameaça, outra ocupava seu lugar. Quando alguém entrava em uma zona de perigo, seu parceiro de tiro logo lhe dava cobertura. Tudo ocorria sem nenhuma comunicação verbal (nada de voz nem rádio), apenas acenos com a cabeça, a forma de apontar a arma, gestos com as mãos e uma linguagem corporal bem sintonizada orientavam a equipe de maneira quase indetectável. Eu tinha orgulho de integrar esse grupo. Atuávamos tão bem em conjunto que parecíamos pensar com uma só mente. Eu confiava totalmente na capacidade de todos os membros da unidade.

Mas nem sempre fora assim. Antes do início da missão em Ramadi, na primavera de 2006, passamos por doze meses de treinamento intensivo para chegar àquele nível de entrosamento. Tínhamos uma mesma base, pois todos haviam participado do programa básico de treinamento dos SEALs (o Treinamento Básico de Demolição Subaquática, o BUD/S), mas as semelhanças paravam por aí. Entre os SEALs, há pessoas de todos os contextos socioeconômicos, de norte a sul do país, de várias comunidades étnicas e religiosas. Contrariando o senso comum e as representações típicas de filmes e séries de televisão, os SEALs, como todos os militares dos EUA, não são robôs. Apesar da doutrinação durante o período de treinamento, do condicionamento reiterado, do estilo de vida e da cultura incutidos nas mentes dos homens e mulheres que atuam no serviço militar, essas pessoas continuam sendo pessoas. Elas têm diferentes ambições, motivações, temperamentos, origens, religiões e personalidades. Além disso, seus pontos fortes e fracos variam bastante. Entre os SEALs da Bruiser, havia uma ampla diversidade de portes físicos: alguns pareciam atletas de resistência, magros e esguios; outros lembravam halterofilistas, fortes e robustos. Eles também tinham diferentes habilidades cognitivas e níveis de inteligência, lidavam com o estresse de formas variadas e aplicavam recursos específicos para processar problemas complexos. Com tanta variação individual na equipe, o desafio da liderança era incrementar o nível de todos os membros da equipe para obter o melhor desempenho possível de cada um deles. Para isso, o líder tinha que se comprometer com a missão de treinar e orientar seus subordinados para que eles atuassem de acordo com os padrões mais elevados ou, pelo menos, atingissem um patamar mínimo. Mas essa meta contém uma dicotomia: além de desenvolver e incrementar o desempenho dos integrantes da equipe, o líder também precisa saber quando alguém não tem capacidade suficiente para fazer o trabalho. Quando todas as medidas voltadas para ajudar um indivíduo a melhorar não dão em nada, o líder tem o dever de demiti-lo para que não prejudique a equipe.

Claro, demitir pessoas é uma das funções mais difíceis do líder. Na Bruiser, onde um forte *Esprit de Corps*[1] se estabeleceu rapidamente, isso era bastante complexo. Há muita indefinição em torno de como desenvolver a camaradagem na unidade. Mas uma das melhores maneiras de fazer isso é "simples, mas nada fácil": trabalhando duro. Em todas as organizações, e especialmente nas militares, quando uma unidade é exposta a um treinamento pesado, seus membros tendem a criar laços mais fortes. Isso vale para todas as forças armadas, mas se aplica especialmente à comunidade de operações especiais. A Unidade de Tarefas Bruiser não era uma exceção. Naturalmente, criamos vínculos intensos morando, trabalhando, comendo, farreando, treinando e convivendo em equipe quase vinte e quatro horas por dia durante semanas a fio. Mas o fator mais importante para a coesão do grupo foi nossa dedicação intensa ao treinamento. Queríamos ser os melhores, não queríamos o segundo lugar em nada. Então suamos a camisa, nos policiamos e nos protegemos como uma família. Mas, infelizmente, nem todos os membros tinham a capacidade de atuar à altura do padrão Bruiser.

O treinamento de seis meses das Equipes SEAL antes dos destacamentos é um desafio físico e psicológico, especialmente para os novatos. Munição real, manobras, manejo de armas, patrulhas com visão noturna, o peso do equipamento, o calor e o frio, pouco sono; não é fácil encarar essas coisas e, quando tudo ocorre ao mesmo tempo, pode ser demais para alguns indivíduos.

---

1 Um espírito comum que inspira devoção, entusiasmo e uma forte reverência pela honra do grupo entre seus membros.

O primeiro bloco de treinamento da Bruiser foi realizado no escaldante deserto ao sul da Califórnia, onde conduzimos exercícios de combate terrestre. O terreno era montanhoso, rochoso e acidentado. Nesse cenário, segundo se dizia, as manobras no solo transformavam os homens em verdadeiros "Frogmen". Aquele contexto dinâmico e tenso desafiava a todos nós, mas era especialmente difícil para alguns dos novatos. Enquanto comandante da unidade, identifiquei os homens que tinham mais dificuldades e analisei como a liderança dos dois pelotões lidava com os membros menos eficientes. Em sua interação com os elementos improdutivos, Leif, Seth e os chefes de pelotão lideravam exatamente como eu queria: eles tentavam ajudar os integrantes com baixo rendimento a alcançarem o resto da equipe. Mas alguns novatos nos pelotões não entendiam a mensagem e pareciam incapazes de desenvolver as habilidades necessárias para o serviço.

Observei a liderança dos pelotões se aproximar deles, aconselhá-los continuamente, orientá-los e designar SEALs mais experientes para instruí-los, oferecendo suporte a cada momento. Compreendi a situação. Aqueles novatos estavam com dificuldades, mas faziam parte dos pelotões. Eles eram SEALs: haviam concluído o BUD/S e o SQT (Treinamento de Qualificação SEAL). Eles fechavam com a galera, e a liderança queria protegê-los e viabilizar seu sucesso.

Felizmente, o tempo investido nos novatos problemáticos valeu a pena. Todos concluíram com sucesso o extenso bloco de treinamento de combate terrestre, bem como o bloco seguinte, com o treinamento de mobilidade no qual aprendemos a atirar, nos deslocar e nos comunicar usando os Humvees. Durante esse bloco, vi novamente alguns novatos com dificuldades, cometendo erros ao usarem armas pesadas, reagindo de forma inadequada aos comandos táticos e hesitando em momentos críticos. Mas, outra vez, a liderança dos pelotões e os SEALs mais experientes assumiram a responsabilidade e deram uma mão para os colegas mais jovens, colaborando incansavelmente até que eles alcançassem a equipe.

Depois do treinamento de mobilidade, conversei com Leif sobre os SEALs que estavam com problemas.

"O que você acha?", perguntei. "Parece que alguns desses caras estão tendo dificuldades."

"Eles estão", ele respondeu. "Mas vamos deixá-los numa boa." Essa foi exatamente a resposta que eu imaginara, pois Leif era bastante protetor em relação aos membros do pelotão. Aqueles caras estavam sob o comando *dele*, logo, ele e o pelotão dariam um jeito de resolver a situação. Fiquei contente ao ouvir Leif assumindo a responsabilidade pelo desempenho do grupo e confiando na capacidade do pelotão de obter um desempenho-padrão de todos os seus membros. Essa era uma postura digna de um líder.

Depois, veio o bloco do combate a curta distância, em que aprendemos a desobstruir corredores e salas em contextos urbanos. A pressão aumentou quando os pelotões passaram a realizar exercícios dinâmicos com munição real em prédios de arquitetura complexa. Em outras palavras, os SEALs estavam atirando com balas letais a poucos centímetros uns dos outros enquanto se moviam pelo prédio e interceptavam os alvos. A simulação foi desafiadora e divertida para a maioria dos homens, mas alguns dos SEALs com dificuldades não aguentaram a pressão. Nesse ponto, Leif apontou que um dos novatos do Pelotão Charlie talvez não tivesse o condicionamento necessário para realizar missões de combate reais.

Leif me abordou para conversar sobre um jovem SEAL conhecido como "Rock". Rock era um novato e tinha acabado de passar pelo BUD/S; o Charlie era seu primeiro pelotão nos SEALs. Ele nunca havia participado daquele ciclo de treinamento e parecia estar com algum problema.

"Ele é muito esforçado, e todo mundo gosta dele", disse Leif. "Estamos colaborando com ele, como você viu. Mas ele está tendo muitas dificuldades nesse bloco. Parece que está além das capacidades dele. Na verdade, eu não sei se ele vai conseguir acompanhar o grupo na missão de combate."

"Como?", perguntei. "Ele está em boa forma e é aplicado, certo?"

Eu sabia que o Rock tinha um bom condicionamento físico e era um excelente profissional.

"Não é isso", Leif respondeu. "Ele tem fibra e é forte como um touro, mas está com problemas sérios. Conseguimos ajudá-lo no bloco de combate terrestre, em que ele tinha mais tempo para pensar. Mas agora ele fica completamente desorientado em situações de alta pressão, quando precisa tomar decisões em frações de segundo. Ele entra em pânico e fica paralisado. Ou toma péssimas decisões na casa."

Nenhuma dessas opções era boa.

"Casa" é o termo mais comum entre os SEALs para se referir a uma casa de tiro: um prédio de arquitetura intrincada, cheio de cômodos, corredores e paredes balísticas, projetado para treinamento com munição real e ações de limpeza a curta distância. Lá, uma série de situações táticas dinâmicas ocorre rapidamente, exigindo decisões em frações de segundo de cada um dos atiradores. Como as paredes impedem a comunicação visual e verbal, muitas vezes os SEALs novatos têm que tomar decisões que influenciam a operação como um todo. Portanto, cada indivíduo precisa da inteligência tática e operacional necessária para decidir questões importantes de forma rápida e confiante. Além da tensão desse processo, devido aos altos riscos associados às simulações com munição real em locais fechados, há protocolos de segurança bastante estritos para evitar mortos e feridos. Quando alguém transgride as normas, os instrutores expedem uma violação de segurança, um documento que registra a ocorrência. Uma ou duas violações de segurança na ficha não é algo problemático. Porém, quando o SEAL recebe mais de duas violações de segurança, pode acabar sendo removido do pelotão, arruinando sua carreira na força.

"O que está acontecendo com o Rock?", perguntei.

"Ele cometeu algumas violações graves de segurança", Leif respondeu. "Parece que ele não aprendeu nada com elas. Não está melhorando. Rock até que tenta, mas, diante de qualquer pressão que surja, ele logo pega estafa da missão."

"Estafa da missão" é um termo usado nas Equipes SEAL para descrever um indivíduo ou grupo sobrecarregado por vários problemas simultâneos. Isso ocorre quando alguém não consegue Priorizar e Executar eficientemente. Ao tentar processar informações demais de uma só vez, o indivíduo entra em colapso e fica paralisado ou toma decisões ruins que o colocam em risco, ameaçando também a equipe e a missão.

Compreendi a gravidade do problema. Mas eu queria ter certeza de que todos os recursos haviam sido mobilizados para ajudar Rock antes de pensar em demiti-lo. Leif e Tony, chefe do pelotão, eram líderes fortes, tinham um desempenho excelente e esperavam o mesmo padrão dos integrantes da equipe. O desempenho da maioria do Pelotão Charlie era extraordinário. Mas eu sabia que, às vezes, uma liderança forte tende a demitir os elementos ineficientes sem dar oportunidade para eles melhorarem sua atuação. Leif, Tony e o resto do Pelotão Charlie estavam fazendo o possível, mas eu queria que eles entendessem claramente a situação: *em geral, as pessoas improdutivas não precisam ser demitidas, e sim lideradas.*

"Você já teve uma conversa séria sobre isso com ele? Deu uma força?", perguntei. "E o Tony?" Para que Rock realmente aproveitasse a mentoria e alcançasse a equipe, ele teria que ser orientado pelo meu grande amigo Tony Eafrati (especialista em operações táticas e chefe do Pelotão Charlie), um SEAL altamente experiente, com várias missões internacionais no currículo. Como instrutor, Tony já havia ensinado quase todos os tipos de técnicas avançadas e certamente conseguiria preparar Rock.

"Afirmativo", Leif respondeu. "O chefe está fazendo o possível, como eu e o suboficial do grupo. Já tentamos de tudo para ajudar o Rock. Alguns caras passaram o fim de semana trabalhando com ele, enquanto todo mundo estava farreando. Mas nada funciona com o Rock. Não sei mais o que podemos fazer."

A frustração de Leif era evidente: ele estava tentando achar um equilíbrio nessa dicotomia da liderança, entre sua função de orientar e seu dever de mandar o cara embora.

"Você acha que é caso de dispensá-lo?", perguntei.

"Talvez essa seja a melhor pedida", disse Leif, em tom sombrio. Mas isso não era nada fácil.

"Sei que ele é um cara excelente", continuou Leif. "O Rock é dedicado, e eu gostaria muito que ele se desse bem. Mas, se tivesse que agir de forma decisiva em combates reais, ele seria uma ameaça muito grande para si mesmo e para os outros caras do pelotão."

Compreendi muito bem a avaliação de Leif; ele estava certo. Durante a missão, Rock teria que lidar com situações em que sua vida, as vidas dos demais SEALs e as vidas de civis inocentes estariam em jogo. Ele precisaria tomar decisões em frações de segundo e fazer as escolhas certas. No campo de batalha, se ficasse paralisado e não atacasse o inimigo, Rock poderia morrer e matar seus companheiros. Se ele tomasse uma decisão ruim e confundisse um civil desarmado com um combatente inimigo, esse cidadão inocente poderia perder a vida. Rock poderia acabar na cadeia. A equipe não tinha como integrar alguém que não estivesse pronto para agir diante de situações de alta pressão como membro do pelotão e da unidade de tarefas. Mas não estava claro se Leif sabia que havia outro modo de analisar essa questão, uma perspectiva que via nessa dicotomia um desafio que exigia equilíbrio.

"Você sabe que, se o Rock for dispensado, não conseguiremos um substituto", eu disse. "A equipe ficará desfalcada durante o ciclo de treinamento e, provavelmente, ao longo da missão."

"Não dá para arranjar outro cara?", perguntou Leif.

"É difícil. Como você sabe, há poucos SEALs", eu disse. "A situação é essa. Todos os pelotões estão precisando de mais membros. Se você dispensar o Rock, não espere colocar outro cara no grupo. Pense da seguinte forma: o Pelotão Charlie deve ficar com um homem a menos?"

Leif ficou calado, balançando a cabeça, sem saber como agir.

"Pense nisso", eu disse. "Dá para colocar o Rock em outras funções? Ele não precisa ficar na equipe de assalto. Que tal aproveitá-lo como motorista ou metralhador de torre em um dos veículos? Ele pode ser encarregado da escolta dos prisioneiros. Há muitos serviços além do arrombamento de portas."

"Mas, até nessas funções, o Rock teria que tomar decisões", comentou Leif. "Ele ainda lidaria com situações que, na minha opinião, não conseguiria encarar."

"É verdade", concordei. "Mas talvez o raciocínio dele seja só um pouco lento. Talvez ele só precise de mais tempo para entender as coisas. Mesmo que o Rock fique na base durante esse turno, talvez ele se saia melhor na próxima vez. Dê mais uma força para ele. Diga para o Tony e os outros caras colaborarem. Vamos ver se o Rock pode fazer alguma coisa no pelotão."

"Entendido", disse Leif. "Faz sentido. Faremos todo o possível."

Logo depois, Leif foi embora, quebrando a cabeça para encontrar um jeito de aproveitar Rock no grupo. Se a equipe não conseguisse deixá-lo 100%, talvez fosse possível prepará-lo para executar tarefas menos dinâmicas, com menos probabilidade de ele pegar estafa da missão e causar alguma morte, dele ou de outras pessoas.

O bloco continuou, e a intensidade aumentava a cada dia. Passamos a limpar prédios maiores, com mais cômodos, corredores mais complexos e mais ameaças. Os problemas ficaram mais difíceis: duas forças de assalto penetrando ao mesmo tempo na casa de tiro por diferentes entradas, arrombamento tático com cargas reais e um grande número de prisioneiros e civis desarmados. Observei Rock de perto em alguns exercícios para conferir seu desempenho. Leif estava certo: Rock suava a camisa para ficar na equipe. Como eu tinha que monitorar mais de quarenta SEALs e, especialmente, a liderança dos pelotões, não pude focar apenas Rock. Mas, com base no que vi, compreendi que sua performance estava bem abaixo do desempenho dos seus colegas, os novatos dos Pelotões Charlie e Delta. Ainda assim, não observei nenhuma pisada na bola tão crítica a ponto de justificar sua dispensa. No entanto, Rock continuou pegando violações de segurança, e eu ouvia constantemente o instrutor lhe dando orientações.

Ainda assim, o Pelotão Charlie seguiu com Rock entre seus membros. Leif, Tony e o resto do pelotão continuaram ajudando-o. A Bruiser encerrou o bloco, partiu para o próximo e, semanas depois, pegou mais um. Até que, finalmente, chegamos ao último bloco de treinamento, conhecido como "reconhecimento especial". Nessa etapa, os pelotões passam períodos extensos fora da base, no campo de batalha simulado, observando e transmitindo relatórios a partir de posições clandestinas. O objetivo desse treinamento é aprender a penetrar sutilmente em um território hostil, espionar e sair da área antes que o inimigo saiba a sua localização; a equipe não precisa disparar nenhum tiro nem tomar decisões rápidas. O nível de pressão é muito menor, e imaginei que Rock lidaria bem com esse contexto.

Fui bater um papo com Leif e Tony. "Como anda o Rock?", perguntei.

"Não muito bem. Até nesse bloco ele parece estar mais para lá do que para cá", respondeu Tony.

"Sim, ele ainda comete erros. Coisas simples. Não sei o que dizer. Vejo uma ponta de esperança aqui e ali. Mas, sem dúvida, ele continua com dificuldades", complementou Leif.

"Bem, o ciclo de treinamento já está no fim", eu disse. "Precisamos tomar uma decisão. Se vocês fizeram tudo que era possível e ele continua sem condições de ir, temos que dispensá-lo."

"Compreendido, chefe", disse Tony.

"Ok", Leif respondeu.

Aquela seria uma das decisões mais difíceis que tomaríamos na unidade até então. O desafio de achar um equilíbrio entre ajudar alguém a melhorar e definir o momento certo de uma demissão não é fácil.

Leif e o Pelotão Charlie ficaram fora por alguns dias em outra operação. Quando eles voltaram, Leif veio me ver imediatamente.

"Acho que essa operação foi a gota d'água, Jocko", ele disse. "Rock recebeu algumas tarefas simples. Não houve pressão nem estresse, mas ele falhou em todas elas. Tivemos que atribuir esses serviços para outros caras. Felizmente, eles deram conta do recado, e cumprimos a missão. Mas Rock só atrasou a equipe. Além de não contribuir em nada, suas deficiências acabaram jogando o grupo para baixo. Agora ficou claro: não podemos fazer mais nada."

Leif se inquietou. "Que merda", continuou. "Rock é um cara bom, mas fica atordoado demais. Ele coloca em risco a sua vida e a de todos na equipe e não consegue alcançar o padrão do grupo. Acho que é hora de dispensá-lo."

"Essa é uma decisão difícil. Sei que você gosta dele", eu disse.

"Todo mundo gosta do Rock", Leif respondeu. "Ele é dedicado e tem fibra. Mas já estamos cansados de saber que ele não serve para o trabalho. Meu receio é que o Rock se machuque ou prejudique alguém, especialmente em combate. Sinto-me responsável por não colocá-lo em uma situação que ultrapassa tanto sua capacidade. Se ele tomar uma decisão ruim e alguém se ferir ou morrer, Rock terá que carregar essa culpa pelo resto da vida. Não posso, de nenhuma forma, deixar que isso aconteça."

"Você tem razão, Leif. Sei que você fez tudo que pôde para ajudar o Rock", confirmei.

"Exato, Jocko; fiz tudo. Todos fizemos", Leif respondeu.

Fiz uma pausa para pensar. Essa era uma decisão difícil, a mais complexa de todas. Ao demitir alguém das Equipes SEAL, você está arruinando a pessoa, destruindo seus sonhos, afastando-a dos seus amigos, encerrando sua carreira e acabando com seu meio de vida. Não é nenhum passeio no parque. Mas, por outro lado, existe uma responsabilidade ainda maior: zelar pelas vidas dos demais membros do pelotão, que precisam confiar na competência uns dos outros. Cada SEAL tinha que acreditar que seu companheiro não deixaria a peteca cair. Tudo dependia disso.

Havia outro fator importante naquela decisão: o Pelotão Charlie estava sob o comando de Leif. Ele era o líder. Eu tinha que confiar na sua capacidade. Para ele, aquela era a situação mais difícil que já tinha encarado na liderança do pelotão. Claro, Leif já havia resolvido questões nas operações de treinamento e nas atividades cotidianas do pelotão. Mas nenhuma delas teve o mesmo efeito sobre alguém como a dispensa do Rock. Aquele ato mudaria permanentemente a vida dele. Mas Leif havia pensado bastante sobre o caso, como eu. Fizemos o possível para encontrar um ponto de equilíbrio naquela dicotomia. Éramos leais ao Rock e queríamos que ele tivesse sucesso e uma ótima carreira como SEAL. Mas, por outro lado, tínhamos que ser leais à equipe como um todo, ao Pelotão Charlie, à Bruiser e, acima de tudo, à nossa missão. Nosso dever era montar uma equipe em que todos os membros dessem conta do recado. Rock não dava. Só havia uma medida certa naquele caso, e era a mais difícil de todas.

"Certo", eu disse. "Vamos dispensá-lo do pelotão e mandá-lo de volta para uma avaliação pelo Comando Superior do Tridente."

Pouco depois, Leif e Tony fizeram uma reunião com Rock e explicaram a situação, por que haviam tomado aquela decisão e o que aconteceria dali em diante. Rock teria que aguardar o pronunciamento do Comando Superior do Tridente.

O "Tridente" é a insígnia de combate que os SEALs usam nos uniformes, com uma grande águia dourada, uma pistola de pederneira, uma âncora e um tridente. O Comando Superior do Tridente é formado pelos SEALs mais experientes da equipe, os suboficiais que atuam como chefes e mestres. Eles avaliariam o caso do Rock para decidir se ele teria outra chance em um pelotão dos SEALs mais para frente ou se ele perderia seu Tridente e seria transferido para uma força terrestre da Marinha. O comando analisou a situação, examinou as violações de segurança e ouviu relatos sobre o desempenho do Rock de Tony e do principal suboficial do Pelotão. A decisão foi clara: o comando determinou a remoção do Tridente de Rock e sua transferência. Ele não seria mais um SEAL, não pertenceria mais às Equipes.

Rock não ficou nada alegre. No entanto, além da tristeza por ter sido desligado das Equipes SEAL, ele também demonstrava sinais de alívio — ele agora estava livre do estresse de tentar fazer algo que excedia suas capacidades. Embora tenha ficado decepcionado, Rock encarou a situação de forma positiva e teve uma carreira de sucesso na Marinha.

Em Ramadi, nas piores situações de combate que eu poderia ter imaginado, a Unidade de Tarefas Bruiser atuou de forma excepcional. O processo intenso de treinamento, mentoria e orientação foi fundamental para isso. Mas nosso desempenho extraordinário também foi resultado de decisões difíceis, como dispensar membros ineficientes, ainda que essa medida tivesse sido uma exceção. No outro lado da dicotomia, quatro novatos se destacaram no Pelotão Charlie, no qual tiveram a orientação, o treinamento e a atenção especial da liderança do grupo e dos SEALs mais experientes. Apesar de todas as dificuldades, todos se deram bem, menos Rock. Os SEALs veteranos do Pelotão Charlie se dedicaram, treinaram, instruíram e receberam esses novatos como membros respeitados do grupo e das Equipes SEAL. Essa atitude — fazer o possível para ajudar seus subordinados, colegas e líderes a darem o melhor de si — foi essencial para o sucesso do Pelotão Charlie e da Bruise.

Mas essa postura tinha que ser relativizada quando nós, como líderes, chegávamos à conclusão de que tudo fora feito para dar uma força a alguém, mas que nada funcionara, e, portanto, ele deveria ser dispensado.

Princípio

Em geral, as pessoas improdutivas não precisam ser demitidas, mas lideradas. Contudo, quando todos os recursos tiverem sido mobilizados sem nenhum resultado positivo, o líder tem que respirar fundo e encarar seu dever de demitir. Essa é uma das responsabilidades da liderança.

Os líderes são responsáveis pelo desempenho de cada membro da equipe. O objetivo da liderança é obter o máximo de cada indivíduo, incentivando as pessoas a concretizarem integralmente seu potencial, para que o desempenho da equipe como um todo seja o melhor possível. Por outro lado, o líder também deve entender que os seres humanos têm limitações; um serviço específico pode não ser compatível com todos os membros da equipe. Algumas pessoas se saem melhor em cargos menos técnicos. Outras não lidam bem com pressão. Há pessoas que não sabem trabalhar em conjunto. Outras não têm criatividade para propor ideias e resolver problemas. Nenhuma delas é inútil; na verdade, a liderança só precisa colocá-las em posições que valorizem seus pontos fortes. Mais uma vez, o líder deve sempre maximizar o potencial de cada indivíduo.

De vez em quando, vemos pessoas que não conseguem atuar com a qualidade necessária em nenhum cargo. Depois de recorrer a todas as ações corretivas ao seu alcance por meio de mentoria, orientação e aconselhamento, o líder deve respirar fundo e encarar a pior medida: dispensar um membro da equipe. Nesse caso, a dicotomia está no equilíbrio entre zelar pelo bem-estar dos indivíduos, tentando integrá-los mesmo que eles não tenham as habilidades necessárias, e proteger a equipe, afastando as pessoas dos cargos nos quais elas podem prejudicar o grupo e a missão. O líder deve ser leal e cuidar dos membros da equipe, mas também precisa zelar pela equipe e garantir que todos os membros do grupo contribuam, e não prejudiquem a execução da missão.

A ideia de Responsabilidade Extrema acaba minando essa dicotomia. Nesse modelo, costumamos dizer: "Não existem equipes ruins, só líderes ruins." Quando os líderes se pautam por esse mantra, geralmente obtêm bons resultados. Se a equipe tem um membro ineficiente, o líder assume a responsabilidade pela situação e viabiliza o treinamento, a mentoria e a orientação necessários para que ele alcance o grupo. Esse investimento pessoal muitas vezes gera dividendos: o elemento improdutivo melhora e passa a colaborar de maneira consistente com a equipe.

Mas, às vezes, o colaborador ineficiente não melhora; às vezes, por falta de capacidade. Há casos em que o indivíduo não tem o potencial, a postura e as habilidades necessários para fazer o serviço. Por mais que o líder se comprometa e continue investindo tempo, energia e dinheiro, ele não consegue se desenvolver. À medida que mais recursos são destinados a um único indivíduo, as demais prioridades e os outros membros da equipe são negligenciados e o grupo começa a vacilar. Além disso, quando todos veem esse desperdício associado a um elemento improdutivo, a equipe passa a questionar a inteligência do líder.

Nesse momento, os líderes devem primar pelo equilíbrio. Em vez de focar um indivíduo, a liderança tem que pensar na equipe, sabendo que o desempenho do grupo não pode ser reduzido ao de um único membro. Em vez de continuar investindo em um colaborador ineficiente, depois que todas as ações dedicadas a orientá-lo e treiná-lo não tiverem dado em nada, o líder deve dispensá-lo. Essa é uma das decisões mais difíceis da liderança, mas é a opção certa.

Uma pergunta que ouvimos bastante é: "Quando é a hora certa de demitir?" Há líderes, rápidos demais no gatilho, que demitem sem ter dado orientações e oportunidades suficientes para o indivíduo. Outros líderes adiam a dispensa do colaborador mesmo depois de ele ter demonstrado sua total inaptidão e prejudicado a equipe. Minha resposta é: se um líder fez tudo ao seu alcance para ajudar um indivíduo e não obteve nenhum resultado positivo, chegou o momento de demiti-lo. Não seja rápido demais no gatilho, mas não espere muito tempo. Encontre o equilíbrio e controle a situação.

Aplicação no Mundo dos Negócios

"O supervisor da Tower Two está todo enrolado. Agora, o pessoal está com um atraso de seis dias em relação à Tower One", disse o gerente do projeto, referindo-se ao responsável por uma das duas torres de apartamentos que a empresa estava construindo.

"Seis dias?", perguntou o vice-presidente. "Isso não é uma pisada na bola total?"

"Com certeza", respondeu o gerente. "Vamos ter que repetir os eventos em vez de fazer tudo de uma vez. Operações com concreto e guindastes, isso tudo custa tempo e dinheiro!"

"Isso não é nada bom", disse o vice-presidente. "Entre os meus projetos, este é o *único* em atraso."

"Bem... Estou fazendo o melhor com o que tenho", disse o gerente. "O supervisor da Tower Two não está dando conta do recado."

Acenei para o vice-presidente. Logo vi que ele estava pensando comigo. Aquela equipe já participara de um curso sobre Responsabilidade Extrema, mas o gerente ainda adotava uma postura de culpabilização e desculpas. O vice-presidente não ia cair nesse papo furado.

"De quem é a culpa pela bagunça do supervisor da Tower Two?", perguntou o vice-presidente.

Imediatamente, o gerente percebeu o rumo que a conversa estava tomando. Ele mudou sua expressão e se inquietou.

"Por que eu seria o culpado?", ele perguntou. "É ele quem administra a Tower Two, não eu."

"Certo, mas o salário está caindo na sua conta, não?", perguntou o vice--presidente, pegando pesado — e talvez se excedendo um pouco — com o gerente. O gerente não respondeu. O vice-presidente recuou.

"Até onde eu sei, você é o gerente do projeto", continuou o vice-presidente. "A Tower Two faz parte do projeto. Se o supervisor não está dando conta do recado, quem deve corrigi-lo?"

"É o que estou tentando fazer", respondeu o gerente. "Mas, como eu disse, parece que ele não entende."

"Ok", intervim. "Se ele está tão enrolado, por que continua no cargo? Se um comandante de pelotão ou um líder de esquadrão pisassem tanto na bola quanto ele, já estariam no olho da rua."

"Falar é fácil", o gerente contestou. "Esse trabalho já tem muita história. Tivemos que resolver um monte de problemas com os arquitetos e engenheiros. Não é um serviço fácil; um novo supervisor não teria tanto conhecimento quanto ele. Isso é fundamental para o projeto."

"Certo, mas isso não está funcionando", disse o vice-presidente.

"Tudo bem", o gerente. "Vou ter outra conversa com ele."

"Então, prepare-se para ir além de conversar", eu disse, pensando que talvez fosse necessário dispensar o supervisor da Tower Two.

"Estou preparado", disse o gerente.

"Não. Isso vai além de um preparo pessoal. A empresa tem que se preparar juridicamente", disse o vice-presidente.

"Como?", ele perguntou.

"Vamos analisar a situação", eu disse. "Você está dizendo que já conversou com ele. Isso obviamente não funcionou. Agora, talvez você tenha que ser mais direto. Seja específico ao descrever as falhas dele e o que ele precisa fazer para melhorar. Além disso, avise que a próxima conversa sobre esse assunto será por escrito. Então, se ele não melhorar, *escreva* o documento. A empresa deve se preparar para agir — para demiti-lo — se ele não sair dessa. Tudo indica que nada vai mudar. Então, prepare o terreno para uma demissão sem pendências jurídicas."

"E se ele melhorar?", o gerente perguntou, claramente apreensivo diante das minhas instruções.

"Se isso ocorrer, ótimo", eu disse. "Problema resolvido. Podemos seguir em frente. Nenhum obstáculo. Mas, caso isso não aconteça, você tem que estar pronto."

"Mas ele não vai piorar se eu der o serviço para o pessoal de cima?", o gerente perguntou.

"Talvez. Mas pense no contexto atual", argumentei. "Já conversamos sobre isso antes; você promoveu um ciclo de suporte para ele. Começou com uma conversa amigável. Ele não mudou. Você perguntou como poderia ajudá-lo. Ele não mudou. Você foi direto e disse que ele precisava mudar. Ele não mudou. Você lhe deu muitas oportunidades, e até agora nada melhorou.

"Você claramente se esforçou para não pressioná-lo nem se expressar de forma muito negativa", continuei. "Mas nada disso foi eficaz. O próximo passo é avisá-lo que haverá um relatório formal, uma última esperança de que ele melhore. Mas, se isso não ocorrer, você tem que avançar no ciclo de suporte e escrever o documento. Claro, talvez essa medida o ajude. Talvez ele finalmente perceba a gravidade dos seus conselhos e da situação como um todo. É seu dever apontar claramente as deficiências dele e ajudá-lo a melhorar. Se isso acontecer e ele criar vergonha na cara, ótimo. Mas, se isso não ocorrer, você tem que estar pronto para agir. Um documento de orientação formal facilitará a demissão. Além disso, tudo que você fez para ajudá-lo, treiná-lo, orientá-lo e indicar os pontos em que seu desempenho era insuficiente e deveria melhorar foi, em última análise, para o bem dele."

Expliquei que um dos fatores que mais dificultam uma demissão é a sensação do líder de não ter feito tudo para orientar um colaborador improdutivo. Como líderes, nos sentimos mal quando não damos tudo de nós. Não treinamos direito. Não fomos bons mentores. Não lideramos com eficiência. Isso gera um sentimento de culpa, e por um bom motivo.

"Se, como líder, você fez tudo ao seu alcance, se ofereceu feedback direto sobre as deficiências dele, se o treinou, orientou e lhe deu várias oportunidades para melhorar, então, demitir esse elemento improdutivo é a opção certa, a única alternativa. Se você deixar passar, isso prejudicará a equipe. Deu para entender?"

"Sim, mas isso não resolve o outro problema", disse o gerente.

"Que problema?", interveio o vice-presidente.

"O problema de arranjar um substituto. Trata-se de um trabalho complexo. Como eu disse, ele envolve vários problemas", respondeu o gerente. "Se eu tiver que demitir o supervisor, quem poderia encarar esse serviço?"

"Mas você só pode trazer alguém de fora?", perguntei. "Não pode trazer alguém de *dentro*?"

"De dentro?", perguntou o gerente.

"Isso mesmo", respondi. "Aqui você tem dois canteiros cheios de candidatos. Nenhum deles é um líder competente? Você conhece alguém que possa atuar como supervisor e liderar?"

"Talvez", ele respondeu, sem muito entusiasmo.

Logo depois, o gerente voltou para o trailer, e o vice-presidente e eu saímos para conversar com os funcionários e os líderes na construção. Em geral, havia ótimos grupos de trabalhadores experientes avançando continuamente nas duas torres. Na verdade, muitos deles operavam nos dois prédios.

"As duas equipes são essencialmente uma só", disse o vice-presidente.

"Sim, é verdade. É incrível que uma torre esteja indo tão bem e a outra não, não acha?", eu disse, com uma pitada de sarcasmo na voz. Nós dois sabíamos exatamente o que estava acontecendo ali.

"Não existem equipes ruins, só líderes ruins", disse o vice-presidente, citando o capítulo do *Responsabilidade Extrema* que explica a culpa da liderança pelas falhas da equipe. "O supervisor da Tower Two não está dando conta do recado, e o gerente não se dispõe a resolver a situação."

"Exato", respondi. "Isso indica uma liderança ruim, não é?"

"Com certeza...", o vice-presidente respondeu, silenciando gradualmente ao perceber o *conteúdo real* do meu comentário. Ele me olhou inquisitivamente, mas já por dentro da situação. Confirmei com um gesto.

"A responsabilidade é minha", disse o vice-presidente.

"Você é o líder", respondi.

Ele fez uma pausa, observando o canteiro de obras. Depois, olhou para mim e disse: "Entendi."

"Entendeu o quê?", retruquei.

"Entendi que tudo que você disse para o gerente vale para mim também", observou o vice-presidente. "Se o supervisor da Tower Two está pisando na bola e o gerente ainda não resolveu isso, a culpa é minha... Eu preciso consertar isso."

"Essa é a Responsabilidade Extrema", confirmei.

O vice-presidente fez uma pausa e, depois, disse: "Tudo bem. Também entendi essa parte. Mas este é o problema: o supervisor da Tower Two é um cara legal. Ele já trabalhou bem em outros projetos. O gerente dá conta do recado, como prova a Tower One. Eu quero cuidar desses caras."

"Certo. O gerente dá conta do recado, mas não nesse caso", apontei. "Você acha que está cuidando desses caras deixando o projeto atrasar e permitindo que eles pisem na bola? Essa é uma das dicotomias da liderança: equilibrar o dever de integrar, orientar e instruir os funcionários até que eles atinjam o desempenho esperado e a responsabilidade de tomar a decisão difícil de advertir os membros que prejudicam a equipe e dispensá-los. É claro que, quando você os treina, orienta e tenta ajudá-los, desenvolve um vínculo baseado em confiança. Mas, como líder, se você investe muito tempo em alguém, as outras pessoas acabam sendo ignoradas. Além disso, se um membro da equipe não tiver potencial para apresentar um bom desempenho, isso provavelmente prejudicará a missão como um todo. Na minha opinião, sua situação chegou a esse ponto. Você orienta o gerente a lidar com o supervisor, mas ele não faz um bom trabalho, o que frustra o serviço inteiro. Então, vá lá e resolva as coisas."

"É isso que vou fazer", o vice-presidente concordou. "Vou resolver tudo."

Ele disse que precisava ter uma conversa com o gerente do projeto. Continuei a ronda e falei com alguns dos prestadores de serviço sobre suas interações com a liderança. Cerca de uma hora depois, o vice-presidente mandou uma mensagem dizendo que estava no trailer e queria me contar sobre seu papo com o gerente; fui até ele.

"Foi mais fácil do que eu pensava", ele disse.

"Ótimo. O que você disse?", perguntei.

"Primeiro, falei que gostava dele e que ele era muito competente", disse o vice-presidente. "Em seguida, apontei os problemas e disse que, se ele estava indo mal, eu estava indo mal. Então, expliquei que, como a culpa era minha, eu precisava assumir a responsabilidade pela situação e resolver as coisas."

"Como ele encarou isso?", perguntei, esperando uma reação defensiva do gerente, pedindo que o vice-presidente se afastasse para que ele pudesse fazer o trabalho dele.

"Incrivelmente, ele levou na esportiva", respondeu o vice-presidente.

"Sério?", perguntei, surpreso.

"Acho que ele precisa de suporte para tomar decisões difíceis", disse o vice-presidente. "Ele sabe disso. Então, eu lhe disse para encaminhar um documento de orientação bastante incisivo ao supervisor da Tower Two. Indiquei também que ele deveria encontrar alguém capaz de assumir a Tower Two. Essa era sua maior preocupação: ele não conhecia ninguém preparado para comandar a construção. Então, recomendei que ele analisasse alguns dos caras da Tower One. Eles trabalham com as mesmas informações e têm a vantagem de ter sido orientados por um líder competente nos últimos seis meses. Eles conhecem o projeto e sabem como fazer o serviço. Ele gostou da ideia e, imediatamente, sugeriu alguns nomes que poderiam dar conta do recado. Isso tem tudo para funcionar muito bem."

"Excelente! Pelo visto, a conversa foi ótima", eu disse. "Agora vem a parte difícil: a execução. O gerente precisa ter algumas conversas difíceis com o supervisor. Esses papos são complicados. Mas, se isso não der em nada, talvez seja o caso de demitir o supervisor. É difícil dispensar alguém que treinamos e ajudamos antes. Mas, infelizmente, essa é uma dicotomia que o líder deve encarar", eu disse.

Não fui às obras nas semanas seguintes, mas recebi informações do vice-presidente constantemente. Ele e o gerente executaram o plano. O gerente escreveu o documento sobre o desempenho do supervisor da Tower Two. O vice-presidente e o gerente colaboraram para identificar e entrevistar o melhor candidato possível da Tower One ao cargo de supervisor da Tower Two. Depois de três semanas e três sessões de orientação formal sem resultados positivos, o supervisor foi dispensado. O gerente promoveu o novo supervisor e deu prosseguimento ao serviço com a nova liderança. Devido ao contato entre os dois profissionais, o supervisor da Tower One moveu mundos e fundos para incrementar a atuação do novo supervisor da Tower Two, disponibilizando todos os recursos humanos e materiais necessários, um excelente exemplo do princípio de Cobrir e Mobilizar. Embora a Tower One tenha sido finalizada primeiro, o desempenho da equipe da Tower Two melhorou radicalmente depois de ter sido atingido um equilíbrio adequado entre orientar o supervisor improdutivo e definir o momento de demiti-lo e substituí-lo por uma liderança de qualidade.

PARTE II
EQUILÍBRIO NA MISSÃO

SEALs dos pelotões Charlie e Delta, membros da Unidade de Tarefas Bruiser, abrem fogo para dar cobertura a outros SEALs e aos soldados iraquianos e norte-americanos da Força-tarefa Red Currahee (1º Batalhão, 506º Regimento de Infantaria Paraquedista, 101º Aerotransportado). A estrutura urbana de Ramadi, com sua alta densidade de prédios e ruas estreitas e movimentadas, dificultava bastante o combate. O treinamento intenso e complexo em cenários urbanos antes da missão foi crucial para o sucesso da Bruiser, e as lições aprendidas em Ramadi foram transmitidas para as futuras unidades e pelotões dos SEALs durante o período de formação.

(Fotografia de Todd Pitman)

CAPÍTULO 5
Treine Pesado, mas com Inteligência

Leif Babin

TERRITÓRIO HOSTIL: 2009

"O Big Walt foi abatido" era a mensagem que circulava pelo canal aberto do rádio. Todos os SEALs do pelotão ouviram em seus fones. Explosões detonavam por toda parte emitindo ruídos ensurdecedores, e balas chegavam de várias direções. Em meio ao caos daquele combate de proporções épicas, a dolorosa notícia da perda arrasou os demais SEALs do pelotão. Eles estavam em uma sinuca de bico, encurralados em uma cidade hostil pelo fogo inimigo. Um dos Humvees do comboio fora atingido e estava inutilizável, encalhado na rua. E, agora, o estimado chefe do pelotão, o "Big Walt", o líder que tomava as decisões mais difíceis e comandava a tropa nos pontos mais críticos do combate, havia empacotado. *Como eles lidariam com isso?*

Pela hierarquia de comando, o suboficial era o sucessor lógico. Ele sabia que deveria assumir o comando. Mas sua expressão indicava nitidamente que ele estava confuso e surpreso. Para os demais SEALs do pelotão, que precisavam de um líder que pudesse incentivá-los e orientá-los a pôr ordem naquela bagunça, o suboficial inspirava pouca confiança. Alguns atiradores se protegiam do intenso fluxo de disparos e contra-atacavam como podiam. Todos esperavam as ordens do suboficial. Qual seria o próximo passo? Consolidar as forças? Atacar? Recuar? As ordens nunca chegaram.

"CADÊ TODO MUNDO?!", o suboficial gritou pelo rádio, enquanto as balas atingiam a parede a poucos centímetros da sua cabeça. Não houve resposta. Como alguém poderia responder? Os SEALs estavam espalhados por vários prédios ao longo do quarteirão, todos imersos em tarefas urgentes: contra-atacar, cuidar das baixas e avaliar aquela situação terrível. Para a maioria do pelotão, a mensagem que chegava pelo rádio não passava de ruído de fundo. Além disso, era difícil comunicar uma localização exata em um contexto urbano tão prosaico quanto aquele. Respostas como "estou perto da parede", "no quintal de uma casa" ou "na metade do quarteirão" não eram adequadas para definir pontos específicos nem as próximas medidas a serem adotadas. Isso só congestionaria o canal do rádio e impediria a transmissão de comandos importantes.

Havia apenas um pequeno grupo de SEALs onde estava o suboficial. Ele não sabia a localização dos outros. O fogo inimigo chegava de todas as direções. Alguns atiradores se viravam como podiam, revidando das janelas e do portão. Encurralados, nenhum deles conseguia ver os outros elementos do pelotão, dispersos pelos prédios e protegidos por muros de concreto e outras construções. Na realidade, todos estavam concentrados em um raio de poucos metros, mas, como não sabiam disso, parecia que havia quilômetros de distância entre eles.

Boom! Boom! Boom!

A rua em frente ao prédio tremia com as explosões. O som das rajadas de metralhadora ecoava nos muros. O suboficial estava agitado. Agachados, os SEALs esperavam que alguém (tanto fazia quem) desse alguma ordem.

"O que é pra fazer?", gritou um SEAL. Outro berrou: "TEMOS QUE DAR O FORA!"

O caos intenso piorava a cada segundo, à medida que os combatentes inimigos surgiam dos quarteirões adjacentes e apertavam o cerco contra os SEALs. Mas, enquanto o inimigo fazia suas manobras, ninguém se mexia no pelotão. Não havia comando. Ninguém assumira a responsabilidade para resolver o problema e mobilizar o grupo. Na verdade, todos ficaram esperando enquanto o suboficial corria freneticamente e tentava, em vão, saber o número de SEALs na área.

Enquanto isso, mais um SEAL foi atingido. Depois, outro.

SOLDADO ABATIDO.

O grupo já havia perdido Big Walt. Sem sua liderança, os SEALs estavam paralisados, incapazes de sair daquela situação terrível. O número de baixas só aumentava, mas o suboficial não assumia o comando. Ninguém parecia disposto a fazer isso.

O oficial médico do pelotão, um profissional altamente qualificado para atuar em combate, se deslocou até os SEALs atingidos, mas o número já ultrapassava sua capacidade. Ele teria que triar os que poderiam ser salvos.

À medida que as baixas se acumulavam, a confusão e as frustrações dos SEALs no pelotão se agravavam. Enquanto isso, os combatentes inimigos se aproximavam vindo de múltiplas direções.

"ALGUÉM TEM QUE ASSUMIR O COMANDO!", gritou um dos SEALs mais jovens da equipe, frustrado.

ALGUÉM TEM QUE ASSUMIR O COMANDO.

Era triste de se ver. Como um observador imparcial, sem participação na operação, percebi nitidamente o que deveria acontecer: alguém (qualquer membro do pelotão) precisava se encarregar da liderança, consolidar as forças em um ponto central, fazer a contagem e mobilizar o grupo em uma ação coordenada. Mas, para aqueles SEALs imersos no contexto, no olho do furacão, era muito mais difícil enxergar uma saída. Ficar parado, sem fazer nenhuma manobra, era a pior pedida naquela situação.

A DICOTOMIA DA LIDERANÇA

Por sorte, o pelotão não estava enfrentando inimigos reais naquele exercício. Eram instrutores da corporação e voluntários civis simulando uma força hostil. As balas eram de paintball; machucavam, mas não eram letais. As explosões não vinham de lançadores RPG-7, mas de simuladores de granadas que detonavam com um forte estrondo, mas sem os estilhaços mortais dos explosivos reais. A cidade hostil era cenográfica; tinha paredes, ruas e prédios de vários andares com janelas, escadas e portões que representavam o cenário urbano que o pelotão encontraria no Iraque e em outros locais. Esse tipo de treinamento era conhecido como OMTU (Operações Militares em Terreno Urbano). Aquela operação simulada em um contexto realista visava reproduzir o caos e as dificuldades do combate urbano, o terreno mais complexo em uma situação de conflito. Embora fosse apenas parte da formação e não um combate real, o conhecimento adquirido era bastante concreto. Aprender a administrar e até mesmo crescer em situações complexas pode salvar vidas no campo de batalha e aumentar as chances de sucesso da missão.

O programa de treinamento para combate dos SEALs é lendário tanto pela sua dificuldade quanto pelos seus resultados extraordinários; ele não deve ser confundido com o BUD/S (Treinamento Básico de Demolição Subaquática), o programa de sete meses que serve como triagem inicial para eliminar os candidatos que não possuem as características essenciais para a força no campo de batalha. O curso que efetivamente prepara os grupos de SEALs para atuar em missões complexas e obter sucesso em combate é o Treinamento como Unidade. É nesse programa que os pelotões e as unidades de tarefas aprendem a trabalhar em equipe para encarar desafios e cumprir missões em vários contextos.

Como explicamos no Capítulo 8 de *Responsabilidade Extrema*, o sucesso da Unidade de Tarefas Bruiser na Batalha de Ramadi, em 2006, foi resultado do treinamento realista, desafiador e extraordinário que realizamos antes do destacamento. Quando voltamos para os EUA, abordei muitos dos instrutores que nos acompanharam naqueles exercícios rigorosos de combate urbano. Para eles, destaquei como o treinamento fora essencial: sem dúvida, salvara vidas. Jocko também achava que a preparação havia sido fundamental; por isso, depois da Bruiser, ele assumiu a função de oficial encarregado do grupo conhecido como TRADET (Grupo Um de Treinamento para Missões Especiais de Combate Naval). O objetivo do TRADET era treinar as Equipes SEAL estacionadas na Costa Oeste para atuar em missões de combate. Jocko queria transmitir as lições que aprendemos em Ramadi para aperfeiçoar o programa de treinamento já estabelecido. Depois de concluir que a liderança, em todos os níveis da equipe, é o aspecto mais importante no campo de batalha, Jocko adotou uma abordagem específica para o desenvolvimento de líderes. O programa tinha que testar intensamente todas as lideranças do grupo: o líder da equipe de ataque (responsável por quatro SEALs), o líder do esquadrão (responsável por oito), os chefes e o comandante do pelotão (responsáveis por dezesseis) e o comandante da unidade de tarefas (responsável por todos).

O treinamento ficou melhor e mais desafiador com Jocko à frente do TRADET. Os cenários foram projetados para gerar situações caóticas típicas de combates, aplicar uma pressão intensa sobre os líderes, desafiar suas decisões e as dos líderes subordinados e baixar a bola de todos. O líder de combate deve ser humilde ou aprender a ser humilde. Sabíamos que aprender essa lição durante o treinamento era infinitamente melhor do que no campo de batalha, onde havia risco de morte. Os líderes tinham que entender a alta probabilidade de as coisas saírem do controle, de o inimigo se mobilizar rapidamente e ganhar vantagem, de as comunicações serem interrompidas, de ocorrer um incidente de fogo amigo e de, durante uma troca de tiros, o comando errar na contagem e deixar alguém para trás. Se aprendessem isso durante o treinamento, eles estariam mais bem preparados para impedir esses eventos em combates reais. Jocko tinha até um mantra para incentivar essa disciplina: "Treinar pesado é um dever solene e diário de todos os líderes e combatentes."

A DICOTOMIA DA LIDERANÇA

Durante dois anos, eu coordenei o Curso de Treinamento de Oficiais Subalternos (um programa básico de formação de líderes voltado para os oficiais egressos do BUD/S), no qual transmitia essas lições para os oficiais antes da sua incorporação aos pelotões das Equipes SEAL como comandantes assistentes. Depois, fui reintegrado a uma Equipe SEAL para atuar como oficial de operações. Além da minha função principal, eu também tinha que (como todo líder) treinar, orientar e transmitir conhecimento aos líderes táticos do grupo. Nessa Equipe SEAL, os comandantes dos pelotões e das unidades de tarefas logo seriam mobilizados para zonas de combate do mundo inteiro.

Ao longo dos meses do nosso treinamento como unidade antes da missão, Jocko e eu fizemos várias visitas para conferir os líderes dos pelotões e das unidades de tarefas durante os exercícios de campanha. Essa foi a última atividade após semanas de blocos de treinamento; o grupo encarou simulações em escala real, com tarefas, planejamento e execução de missões e, muitas vezes, recursos de apoio, como helicópteros, tanques e blindados, combatendo uma encenação de forças inimigas. Esses exercícios eram complexos e testavam a liderança em várias situações de combate simuladas. Jocko e eu avaliamos os líderes e lhes oferecemos feedback, orientações e mentoria a fim de prepará-los para o campo de batalha.

Jocko e eu nos deslocamos até a área de treinamento de combate urbano para observar uma das minhas unidades de tarefas e seus dois pelotões realizando exercícios de campanha. Passamos dois dias assistindo às simulações. Ficou claro que a força dominante na liderança da unidade de tarefas era um chefe de pelotão, o Big Walt. Ele tinha uma grande experiência e era um líder natural. Mesmo diante de pressões intensas, ele se mantinha firme e forte. Em todas as simulações, ele assumiu a responsabilidade e encarou a parada. Seu pelotão já se destacara em exercícios anteriores devido, em grande parte, à sua liderança. Todos, até mesmo o outro pelotão da unidade, confiavam integralmente nas decisões do Big Walt. Embora esse tipo de liderança seja eficaz e agregue muito valor, a equipe pode ficar totalmente paralisada quando depende de um só líder para atuar. Caso o líder seja ferido ou morto ou demore para assumir o comando, o desempenho do grupo será prejudicado se nenhum dos outros membros se prontificar, por falta de experiência.

Jocko sabia que só havia uma forma de lidar com aquela situação. "Big Walt é controlador", ele disse. "Vamos colocá-lo na geladeira para conferir se alguém assume o comando."

"Concordo", eu disse. "Pensei a mesma coisa."

Como sempre, Jocko e eu estávamos em sintonia. Ele orientou a equipe de instrutores a colocar Big Walt na geladeira no exercício seguinte; em outras palavras, ele seria "morto" na simulação.

No próximo exercício, o pelotão recebeu a missão de entrar na cidade cenográfica para capturar ou eliminar um líder terrorista, que, nesse caso, fazia parte da encenação. Acompanhamos o processo de planejamento e a ordem de operação, em que a equipe foi informada sobre a missão. Em seguida, o grupo iniciou o serviço. Jocko e eu seguimos com a equipe, observando os líderes de perto.

Para montar um cenário real de combate urbano o pessoal do TRADET queimou pneus nas ruas e detonou simuladores de granadas. A fumaça e o ruído geravam um clima tenso. "Civis" desarmados (elementos da encenação sem armas visíveis, que poderiam ser combatentes inimigos ou não) se aproximaram dos SEALs para importuná-los e atrasá-los. Em seguida, os instrutores deram ordem para que os elementos hostis atacassem. Logo, os "inimigos" começaram a atirar no pelotão com balas de paintball e festim. Mas, apesar do agravamento da situação, Big Walt mantinha tudo sob controle. Ele era duro na queda.

Agora, os demais líderes tinham que parar de se apoiar no Big Walt e tomar suas próprias decisões. Eles deveriam encarar o desafio de liderar em situações difíceis, sob pressão e fora da zona de conforto se quisessem aprender. Como costumamos dizer: *Ninguém cresce na zona de conforto.*

A DICOTOMIA DA LIDERANÇA

Por azar, Big Walt já estava no bico do corvo. Enquanto a pressão e a intensidade da batalha pesavam sobre o pelotão, ele orientava a equipe na rua. Então, um instrutor correu até ele e disse: "Chefe, você foi abatido."

Big Walt se voltou para ele, incrédulo e nada alegre. Depois de soltar alguns palavrões, ele se sentou relutantemente na rua, mas não aguentou: continuou mobilizando os atiradores para organizá-los.

"Chefe, você morreu. Está fora da simulação. Não pode falar", insistiu o instrutor.

Big Walt concordou, ainda relutante. Dois SEALs o colocaram na traseira do seu Humvee, que infelizmente também fora inutilizado pelo instrutor e agora estava marcado como inoperável e encalhado na rua. Em seguida, eles avançaram e entraram em um prédio próximo.

Foi então que a mensagem começou a circular no canal aberto do rádio: "O Big Walt foi abatido."

Com seu estimado chefe na geladeira, o pelotão e a unidade de tarefas ficaram paralisados. Ninguém se prontificava, consolidava a tropa nem dava ordens. O suboficial sabia que deveria liderar, mas não estava cumprindo seu papel. Enquanto isso, os "inimigos" continuavam a todo vapor, eliminando outros SEALs, que simulavam as baixas.

Alguns minutos depois, a equipe de treinamento, Jocko e eu percebemos que sem Big Walt o pelotão ficava desnorteado, e sua capacidade de aprender diminuía drasticamente. Treinar pesado era essencial. Mesmo que o treinamento fosse muito difícil, o combate seria infinitamente pior. Portanto, a formação deve ser rigorosa, simulando os grandes desafios do combate real e colocando os líderes em situações de pressão. Mas também sabíamos que, no treinamento, como nos demais aspectos da vida, era fundamental encontrar um equilíbrio.

Quando o treinamento é muito fácil e não desenvolve as habilidades dos participantes, a melhoria é mínima. Mas, se o treinamento extenuar a equipe a ponto de os participantes não conseguirem atuar com eficiência, o grupo só absorverá uma pequena fração do conhecimento. Embora o treinamento tenha que desafiar o conforto da equipe e, especialmente, dos líderes, ele não pode ser pesado demais para não arrasar o moral, inibir o crescimento nem fomentar uma atitude derrotista.

Diante disso, sabíamos que Big Walt deveria voltar ao jogo. Jocko e eu conversamos sobre esse ponto e, outra vez, concordamos totalmente. Big Walt tinha que ressuscitar.

"Big Walt", Jocko gritou, em meio ao barulho dos tiros e explosões. "Você está vivo."

"O quê?", Big Walt berrou na traseira do Humvee, onde estava sentado e claramente exasperado por ver seu pelotão encurralado sem poder ajudá-lo.

"Você está vivo", repetiu Jocko. "Pode voltar ao jogo."

Imediatamente, como a mítica fênix ressurgindo das cinzas, Big Walt se levantou e, da traseira do Humvee, com sua arma apontada para o céu, berrou ordens simples, claras e concisas:

"Todo mundo dentro deste prédio!", ele gritou, apontando para uma estrutura de concreto próxima. "Recuar para a minha posição agora!"

Ele não usou o rádio, como o suboficial tentou fazer, mas recorreu a comandos verbais simples e gritou para que todos pudessem ouvir.

Poucos segundos depois, o pelotão começou a se mover. Até mesmo os SEALs que não conseguiam vê-lo ouviram sua voz e se encaminharam até ele. A ordem foi disseminada verbalmente. Em questão de segundos, o pelotão estava consolidado no prédio indicado. No abrigo, Big Walt mandou os SEALs montarem o esquema de segurança e promoveu uma rápida contagem. Pouco depois, veio o resultado: todos os SEALs foram contabilizados. Em seguida, Big Walt deu ordem para que a equipe "evacuasse" o prédio e entrasse nos Humvees ainda utilizáveis para sair da cidade e da zona de perigo e voltar para a base simulada. Com a liderança de Big Walt e instruções precisas, tudo aconteceu rapidamente e com relativa facilidade.

Na base, teve início a parte mais importante do treinamento: o relatório. Os líderes do pelotão e da unidade de tarefas analisaram o que dera certo, o que dera errado e no que o grupo poderia melhorar. Os instrutores despejaram suas críticas. Jocko ouviu o relatório dos líderes. Eu também expressei alguns comentários.

Sempre havia lições a serem aprendidas. Os melhores pelotões e unidades de tarefas adotavam uma postura de Responsabilidade Extrema diante desse conhecimento, admitindo seus problemas e desenvolvendo soluções. Seu aperfeiçoamento era contínuo. As piores unidades rejeitavam as críticas e reclamavam das dificuldades do treinamento.

Nos exercícios, o suboficial teve o aprendizado mais expressivo. Ele ficou paralisado, incapaz de mobilizar a equipe e de achar uma saída para a situação. Por outro lado, Big Walt conseguiu rapidamente orientar o grupo com um só comando verbal. O suboficial passou a compreender o que deveria fazer em circunstâncias como essas. O fracasso muitas vezes é o melhor professor, e ele estava determinado a aprender e se sair melhor da próxima vez. Ressuscitamos Big Walt para viabilizar esse aprendizado. Ele demonstrou claramente o que uma boa liderança pode fazer, mesmo nas situações mais terríveis. O suboficial e os demais líderes novatos do pelotão provavelmente não se esqueceriam dessa lição.

Entre as lições que aprendemos ao combater em Ramadi, a mais valiosa foi constatar que a liderança é o fator mais importante no campo de batalha. A liderança, em todos os níveis, é essencial para o sucesso ou fracasso da equipe. Comprovei isso muitas vezes, nas mais terríveis circunstâncias que se pode imaginar. Quando um líder assumia o comando, mobilizava a equipe e direcionava seu foco, os resultados eram incríveis. Outra vez, aquela simulação demonstrara que, quando tudo parece perdido, se uma pessoa se prontifica e toma as decisões necessárias, pode transformar uma derrota certa em uma vitória. Se Big Walt tivesse continuado "morto" e fora do jogo, a unidade de tarefas teria sido completamente destruída pelos inimigos. Ninguém teria aprendido sobre a importância da liderança no campo de batalha. Os SEALs achariam que, quando a situação piorasse muito, nada poderia salvá-los. Mas isso está errado. Por mais que os exercícios fossem difíceis, eles também tinham que ser educativos. Era crucial que os SEALs do pelotão e da unidade de tarefas vissem como um comando decisivo de um líder ousado era significativo, mesmo nas situações mais caóticas. Vendo isso, muitos líderes subalternos reproduziriam essa postura e assumiriam o comando das suas equipes. O objetivo do treinamento era destacar esse princípio fundamental e criar uma cultura de Comando Descentralizado, na qual todos lideram, e os líderes de todos os níveis assumem o comando e atuam decisivamente para superar obstáculos e cumprir a missão. Por isso, o treinamento tinha que ser complexo, difícil. Deveria afastar os membros da equipe da sua zona de conforto para que eles compreendessem como era ficar atordoado, encurralado e limitado a uma posição defensiva. Mas o treinamento não poderia ser tão pesado a ponto de incapacitar a equipe e inviabilizar o aprendizado.

Achar um equilíbrio entre um treinamento leve demais, que não desafia efetivamente os participantes, e uma formação pesada demais, que pode aniquilar o grupo, é uma dicotomia que os líderes e instrutores devem harmonizar em cada evento. Muitas vezes, não identificamos um desequilíbrio na dicotomia até sermos totalmente tragados por um dos seus polos.

Durante os exercícios de campanha e combate urbano do ciclo de treinamento da Unidade de Tarefas Bruiser (antes da missão em Ramadi), eu já havia chegado a essa conclusão. Os instrutores nos deram uma missão suicida. Eles colocaram a fuselagem de um antigo helicóptero UH-1 Huey no centro de uma cidade cenográfica, cercada por ruas e prédios de concreto. Era uma situação do tipo *Falcão Negro em Perigo*[1]: nossa missão era "resgatar" a tripulação do veículo abatido, representado pela carcaça do Huey, no meio de uma cidade

---

1 *Falcão Negro em Perigo* é um livro de Mark Bowden (há também um filme norte-americano homônimo baseado nessa obra) que narra a Batalha de Mogadíscio, travada entre grupos de operações especiais dos EUA e militantes somalis em outubro de 1993.

hostil. Na lateral da aeronave, os instrutores do TRADET tinham fixado uma placa de aço com um quarto de polegada de espessura. Durante a simulação, nosso pelotão teria que usar uma "serra rápida" (uma ferramenta de alta potência) para atravessar a placa de aço e acessar a cabine e o compartimento de passageiros, nos "destroços" do Huey. No Pelotão Charlie, sabíamos que a missão seria difícil, mas estávamos determinados a cumpri-la da maneira mais rápida e eficiente possível.

Iniciamos a operação noturna parando com os Humvees a três quarteirões de distância do ponto marcado, onde desembarcou a força principal encarregada do resgate. Rápida e silenciosamente, patrulhamos as ruas escuras a pé. Não ouvimos nada até chegarmos à fuselagem do Huey, estatelada no principal cruzamento da cidade como um mau agouro.

As equipes de ataque tomaram posição e delimitaram um perímetro defensivo. Enquanto isso, o arrombador ligou a serra rápida, deu a partida no motor e começou a trabalhar na placa de aço; a serra raspou o metal com um *ruído* estridente, lançando faíscas pelo ar.

Segundos depois, o circo pegou fogo. Os combatentes "inimigos" começaram a atirar uma enxurrada de balas de paintball de todas as direções. As equipes de ataque encarregadas da segurança revidaram, mas o efeito foi quase nulo. Estávamos ilhados no meio da rua, serrando a placa de aço, enquanto o inimigo dominava as janelas nos pavimentos superiores e terraços das proximidades. Não havia outra opção além de abandonar a missão. Mas, seguindo a mentalidade da Bruiser, essa não era uma opção. Estávamos determinados a entrar no helicóptero para "resgatar" os dois membros da tripulação e cumprir nossa missão. No entanto, estávamos cercados, sem nenhuma cobertura, com fogo inimigo vindo de todas as direções. Era um banho de sangue total. Os instrutores lançaram simuladores de granadas, que detonaram com fortes *estrondos* e flashes atordoantes.

Conferi como os caras estavam em meio àquele ridículo massacre. O arrombador com a serra rápida tinha que encarar a pior função. Fui até ele para ver como estava se saindo.

"Qual é a situação?", gritei, em meio ao barulho intenso.

"Quase lá", ele respondeu, cerrando os dentes enquanto várias balas de paintball atingiam seu equipamento em alta velocidade, manchando seus suportes de carga e deixando hematomas em seu pescoço, braços e pernas. Ele estava de costas para o inimigo e, como operava a serra com as duas mãos, não podia contra-atacar. Mas ele manteve sua posição e segurou a barra como o "Big Tough Frogman" que era. Eu me ajoelhei ao lado dele e revidei tentando conter o ataque, sem sucesso. Fui atingido de todas as direções por dezenas de balas de paintball que arranhavam minhas mãos, braços, pernas e pescoço. Em pouco tempo, a máscara e os óculos de proteção ficaram tão sujos com aquela tinta oleosa que eu mal conseguia ver. Os instrutores do TRADET usavam bastões de luz química para marcar sua posição e evitar fogo amigo. Em teoria, eles estavam fora do jogo e nem mesmo existiam para nós. Eu não conseguia vê-los muito bem, mas sabia que eles estavam a poucos metros de distância. Como eles estavam controlando a situação, atirei várias balas de paintball na direção deles; os instrutores correram para se proteger. Finalmente, o arrombador atravessou a placa de aço, e resgatamos os dois "pilotos". Logo depois, saímos rapidamente da cidade, constrangidos com nossos hematomas e rindo da grande porcaria que fora aquela operação.

De todas as complexas simulações naquele bloco de exercícios de combate urbano, essa foi a mais insana, mas também a menos pedagógica. A operação ultrapassou o limite de um exercício desafiador e se transformou em um grande pandemônio que devíamos suportar até o fim, custasse o que custasse. Quando voltamos, contei pelo menos trinta e sete marcas de balas de paintball no meu uniforme e no equipamento, e provavelmente havia mais, além das dez ou mais que atingiram minha máscara e meus óculos de proteção. Se tivessem sido balas de verdade, eu teria morrido muitas vezes. Quando Jocko me viu coberto da cabeça aos pés com manchas coloridas, ele só balançou a cabeça e riu.

"Vocês SE FERRARAM", ele disse, sorrindo.

"Sim", eu disse. "A equipe se ferrou bonito. Já dá para se aposentar com pensão integral depois dessa."

O ataque "inimigo" tinha sido intenso demais e não nos deixou nenhuma opção para contra-atacar. Perfurar a placa de aço no Huey levara vários minutos torturantes, um tempo muito maior do que o previsto pelos instrutores do TRADET. O treinamento teria sido melhor e mais pedagógico se os ataques tivessem sido menos pesados depois que já estávamos atordoados e cercados, sem possibilidade de mobilizar a equipe, até que a serra cortasse o aço. A maior lição que aprendi nessa simulação foi que, em uma situação como essa, uma força muito maior deveria limpar todos os prédios do quarteirão e capturar os pavimentos mais elevados para os SEALs, garantindo posições taticamente superiores às do inimigo. Outro ponto importante foi que, em algum momento, eu teria que cancelar a missão. Eu precisaria tomar a difícil decisão de puxar o freio de mão e abortar a operação, orientando a equipe a se reagrupar e atacar novamente em vez de sacrificá-la sem necessidade.

Na Bruiser, gostávamos de treinar pesado. Encarávamos com entusiasmo desafios complexos e fisicamente exigentes. Mas percebi que havia um limite. O treinamento tinha que ser difícil, mas não tão duro a ponto de prejudicar a equipe e diminuir sua capacidade de aprender. Essa dicotomia deveria ser equilibrada com muito cuidado.

No outro lado da dicotomia, os bons líderes devem desenvolver treinos com os desafios mais complexos e realistas que se observam nos campos de batalha. Alguns SEALs não queriam treinar pesado. Eles reclamavam sempre que eram desafiados e afastados da sua zona de conforto. Diziam que o treinamento era irrealista ou básico demais ou que preferiam abordar o que chamavam de "táticas avançadas". Na verdade, grande parte dessas críticas era um eufemismo para uma postura do tipo "não quero treinar pesado nem ser desafiado". Era triste e chocante observar essa atitude em alguns SEALs e, particularmente, em líderes experientes.

"Este treinamento é ridículo", disse um dos chefes, referindo-se aos desafios associados aos exercícios desenvolvidos pelo TRADET, encabeçado por Jocko. "Já participei de várias missões, e nada tão ruim assim ocorreu em nenhuma delas."

Mas, só porque ninguém vivenciou o pior cenário possível ainda, isso não significa que ele não pode ocorrer, nem que a equipe não tenha que se preparar para as condições de combate mais terríveis. Muito pelo contrário. A equipe deve se preparar para as piores situações: várias baixas simultâneas, veículos atingidos por bombas de fabricação caseira e missões de "baixo risco" com desenvolvimentos totalmente imprevistos e perigosos.

Em geral, um dos problemas mais apontados por esses críticos dos pelotões e unidades de tarefas era a excessiva "competência" dos "inimigos" (encenados pelos instrutores do TRADET e por outros voluntários). Eles eram mais qualificados e mais bem equipados do que os combatentes que enfrentamos no exterior. Mas esse aspecto deveria ser visto como positivo, pois desafia mais a equipe e a prepara melhor. Além disso, muitos combatentes inimigos em Ramadi eram bastante competentes. Eles tinham muitos anos de experiência em combate, o que incluía aprendizado, inovação e adaptação. Se você os ignorasse ou fosse condescendente, eles acabariam cercando sua posição e cortando sua garganta.

Além disso, outra crítica comum sobre a dificuldade do treinamento apontava as "trapaças" dos instrutores.

"Eles conhecem nosso plano", alguns SEALs reclamavam. "Temos que seguir as regras, eles não."

Jocko respondia a esses argumentos usando raciocínio lógico: "Nossos inimigos também não seguem nenhuma norma, pois não têm regras de engajamento como nós. Eles usam ardis para disfarçar os ataques e armar emboscadas. Usam mulheres e crianças como escudos humanos. Usam homens-bomba. Montam emboscadas em lados opostos, correndo o risco de atirar uns nos outros só para matar um número maior de membros das nossas tropas. Eles não ligam. Mas somos diferentes. Nossas regras são diferentes. Então, se os instrutores (no papel de 'inimigos') estão quebrando as regras, ÓTIMO. Esse é um treinamento realista. Em vez de reclamar, seja receptivo e invente uma forma de obter sucesso."

Treinar pesado é um dever solene e diário de todos os líderes e combatentes.

Esse era o mantra que orientava a vida de Jocko e dos instrutores do TRADET. Cabia a eles manter os padrões elevados e o nível de dificuldade do treinamento para formar pelotões e unidades de tarefa aptos a sobreviverem e crescerem nos contextos mais difíceis e nos campos de batalha mais diversos.

Há líderes que se dedicam à felicidade da equipe, chegando a negligenciar deficiências de desempenho, fazer vista grossa diante de serviços malfeitos e hesitar em exigir que o grupo treine pesado, mantenha a disciplina, observe os procedimentos operacionais e supere os obstáculos. Alguns pensam que incentivam a equipe agindo como paizões, dizendo aos membros que eles estão se saindo melhor do que realmente estão. Talvez fosse isso que aqueles líderes críticos do treinamento estivessem procurando. Mas, quando nunca pressionam a equipe a sair da sua zona de conforto durante o treinamento, não aplicam os padrões para obter um desempenho excepcional do grupo e não expressam críticas diretas e honestas, os líderes formam equipes menos produtivas e menos eficientes, que falham diante dos desafios mais rigorosos do mundo real.

Os melhores líderes, em geral, são aqueles que aprenderam o que funciona ou não com a experiência e que focam o sucesso da equipe e da missão no longo prazo. Eles não se esquivam de ter conversas difíceis para abordar desempenhos insatisfatórios. Eles mantêm padrões elevados e preparam plenamente a equipe para enfrentar os piores cenários possíveis. São líderes que incentivam seus subordinados a se destacarem, aprenderem e crescerem continuamente e formam equipes que se sentem à vontade em situações que antes consideravam desconfortáveis. Desafiando os líderes da linha de frente e os membros novatos e menos experientes a assumirem mais responsabilidades, a equipe implementa o Comando Descentralizado para formar potenciais líderes em todos os níveis do grupo. Assim, a equipe aumenta bastante sua eficiência e sua capacidade de cumprir a missão. Quando o grupo obtém sucesso e supera as demais equipes, gera mais oportunidades para ser vitorioso no longo prazo.

O objetivo estratégico do treinamento deve ser formar líderes competentes em todos os níveis. Para isso, é essencial treinar pesado. Mas, se a formação for muito dura, acabará prejudicando a equipe, seu aprendizado e seu crescimento. Portanto, deve haver equilíbrio: treine pesado, mas com inteligência.

Princípio

Treinar pesado é fundamental para o desempenho da equipe e, especialmente, para os SEALs dos pelotões e unidades de tarefas que partirão para as zonas de combate, onde há um ditado: "Você treina como luta e luta como treina." Os melhores programas de treinamento conduzem as equipes a muito além da sua zona de conforto, a fim de que elas aprendam com seus erros durante a formação. Com sorte, elas não cometerão os mesmos erros em situações reais.

Em *About Face: The Odyssey of an American Warrior* [Meia Volta: A Odisseia de um Guerreiro Norte-americano, em tradução livre], o autor David H. Hackworth, coronel da reserva do Exército dos EUA, cita uma frase do seu mentor, o também coronel do Exército Glover Johns: "Quanto mais pesado for o treinamento, maior será o orgulho da tropa." Pergunte a qualquer SEAL: "Qual foi a classe que pegou o pior BUD/S?" A resposta será sempre o número da classe do SEAL em questão. Todos os membros da força dizem que passaram pelo treinamento mais pesado de todos os tempos. Mas às vezes, durante a formação, algumas equipes querem ficar na zona de conforto. Os líderes não podem permitir isso.

O treinamento deve ser pesado, simular desafios realistas e colocar pressão sobre os líderes. *Ninguém cresce na zona de conforto*. Se a formação não instigar a equipe a ultrapassar seus limites habituais, o grupo e, especialmente, os líderes, nunca ficarão aptos a encarar desafios maiores. Mas a meta do treinamento é desenvolver a equipe para que seus membros atuem de modo eficiente em condições reais. O curso não pode ser tão intenso a ponto de prejudicar e desmoralizar a equipe nem atordoar os participantes de modo a comprometer suas habilidades cognitivas. Como em tudo, os líderes devem encontrar o equilíbrio no treinamento e focar três aspectos críticos: realismo, fundamentos e repetição.

O treinamento deve ser realista. Toda simulação tem que se basear em um evento provável associado a um contexto real. As informações precisam ser diretamente pertinentes à missão da equipe. Para quem nunca os experimentou antes, o caos e a incerteza do campo de batalha podem ser arrasadores. Por isso, é fundamental promover todo caos possível durante o treinamento. A formação deve colocar a equipe e, em especial, os líderes, em situações realistas e desconfortáveis, nas quais ninguém saiba ao certo o que fazer. No mundo dos negócios, o treinamento também deve ocorrer dessa forma. As simulações têm que envolver clientes problemáticos e decisões imediatas em contextos de alta pressão, quando os resultados são incertos e o cenário não está 100% nítido. Simule as contingências associadas a acidentes graves e execute os procedimentos aplicáveis em situações de alto estresse.

O treinamento deve focar o básico. As unidades precisam se adaptar e inovar, mas algumas táticas básicas não mudam. Isso vale tanto para a estratégia militar quanto para o mundo dos negócios e os demais aspectos da vida. Em geral, as pessoas querem ignorar os fundamentos e ir direto para as "táticas avançadas". Mas as táticas avançadas são inúteis quando a equipe não domina as noções básicas. Os líderes têm que estabelecer programas de treinamento que se desenvolvam a partir dos fundamentos.

A formação deve ser repetitiva. Não é suficiente implantar um programa para treinar recém-contratados logo nos primeiros dias ou semanas da sua integração. O treinamento deve ser contínuo e universal. As pessoas melhoram com as iterações; por isso, é importante planejar um treinamento baseado em repetição e que desafie os membros da equipe e, especialmente, os líderes.

Assuma a Responsabilidade Extrema pelo treinamento. Em vez de esperar que outra pessoa desenvolva um programa de treinamento mais realista e eficaz, tome a iniciativa. Os melhores programas não são coordenados pelo alto escalão, mas conduzidos pelos líderes da linha de frente, que estão mais próximos da ação e do conhecimento adquirido. Mobilize os membros mais talentosos da equipe para orientar a formação e transmitir informações para os demais.

Desculpas do tipo "não temos recursos para treinar" não são válidas. A custo zero, é possível montar uma simulação que desafie a preparação dos líderes e sua capacidade de tomar decisões difíceis para incrementar seu desempenho.

Desculpas do tipo "não temos tempo para treinar" também não são válidas. Arranje tempo para atividades importantes. Um bom treinamento é essencial para o sucesso da equipe. Programar eventos frequentes de formação incrementa bastante o desempenho do grupo.

Novamente, para criar um excelente treinamento, é fundamental encontrar um equilíbrio. É essencial treinar pesado, mas com inteligência, para otimizar o aprendizado e a gestão do tempo.

Aplicação do Mundo dos Negócios

"Não confio nos meus líderes da linha de frente para cumprir a missão", disse o gerente de projeto sênior. "Você diz que devemos implementar o Comando Descentralizado, mas não acredito na capacidade dos meus líderes novatos."

"O treinamento desenvolve os líderes e a confiança", respondi. "Vamos conferir seu programa de formação."

"Na verdade, não temos nenhum programa", o gerente sênior respondeu.

"Bem, talvez o problema esteja aí", observei. "Por que você não assume a responsabilidade e desenvolve um curso?"

Quando apresentei a palestra principal na conferência anual dos líderes da empresa, observei que os princípios de combate que descrevemos em *Responsabilidade Extrema* causaram uma forte impressão na equipe. A empresa acabou me chamando novamente para criar um programa de desenvolvimento para cerca de vinte líderes seniores, entre chefes de departamento e gerentes de projeto, que executavam o planejamento estratégico da organização.

Era uma organização de grande porte, com líderes consistentes, alguns muito experientes e outros relativamente novos na equipe. Como resultado do seu sucesso, a empresa cresceu e se expandiu rapidamente. Mas a dispersão de recursos e, especialmente, de líderes experientes em um grande número de projetos simultâneos estava causando um problema.

Embora fossem ávidos e agressivos em sua busca por vitórias, alguns líderes seniores concluíram que aquele crescimento acelerado exigia que líderes novatos, com experiência insuficiente, atuassem em cargos críticos de gerência com pouca supervisão. Eles também identificaram que essa prática colocava em risco a qualidade dos serviços e a capacidade das equipes da linha de frente de cumprir a missão no prazo e dentro do orçamento.

Acompanhando os líderes seniores ao longo de muitos meses, captei uma crítica recorrente: "Não temos um número suficiente de líderes experientes para executar estes projetos. Estamos atribuindo tarefas demais a líderes inexperientes e despreparados."

Era uma preocupação genuína e um risco que a equipe executiva da empresa, quando informada, não parecia compreender totalmente.

Abordei o problema diretamente em uma reunião com a turma de líderes seniores: "Seu argumento é válido, mas esses líderes inexperientes só ficarão melhores se forem treinados. Você deve promover um treinamento para colocá-los em situações difíceis como os desafios do mundo real."

Parte da equipe não levou a sério.

"Como um treinamento vai simular a experiência real?", perguntou um dos líderes.

Observei alguns integrantes do grupo demonstrando que tinham a mesma dúvida.

Expliquei que a meta do treinamento não era substituir a experiência real. Não há nada melhor do que a prática. Mas destaquei que programas de formação complexos, baseados em simulações realistas, fundamentos e repetição, melhoram bastante o desempenho de líderes novatos. Além disso, mitigam expressivamente o risco de fracasso associado a lideranças inexperientes atuando com pouca supervisão.

Eu já havia falado bastante sobre a Batalha de Ramadi e as lições que aprendemos lá para que o grupo compreendesse integralmente o contexto e a origem dos princípios de liderança que ensinamos.

"Vocês sabem qual experiência de combate eu tinha como comandante de um pelotão de SEALs antes de servir em Ramadi, em 2006?", perguntei.

Alguns ficaram indiferentes. Ninguém respondeu. Nenhum deles sabia nem queria chutar. Talvez ninguém quisesse admitir a resposta.

"Nenhuma", eu disse. "Era a minha primeira vez. Eu nunca tinha comandado um pelotão antes. Nunca havia liderado um pelotão de SEALs à frente de uma enorme força militar com cinquenta tanques e milhares de Soldados e Fuzileiros. Nunca tinha participado de um combate armado antes. No meu pelotão, ninguém havia feito nada disso anteriormente."

"Vocês sabem qual era a experiência de Jocko como comandante de uma unidade de tarefas antes da missão em Ramadi?", continuei. "Nenhuma. Ainda assim, ele demonstrou uma excepcional visão estratégica nas operações de contrainsurgência e transformou a Bruiser em um elemento fundamental para a vitória dos EUA. Também era a primeira vez do comandante do Pelotão Delta, Seth Stone, no cargo, e ele se revelou um extraordinário líder no seu primeiro combate armado."

Contei uma história que ouvi de Jocko sobre o Seth e o Pelotão Delta em sua primeira operação no perigoso e violento distrito de Malaab, na região leste de Ramadi. Seth liderava o pelotão, que contava com J.P. Dinnell (um corajoso e agressivo batedor, metralhador e sniper), em uma patrulha junto com uma companhia de Soldados do lendário "Band of Brothers" do 1º Batalhão, 506º

Regimento de Infantaria Paraquedista, 101º Divisão Aerotransportada, e um grupo de soldados iraquianos sob a orientação de um major do Exército. Os Soldados do 1/506º já vinham atuando naquela área instável havia meses. Diariamente, o grupo travava combates violentos e já participara de dezenas de confrontos armados intensos. Os SEALs da Bruiser tinham acabado de chegar. Logo que começou a percorrer as ruas de Malaab, a patrulha formada por SEALs, Soldados e a tropa iraquiana se viu em uma troca de tiros de grandes proporções com combatentes inimigos, que atacavam usando metralhadoras e RPGs. O grupo de norte-americanos e iraquianos foi cercado e imobilizado. Agachado para se proteger das balas que voavam para todos os lados, Seth foi até o major encarregado dos soldados iraquianos.

"Vou formar um grupo de SEALs para flanquear o inimigo", Seth disse calmamente, em meio ao furioso tiroteio que se desenrolava, indicando o local da manobra no mapa. "Vamos dominar o terraço destes prédios", acrescentou, apontando para um bloco de edifícios.

"Parece uma boa ideia", disse o major. "Vá em frente."

Seth autorizou a saída do esquadrão de SEALs com J. P. Dinnell à frente, portando sua Mk46. Eles executaram uma manobra agressiva para flanquear o inimigo, entraram e limparam um dos prédios e dominaram o terraço. Do alto, atacaram os inimigos, eliminando muitos deles e causando a fuga dos demais.

Com o fim do cerco, a patrulha retomou suas atividades e logo retornou à segurança da base.

Após a operação, durante a apresentação do relatório para Jocko, o major disse ao Seth: "Fiquei muito impressionado com a sua calma ao conduzir o grupo sob fogo cerrado para flanquear o inimigo. Você deve ser muito experiente em combates urbanos e tiroteios."

"Não, senhor", respondeu Seth. "Na verdade, esse foi meu primeiro combate armado."

Para a turma de líderes seniores, expliquei que Seth e o Pelotão Delta só se saíram tão bem naquele primeiro confronto armado porque haviam passado por um treinamento intenso e realista antes da missão, como nós do Pelotão Charlie.

"Fomos atirados em situações incrivelmente difíceis", continuei. "Mas havíamos passado meses encarando simulações pesadas durante o treinamento. Essa formação salvou nossas vidas, nos deixou aptos para a missão e foi fundamental para o sucesso da Bruiser."

"A empresa precisa de um programa de treinamento", concordou um líder sênior. "A equipe executiva bem que poderia desenvolver um curso."

"Vocês querem mesmo ir por esse caminho?", perguntei. "Esperar que a equipe executiva desenvolva um programa de treinamento? Isso tem a ver com a Responsabilidade Extrema? Eles já têm uma agenda cheia. Além disso, todos nesta sala conhecem melhor o problema. Vocês sabem quando é necessário ter experiência e têm o conhecimento de que os líderes novatos precisam. Então, *vocês* devem criar o programa."

Expliquei que, nas Equipes SEAL, não são os líderes seniores — os almirantes e capitães — que coordenam os programas de liderança, mas os veteranos, como os comandantes e chefes de pelotões e os suboficiais.

"Cabe a vocês desenvolver um programa de formação", eu disse. "Então, encaminhem uma proposta aos seus superiores para obter apoio e aprovação."

"Coloquem os líderes novatos em situações difíceis", continuei. "Façam simulações. Desafiem sua capacidade de tomar decisões sob pressão. Em seguida, examinem essas decisões."

Citei novamente o mantra de Jocko para a prática dessa disciplina: *Treinar pesado é um dever solene e diário de todos os líderes e combatentes.*

"Mas treinem com inteligência", destaquei outra vez. "Otimizem a gestão do tempo e dos recursos. Criem um treinamento realista que prepare seus principais líderes para os desafios da vida prática. Garanto que esse investimento em um bom programa de treinamento trará um retorno expressivo."

Durante o curso de desenvolvimento de lideranças, passei a conhecer melhor muitos dos líderes seniores da empresa. Havia vários líderes excelentes naquele grupo. Três deles perceberam a importância de um programa de treinamento e assumiram a responsabilidade pelo problema. Eles encararam o desafio de desenvolver e implementar um curso de formação eficaz, apesar das agendas cheias.

Na reunião com a equipe executiva da empresa, destaquei a demanda por um bom programa de treinamento. Confirmando minhas suspeitas, os executivos apoiaram totalmente a ideia. Além disso, elogiaram a iniciativa dos chefes de departamento e dos gerentes de projeto seniores ao se colocarem à frente do programa.

Criar o programa exigiu muito tempo e dedicação. Até que, finalmente, depois de meses de preparação, chegou o momento de iniciá-lo. Eu não estava no local para conferir a primeira sessão, mas, na semana seguinte, liguei para um dos chefes de departamento que ajudaram a criar o programa.

"E então? Como foi?", perguntei.

"Poderia ter sido melhor", ele disse. "Houve muita resistência."

Fiquei surpreso, pois sabia que a equipe havia se dedicado bastante a criar um programa consistente.

"O que aconteceu?", perguntei.

"O problema não foi o conteúdo", ele respondeu. "O conteúdo é bom. Os objetivos são sólidos. Foi a apresentação."

"O líder encarregado do primeiro curso provavelmente não era o cara certo para esse tipo de coisa", continuou. "Ele passava informações demais e questionava constantemente os participantes, mas a maioria deles não conseguia acompanhar o curso. Quando alguém não compreendia um ponto, ele gritava com essa pessoa diante da turma. Esse grupo costuma ser animado, mas ninguém curtiu o treinamento. O feedback foi supernegativo."

"Isso não é nada bom", respondi. "Você sabe da importância de um programa de treinamento eficaz para a empresa. Antes de mais nada, a qualidade da formação depende da competência dos instrutores. Logo, é necessário selecioná-los criteriosamente."

"Você tem que aplicar os padrões e treinar pesado", eu disse. "Mas o treinamento não pode ser tão intenso a ponto de prejudicar seu principal objetivo: educar e preparar a equipe para cumprir a missão da empresa com mais eficiência."

"Então, controle a situação", continuei. "Comece de novo com um novo instrutor. Você mesmo pode apresentar a próxima sessão. Explique aos participantes que o curso será diferente dali em diante. O treinamento deve ser desafiador, mas a dificuldade é apenas um meio de incrementar o desempenho da equipe e prepará-la para os desafios do mundo real. Treine pesado, mas com inteligência."

Um metralhador da Unidade de Tarefas Bruiser em seu turno no posto de segurança da base. Na Batalha de Ramadi, o terreno era predominantemente urbano, com algumas operações na zona rural. No entanto, os fundamentos eram sempre os mesmos: Cobrir e Mobilizar. Observe a bandoleira com munição extra no ombro. Os SEALs da Bruiser carregavam a maior quantidade possível de munição, mas era comum ficar com bem pouca.
(Fotografia da Marinha dos EUA. Autor: Marinheiro de Segunda Classe Sam Peterson)

CAPÍTULO 6
Seja Agressivo, mas Não Imprudente

Jocko Willink

"VIETRAM"— ÁREA DE OPERAÇÕES MC-1, REGIÃO NORDESTE DE RAMADI, IRAQUE: 2006

Do nada, uma rajada de metralhadora ecoou pelo silencioso ar noturno e projéteis traçantes desenharam arcos vermelhos, belos e letais, no céu. Eu não entendia muito bem o que estava acontecendo, mas sabia que a equipe de snipers, em campana naquela escuridão, estava trocando tiros. Só tinha certeza disso. Não sabia se eles haviam sido identificados e atacados pelo inimigo. Também não fazia ideia do tamanho da força inimiga que eles enfrentavam. Definitivamente, eu não conseguia determinar se os SEALs daquele grupo de vigilância precisavam de suporte imediato, de mim ou da força de assalto. Mas, apesar de não ter uma imagem nítida do contexto, eu tinha que tomar uma decisão. Meu modo cognitivo padrão é o agressivo: agir, resolver problemas e cumprir a missão. Logo, defini o que precisávamos fazer: EXECUTAR.

Estávamos prontos para iniciar uma grande operação de limpeza em um dos redutos mais violentos dos insurgentes. Lá, nosso objetivo era limpar uma vila e um mercado (com pequenos prédios e barracas de camelôs), que as forças norte-americanas chamavam de "Mercado Mav". O nome vinha de uma operação de combate realizada anteriormente nas proximidades; na ocasião, os militares dos EUA haviam solicitado apoio aéreo aproximado para conter um ataque inimigo, e os caças atingiram várias posições com mísseis AGM-65 Maverick.

Agora, eu comandaria a força terrestre da operação, que contava com uma força de assalto formada por SEALs do Pelotão Charlie e uma dezena de soldados iraquianos, em um posto avançado de combate do Exército, situado na zona rural fora da cidade. A área era conhecida pelos militares norte-americanos como "MC-1". Embora essa região fizesse fronteira com o norte de Ramadi, o rio Eufrates corria do oeste para o leste no local, isolando geograficamente a MC-1 e destacando a comunidade rural da paisagem urbana. Do outro lado do rio, havia campos agrícolas irrigados, diques, palmeiras e canais, intercalados por pequenos conjuntos de casas dispersas pelo cenário. Não parecia nada com o terreno urbano ou desértico que esperávamos encontrar no Iraque; era mais como uma cena de um filme sobre a Guerra do Vietnã. A Unidade de Tarefas Bruiser e as demais forças norte-americanas começaram a chamar a área de "VietRam", em homenagem ao país que conhecíamos dos relatos transmitidos verbalmente pelas gerações anteriores de SEALs que combateram no Vietnã e dos filmes de Hollywood que víamos quando éramos mais novos.

Embora o rio Eufrates separasse a zona urbana de Ramadi do VietRam, a violência da cidade invadira o campo. As estradas estavam cheias de bombas caseiras que neutralizavam até blindados, e havia ataques frequentes ao longo das vias principais. Ao atravessarem campos e terrenos abertos, as patrulhas da coalizão ofereciam um alvo vulnerável para os lançadores de morteiros inimigos, que conheciam bem a área. O 1º Batalhão, do 109º Regimento de Infantaria (1/109º) do Exército, foi encarregado do local. Essa era uma excelente unidade de combate, com Soldados experientes, profissionais e corajosos. Quando a Bruiser chegou, o 1/109º já combatia na área havia quase um ano. Por se tratar de uma zona rural extensa, com poucas estradas, era impossível concentrar uma tropa muito numerosa; um só pelotão de infantaria cobria vários quilômetros quadrados de terreno hostil. Com um poder de combate insuficiente para lidar com uma área imensa como essa, era difícil avançar muito no território controlado pelo inimigo.

Um dos comandantes assistentes do Pelotão Charlie, de Leif, havia estabelecido um relacionamento sólido com os Soldados do 1/109°. Ele firmou uma parceria entre a companhia do Exército e a liderança do pelotão que patrulhava a área. Juntos, eles bolaram planos agressivos, programando uma investida audaciosa no território controlado pelo inimigo ao longo do rio. O comandante assistente, o suboficial do Pelotão Charlie e o atirador de elite Chris Kyle conduziram o grupo formado por SEALs e soldados iraquianos em operações de vigilância e patrulhas por áreas conturbadas, onde muitas vezes encontraram resistência pesada do inimigo.

Em uma operação, o comandante assistente dividiu o grupo em dois esquadrões. Um deles estava patrulhando um campo aberto e lamacento quando, de repente, os insurgentes, escondidos no bosque e nos prédios dos arredores, abriram fogo usando metralhadoras. Para se proteger, a patrulha se lançou ao chão, imobilizada pelo fogo intenso do inimigo. Quando o grupo já estava "comendo barro" — de cara no solo para escapar das balas —, uma chuva de morteiros inimigos começou a cair no perímetro. Por milagre, a lama salvou a patrulha, pois os morteiros penetravam profundamente nela antes de explodirem; o solo absorvia o impacto e os estilhaços letais, que deixavam crateras imensas no chão, mas, felizmente, nenhuma nos SEALs e nos soldados iraquianos. O outro esquadrão, que tomara uma posição coberta no dique que margeava o campo, conseguiu abrir fogo rapidamente e debelou o ataque inimigo. Com uma atuação consistente e um plano baseado em Cobrir e Mobilizar, o grupo saiu do cerco e chegou a um local seguro sem nenhuma baixa.

A sequência de ações agressivas do grupo formado por Soldados do 1/109°, SEALs do Pelotão Charlie e militares iraquianos reduziu o controle dos insurgentes sobre a área. Com essas ações, o 1/109° conseguiu avançar no terreno e estabelecer um pequeno posto avançado no meio do VietRam, onde um pelotão de Soldados passou a viver e trabalhar. A partir dessa base, o 1/109°

138 A DICOTOMIA DA LIDERANÇA

e o grupo de SEALs do comandante assistente realizavam patrulhas, analisavam o "clima" no local e coletavam dados de inteligência sobre as operações do inimigo na área. Depois de algum tempo, eles identificaram um pequeno reduto, com cerca de uma dezena de prédios, que parecia ser a fonte de muitos ataques inimigos: o Mercado Mav.

Como várias fontes indicavam que a área era uma base de operações dos insurgentes, o comandante assistente nos repassou os respectivos dados de inteligência — ao Leif, ao Pelotão Charlie e a mim, da unidade de tarefas —, recomendando uma operação agressiva no local. Concordamos e planejamos uma ação para limpar a vila, capturar suspeitos, revistar o mercado e destruir os esconderijos de armas identificados. O ciclo de planejamento foi iniciado, nossos superiores aprovaram a missão e, alguns dias depois, saímos de Camp Ramadi rumo ao posto avançado do 1/109° na MC-1.

Para monitorar a aldeia e o mercado antes da operação, enviamos para o local uma equipe de vigilância, formada por alguns atiradores de elite, metralhadores, um oficial médico, um operador de rádio e um líder. A função deles era encabeçar a operação, ingressar clandestinamente no território, identificar possíveis atividades suspeitas na área e cuidar da segurança quando o grupo de assalto entrasse na vila. Isso era fundamental, pois o inimigo tinha uma rede de comunicações bastante eficaz na área. Habitantes simpáticos (ou coagidos) monitoravam as vias de entrada e saída das fortificações inimigas. Quando as forças da coalizão passavam, os moradores locais transmitiam sinais ou usavam o rádio para informar os insurgentes sobre a movimentação. Nesse caso, os combatentes inimigos tinham mais opções: fugir, esconder as armas e se passar por civis ou reunir a tropa e atacar com bombas caseiras, metralhadoras, foguetes e morteiros.

Para minimizar sua exposição e não despertar suspeitas, o grupo de vigilância se deslocou até o posto avançado em um comboio de apoio logístico convencional do Exército enquanto a força de assalto encarregada de limpar a vila e o mercado permaneceu em Camp Ramadi, pronta para ser mobilizada.

Na calada da noite, a equipe de vigilância silenciosamente deixou o posto avançado e seguiu em patrulha. Com movimentos furtivos, o grupo caminhou pelos campos inundados, atravessando canais, diques e bosques de palmeiras, até chegar ao local do alvo. De longe, a equipe monitorou a área por alguns minutos e determinou que um dos prédios nos arredores da vila parecia estar desocupado. O batedor avançou um pouco mais, confirmou a ausência de sinais de ocupação e orientou o grupo a prosseguir. A equipe entrou no prédio e fez a limpeza, mas sem a dinâmica de uma equipe da SWAT; tudo ocorreu em silêncio, como um clássico do cinema mudo. Como tudo estava limpo, os snipers e metralhadores tomaram posição, e o operador de rádio informou a localização do grupo para o centro de operações táticas, em Camp Ramadi.

Com a vigilância a postos, teve início a fase seguinte da operação. Como comandante da força terrestre, acompanhei Leif e os SEALs do Pelotão Charlie que integravam a força de assalto junto com os soldados iraquianos. O comandante assistente liderava o grupo. Embarcamos nos veículos em Camp Ramadi e seguimos para o posto avançado na MC-1, de onde saíra a equipe de vigilância. A força de assalto tinha cerca de trinta membros; metade deles eram SEALs, e os demais, soldados iraquianos.

A equipe de vigilância observaria todos os movimentos na vila e informaria a força de assalto. Previ uma possível atividade do inimigo na área, instigada pela entrada do grupo nas proximidades e pela rede de comunicações dos insurgentes. O trajeto dos Humvees foi tranquilo, e chegamos ao posto avançado, nosso ponto de concentração antes do ataque. Entramos e estacionamos os veículos em formação de combate (os Humvees entravam de ré nos estacionamentos para facilitar uma saída rápida), e a equipe desembarcou. Fiz uma chamada de confirmação pelo rádio para o grupo de vigilância.

"Charlie dois-meia, Jocko falando, câmbio", eu disse.

"Jocko, Charlie dois-meia falando, prossiga", respondeu o líder da equipe de vigilância.

Fiz um breve resumo da situação: "A força de assalto está concentrada no posto avançado. Houve alguma atividade durante o trajeto?"

"Negativo", ele respondeu. "Nada significativo. Vimos alguns moradores se deslocando. Padrão de normalidade. Há cerca de vinte minutos, tudo ficou muito quieto. Quando vocês entraram, nada mudou; parece que a vila já se recolheu para dormir."

"Compreendido", respondi. "Vamos deixar a poeira baixar mais um pouco para, daqui a algumas horas, iniciar a operação conforme o plano", eu disse, indicando que a ação seria realizada no prazo estabelecido, à noite.

Fui até os veículos e informei a equipe. A força de assalto desembarcou e entrou no posto. Os integrantes retiraram o equipamento, se dispersaram e esperaram. Leif, o comandante assistente e eu tínhamos outras tarefas e nos encaminhamos para o pequeno centro de operações táticas montado no posto pelos Soldados do 1/109°. Sei que as pessoas costumam imaginar que um centro como esse deve ter monitores de plasma gigantescos, cafeteiras e móveis modernos, mas esse estava no outro extremo do espectro. O centro fora reduzido ao essencial: alguns mapas na parede; uma unidade de rádio central para manter contato com os Soldados em campo e com o quartel-general em Camp Ramadi; alguns quadros magnéticos com nomes, identificações e planos; e procedimentos básicos de comunicação. Isso era tudo.

O comandante assistente já conhecia a área e as principais lideranças e cumprimentou o líder do pelotão e os Soldados no centro de operações.

Leif e eu nos apresentamos à liderança do pelotão do 1/109° que ocupava o posto avançado. "Boa noite", eu disse, em meio a apertos de mãos. "Meu nome é Jocko, sou o comandante da unidade de tarefas. Este é o Leif, comandante do pelotão dos SEALs."

"É muito bom conhecê-los", disse o comandante do pelotão do 1/109º. Ele era um Soldado profissional, como os suboficiais e os outros praças que atuavam no posto. "Obrigado por todo o apoio que vocês nos têm dado. A melhora foi surpreendente. Um mês atrás, teríamos sido atacados no caminho até aqui. Agora temos até um posto para morar!"

"Perfeito. Vocês fizeram um ótimo trabalho", eu disse. "Fico feliz por termos colaborado."

Logo depois, o comandante do pelotão falou sobre o mapa, apontando áreas de perigo, descrevendo as táticas do inimigo em cada ponto e esquematizando um plano de suporte para qualquer eventualidade. Leif e eu fizemos algumas perguntas específicas sobre as vias de entrada e saída da vila e, depois, nos sentamos e só ficamos ouvindo.

O grupo de vigilância no local continuou nos informando sobre movimentação, sem nenhuma mudança significativa. Todos na área tinham se recolhido, e não havia nenhuma atividade relevante na vila.

No posto avançado, ouvimos o canal de rádio do batalhão, monitorado por todos os pelotões e companhias do 1/109º. Em uma área conturbada como aquela, sempre havia algo acontecendo, e o rádio trazia relatos de movimentações do inimigo, manobras de tropas aliadas nas proximidades e militares norte-americanos feridos e, às vezes, mortos. Era uma sensação estranha ouvir aqueles tiros abafados e as chamadas de rádio dos combatentes, envolvidos em confrontos distantes, cheios de adrenalina, tomando decisões, transmitindo informações, pedindo apoio. Alguns líderes ficavam calmos até nas piores situações. Outros logo revelavam seu pânico nas vozes. Depois de ouvirmos centenas de chamadas como essas, eu e os demais líderes da Bruiser aprendemos que manter a calma ao falar pelo rádio era uma característica essencial de uma liderança eficaz.

Mas, durante um fluxo normal de comunicações, ouvimos uma estranha chamada do centro de operações táticas do 1/109º batalhão, baseado em Ramadi. Uma unidade da coalizão, sem alertar as demais forças, estaria conduzindo uma operação nas proximidades da operação da Bruiser. Não era normal que

A DICOTOMIA DA LIDERANÇA

uma unidade atuasse sem uma intensa coordenação. Mas havia informações ainda mais intrigantes: o relatório transmitido pelo rádio indicava que a unidade "talvez estivesse usando trajes indígenas".

A situação rapidamente ficou alarmante. Normalmente, naquele terreno hostil em que circulavam muitas unidades norte-americanas e iraquianas, cujos equipamentos de combate e armamentos indicavam claramente seu status de aliados, o risco de fogo amigo seria bastante elevado se não houvesse um procedimento de alertas constantes. Mas, se uma equipe da coalizão, sem uniformes identificáveis, realizasse uma operação em um local onde houvesse tropas norte-americanas que poderiam confundi-la com um grupo de combatentes inimigos, essa atitude seria completamente insana. Diferenciar os amigos dos inimigos já era muito difícil, pois o Exército iraquiano usava uniformes precários, o que incluía, às vezes, roupas civis. Os insurgentes misturavam equipamentos paramilitares, uniformes precários e suas roupas favoritas: agasalhos esportivos e balaclavas ou keffiyehs para cobrir os rostos. Em meu primeiro turno no Iraque, meu pelotão sempre usava balaclavas negras, não apenas para proteger nossas identidades, mas também por seu efeito psicológico de intimidação sobre o inimigo. Mas, em Ramadi, ninguém na Unidade de Tarefas Bruiser usava balaclavas nem outro item para cobrir o rosto. Um rosto coberto era um indicativo de terrorismo, e ninguém queria ser confundido com um terrorista naquele contexto. Passar essa impressão poderia resultar em uma bala norte-americana na cabeça.

Em meio a todo esse fluxo de informações pelo rádio, o grupo de vigilância fez uma chamada. "Movimento confirmado", o operador sussurrou.

Leif, o comandante assistente e eu nos aproximamos para ouvir a mensagem.

"Grupo com quatro a seis homens em idade militar fazendo movimentos táticos", o operador descreveu.

"Algum positivo?", perguntei. Essa era uma pergunta difícil. Eu estava me referindo a uma "identificação positiva", ou seja, queria saber se a equipe confirmava as pessoas observadas como elementos hostis ou não.

"Fica na escuta", o operador disse. Nas Equipes SEAL, a expressão "fica na escuta" tem muitos significados, de acordo com a situação e o tom de voz empregado. Alguns dos seus sentidos são "espere um segundo" e "não saia daí". Mas ela também pode significar "não me encha o saco" ou "não sei, vou ver aqui". Sobretudo, às vezes ela quer dizer: "Se segura aí, porque lá vem bomba."

O tom de voz do operador misturava o "não sei, vou ver aqui" com o "se segura aí, porque lá vem bomba".

Leif e eu trocamos olhares. Acenei afirmativamente para Leif; ele sabia no que eu estava pensando. Ato contínuo, ele acenou para o comandante assistente; os dois pegaram seus capacetes, saíram apressadamente e reuniram a tropa, orientando todos a instalarem o equipamento e embarcarem nos veículos.

Em seguida, transmiti uma mensagem que o comandante da equipe de vigilância não esperava: "Não ataque até confirmar os elementos hostis. Pode haver aliados na área."

"O quê?", ele questionou. A ordem era muito fora do comum.

"Na área, talvez haja aliados que ainda não entraram em contato conosco. Talvez eles estejam usando roupas indígenas", eu disse.

"Isso é sério?", o líder do grupo de vigilância quis saber; sua frustração era mais nítida que o sinal do rádio.

"É sério. Informe todo mundo", respondi, em tom solene.

A situação era péssima. O combate é, por natureza, um evento confuso. É impossível conhecer e entender toda a dinâmica do campo de batalha. A teoria clássica define esse fenômeno como "névoa da guerra".[1] O nevoeiro é real. Relatórios divergentes, opiniões antagônicas, percepções diferentes, defasagem nos tempos de recebimento e de processamento das informações,

---

1 Esse termo geralmente é atribuído a Carl von Clausewitz (1780–1831), teórico militar e general prussiano. Mas, embora tenha escrito em sua obra *Da Guerra* (1832) que "a guerra é o reino da incerteza", Clausewitz nunca usou a expressão "névoa da guerra".

condições climáticas, escuridão, terreno, ardis e manobras do inimigo, movimentos e ações das forças aliadas — essa combinação de caos e incerteza forma uma imagem, na melhor das hipóteses, nebulosa. Quando eu coordenava o treinamento das Equipes SEAL baseadas na Costa Oeste, costumava dizer aos participantes que a informação mais importante no campo de batalha é saber onde *você* está. Sem isso, nada faz diferença. A segunda informação mais importante é a localização das outras forças aliadas. Só depois de obter essas informações é importante determinar onde o inimigo está; quando você não conhece a localização da sua unidade nem das demais unidades aliadas, é quase impossível atacar o inimigo.

Naquele contexto, embora a equipe de vigilância soubesse exatamente onde ela estava, onde estava a força de assalto e onde estavam as demais unidades de infantaria do 1/109º, seus integrantes não sabiam ao certo se havia unidades aliadas na área nem poderiam identificá-las positivamente. Isso não era nada bom.

Foram minutos tensos. A força de assalto embarcara nos veículos e estava à espera da ordem de sair. Então, sem nenhum aviso, uma troca de tiros irrompeu na área da equipe de vigilância. Munição traçante cruzava o céu.

Eu não sabia o que estava acontecendo nem quem estava atirando em quem. Pedi uma atualização de status ao operador de rádio da equipe de vigilância. Nada.

O grupo de vigilância estava atacando os insurgentes? Era uma troca de tiros entre os insurgentes e os habitantes locais? A equipe de vigilância fora identificada e estava sob ataque? Era a unidade de coalizão que usava "trajes indígenas"? Era um fratricídio? Não dava para saber ao certo. Eu só sabia o que tínhamos concebido e simulado durante o planejamento da missão: se a equipe fosse identificada, a equipe de assalto entraria em cena com "força total", conduzindo os veículos até o alvo (normalmente a parada seria a centenas de metros de distância e o grupo sairia em patrulha até a área) e "fechando o cerco", com a instalação de um esquema de segurança na estrada principal da vila. Além disso, eu também sabia que, se os possíveis insurgentes na vila tivessem tempo suficiente, eles coordenariam suas defesas e se preparariam para lutar ou fugir, e nenhuma dessas alternativas seria boa para a equipe de ataque. Então, apesar da incerteza da situação, optei pelo modo-padrão: agressividade.

Corri até os Humvees, já com os SEALs prontos para a ação, entrei no veículo de comando, liguei o microfone do rádio e disse: "Executar, executar, executar. Saindo agora para fechar o cerco na Rota Duster [a estrada principal da vila]."

O navegador principal transmitiu o comando pelo rádio: "Saindo."

Os veículos deram a partida e seguiram rapidamente pela estrada em direção à vila, em direção ao confronto armado, em direção à incerteza.

Enquanto a equipe se dirigia para o local, a troca de tiros continuava, mas diminuiu quando os veículos se aproximaram. Havia muita incerteza naquela situação, mas algumas informações já estavam definidas. A equipe de assalto sabia onde estava o grupo de vigilância; Leif e o comandante assistente transmitiram essa informação para todos. Também alertamos sobre possíveis aliados na área — e todos ficaram bastante apreensivos.

Alguns minutos depois, o grupo de assalto chegou à estrada no meio da vila, onde parou e montou o esquema de segurança. A equipe de vigilância havia parado de atirar, mas, como estava mantendo sua posição, sabíamos sua localização.

"Equipe de vigilância, qual é a situação?", perguntei pelo rádio.

"Identificamos homens armados em idade militar fazendo manobras de ataque perto do rio. Atacamos primeiro", respondeu o líder do grupo.

"Alguma movimentação do inimigo na vila?", perguntei.

"Negativo", ele respondeu.

"Compreendido. Iniciar a ação", eu disse, ainda no modo agressivo padrão. Ato contínuo, a equipe desembarcou, cercou o perímetro da vila e iniciou uma limpeza sistemática em cada prédio e, depois, já no Mercado Mav, em cada barraca. Embora o inimigo claramente tivesse sido alertado, não teve tempo de reagir. Enquanto limpava a vila e o mercado, o grupo de assalto capturou vários elementos suspeitos, que haviam acabado de acordar quando foram detidos. Também descobrimos e destruímos um esconderijo de armas do inimigo. Apesar da confusão e da incerteza que marcaram a operação, uma ação firme e agressiva nos trouxe a vitória.

Nossos SEALs deveriam operar com uma mentalidade agressiva. Tinham que tomar a iniciativa, fazer manobras rápidas, identificar e aproveitar oportunidades, executar as ações impetuosamente, resolver problemas, superar obstáculos, cumprir a missão e vencer.

Mas a agressividade contém uma dicotomia que deve ser equilibrada: ser agressivo *nem sempre* é a melhor resposta. As ações agressivas devem ser equilibradas com raciocínio lógico e uma análise minuciosa do risco-benefício.

Em Ramadi, a Bruiser teve a honra de apoiar os 5.600 combatentes norte-americanos — entre Soldados, Fuzileiros, Marinheiros e Aviadores — da Equipe de Combate da Brigada "Ready First", da 1ª Divisão de Blindados do Exército, na missão de implementar a estratégia de "Conquistar, Liberar, Manter, Construir" e recuperar a cidade dos insurgentes. Estabelecemos uma excelente relação profissional baseada em confiança e respeito mútuo com os líderes do Exército e da Marinha e com os membros dos pelotões, companhias e batalhões sob o comando deles. O coronel do Exército que comandava a Brigada "Ready First" era um líder extraordinário — era agressivo e inteligente e tinha uma visão estratégica incrível. Ele era um grande profissional e uma das melhores lideranças com que tive a honra de servir. Quando ele pedia apoio, a Bruiser se encarregava da missão. Nas principais operações de implementação dessa estratégia, era um grande orgulho destacar nossos SEALs e soldados iraquianos para atuar na vanguarda da força terrestre que instalava postos avançados de combate nos bairros mais perigosos e voláteis da cidade.

Após vários meses de missão, em uma reunião com a brigada em Camp Ramadi, o comandante me perguntou se os SEALs poderiam ajudar a eliminar os grupos inimigos que atacavam com morteiros em uma área ao norte da cidade conhecida como "C-Lake". O nome indicava a principal característica da área: um lago formado por um braço do rio Eufrates em forma de "C". Era uma zona relativamente rural, que cobria cerca de quinze quilômetros quadrados de campos abertos ao longo do rio, com grupos de casas dispersas e pequenas estradas de terra.

Mas essa área também abrigava insurgentes que lançavam ataques contra posições dos EUA. Quase todos os dias, morteiros eram atirados contra as tropas estacionadas em Camp Ramadi e nas bases próximas. Esses morteiros também chegavam ao Sharkbase, a nossa base, mas eram menos frequentes. O radar traçava a trajetória dos morteiros e indicava seu ponto de origem. Muitos dos que atingiam Camp Ramadi vinham da área do C-Lake. Infelizmente, o inimigo percebeu que o local de lançamento dos morteiros poderia ser identificado e mudou suas táticas. Em vez de lançar os morteiros de um só local, os insurgentes passaram a se movimentar constantemente pela área. Além disso, seus ataques duravam poucos segundos, e no máximo três projéteis eram lançados de cada vez; logo depois, eles desmontavam o tubo-canhão e desapareciam. Essa tática era eficaz e difícil de combater.

Além desses ataques com morteiros, os insurgentes também instalavam grandes cargas de explosivos nas estradas próximas ao C-Lake. Havia poucas vias no local, o que concentrava o deslocamento de comboios dos EUA em um pequeno número de estradas conhecidas pelo inimigo. Baseados em pontos desconhecidos nas proximidades, os rebeldes observavam os Humvees passando pelas estradas e detonavam as bombas via rádio, a centenas de metros de distância. Nas últimas semanas, esses explosivos tinham causado danos imensos, destruindo muitos veículos e matando vários Soldados.

Como a Bruiser já tinha eliminado equipes inimigas especializadas em morteiros e bombas caseiras de outras áreas de Ramadi, tudo indicava que a unidade daria uma mão em C-Lake. Quando o comandante da brigada perguntou se isso era possível, eu respondi que analisaria a situação e determinaria a melhor forma de contribuir. Sem dúvida, eu queria ajudar a Brigada "Ready First" a eliminar aquelas ameaças e zelar pela integridade física das tropas norte-americanas. A Bruiser também queria neutralizar os combatentes inimigos responsáveis pelos ataques e vingar as mortes dos nossos irmãos Soldados naqueles atentados com explosivos. Conversei sobre o pedido com Leif e o Pelotão Charlie. Como Leif, o chefe do pelotão Tony e os demais membros do grupo estavam sempre dispostos a cercar e destruir o inimigo, logo começaram a analisar os dados de inteligência e os mapas da área e entraram em contato com os Soldados que operavam no entorno do C-Lake. Junto com o Pelotão Charlie e o departamento de inteligência da Bruiser, sua meta era definir as melhores linhas de ação para cumprir a missão.

Nos próximos dias, o Pelotão Charlie realizou outras operações em diferentes áreas da cidade. Mas, ao retornar para a base, o grupo retomou o planejamento da operação no C-Lake. Dias depois, após uma análise minuciosa, Leif foi até a minha sala para conversar sobre os resultados.

"Não sei bem o que dizer, Jocko", ele disse, com uma expressão um pouco desconcertada.

"O que está acontecendo?", perguntei.

"A operação no C-Lake é complexa", ele respondeu. "Mas não sei se ela vale a pena."

"Ok. Vamos analisar o caso", eu disse.

Nesse ponto, Leif e eu fomos até a parede em que havia um mapa detalhado da área do C-Lake. Primeiro, marcamos os pontos de origem conhecidos dos ataques com morteiros. Nenhum ataque partira do mesmo local. Além disso, não havia nenhum padrão definido na escolha dos pontos. De fato, não havia características comuns entre os locais de disparo — alguns morteiros tinham sido lançados de estradas e outros de campos, das proximidades de casas e prédios, de áreas descobertas, de áreas camufladas com folhas, de áreas sem camuflagem. Sem nenhum padrão, era difícil definir o melhor local de onde nossas equipes de atiradores de elite pudessem monitorar e atacar os grupos responsáveis pelos ataques.

Em seguida, Leif indicou os locais dos ataques com explosivos. Por ser delimitada pelo rio Eufrates e cortada por vários canais, o acesso de veículos à área era limitado; para nós, havia só uma via principal de entrada e saída. Naquele tipo de terreno, muito aberto e disperso, não havia nenhuma posição com uma visão ampla da estrada de onde os snipers pudessem monitorar e atacar os insurgentes que instalavam as bombas. Por isso, a equipe teria que se expor e atuar em campo aberto, deixando sua posição vulnerável a ataques do inimigo. No caso de um pedido de ajuda, a única via de acesso até o local para os veículos norte-americanos seria essa estrada principal, onde o risco de explosivos era extremamente alto. As unidades do Exército teriam que encarar um grande perigo ao tentar nos ajudar. De fato, talvez a Força de Reação Rápida nem conseguisse chegar à nossa posição. Claro, os explosivos também ameaçavam bastante os SEALs e os soldados iraquianos que circulavam nos veículos que entravam e saíam da área.

"Resumindo", Leif concluiu. "É muito difícil que uma operação de repressão a ataques com morteiros e explosivos na área do C-Lake dê certo. Mas os SEALs e os soldados iraquianos encarregados da operação, bem como as tropas do Exército responsáveis pelo suporte, correrão um risco extremamente alto."

Era evidente que Leif, Tony e os demais líderes do Pelotão Charlie haviam feito seu dever de casa. Até onde eu sabia, eles não eram nada avessos a riscos, como provaram várias vezes naqueles meses em Ramadi. Eles queriam despachar o maior número possível de insurgentes para proteger os corajosos Soldados e Fuzileiros norte-americanos de ataques mortais como aqueles. Mas, pelo que entendi da análise, não havia nenhum modo de prever as origens dos ataques, ou seja, a posição da nossa equipe de vigilância seria completamente aleatória. Basicamente, seria como procurar uma agulha no palheiro. Mesmo que soubéssemos onde fixar a posição, diante do número reduzido de pontos com boa cobertura e pouca visibilidade, o inimigo não teria dificuldades para nos encontrar. Além de tudo isso, como não era possível monitorar a extensão total da estrada principal, não poderíamos evitar totalmente a instalação de explosivos.

Leif continuou: "Diante de todos esses contras e por maior que seja nossa vontade de cooperar com o comandante da brigada, não sei se vale a pena. O risco é muito maior que o benefício."

Ele estava certo. Por maior que fosse nossa vontade de cumprir a missão, combater o inimigo e eliminar os grupos responsáveis pelos ataques com morteiros e explosivos no C-Lake, a operação não valia a pena.

"Você tem razão", concordei. "É um alto risco para nós e para o pessoal do suporte, mas a probabilidade de um resultado positivo é muito baixa. Vou conversar com o comandante."

Eu tinha muito respeito e admiração pelo comandante da brigada. Ele e sua equipe confiavam tremendamente em nós e reconheciam os riscos frequentes que corríamos quando nossos atiradores de elite davam cobertura aos seus Soldados e Fuzileiros do alto das suas posições de vigilância. Mas concluí que, nesse caso, ele estava superestimando nossa capacidade de eliminar os ataques com morteiros e explosivos em C-Lake. Naquela noite, atravessei a base e lhe expliquei a situação. Ele compreendeu tudo, e conversamos sobre outras estratégias para resolver o problema, como solicitar cobertura aérea contínua e instalar uma operação permanente na área — uma série de postos de controle e postos avançados de combate para estabilizar a situação. Como eu, o comandante sabia que, embora a agressividade seja uma excelente atitude-padrão, deve ser aplicada com cautela e criteriosamente para não propiciar ações com riscos excessivos e benefícios insuficientes.

Princípio

Os problemas não se resolvem sozinhos — o líder deve ser agressivo e implementar uma solução. Ser passivo demais e esperar que uma solução apareça muitas vezes permite que o problema piore e saia do controle. O inimigo nunca quer recuar — o líder deve ser agressivo e dominá-lo. Uma boa jogada comercial não baterá na porta da empresa — o líder tem que fazer acontecer. As mudanças e novas metodologias não serão implementadas automaticamente na equipe — os líderes precisam implementá-las agressivamente.

A mentalidade agressiva deve ser o modo-padrão do líder. Padrão: agressivo. Os melhores líderes e equipes não esperam para agir. Em vez disso, com base na visão estratégica (ou no intuito do comandante), eles executam agressivamente, superam obstáculos, aproveitam oportunidades imediatas, cumprem a missão e vencem.

Em vez de esperar por ordens, o líder agressivo é proativo, ele busca formas de avançar na missão estratégica. Ele compreende o intuito do comandante e o executa quando tem autoridade suficiente. Nas decisões que excedem sua posição na hierarquia ou sua autoridade, os líderes agressivos comunicam a questão para seus superiores e executam tarefas essenciais para obter vitórias estratégicas. Entre os SEALs dos pelotões e unidades de tarefas, essa conduta deve ser observada pelos líderes em todos os níveis e se aplica até ao combatente na linha de frente, responsável apenas por si mesmo e pela sua pequena fração da missão. Mas essa mentalidade é fundamental para o líder de qualquer equipe ou organização. É tão importante para o sucesso nos negócios quanto no campo de batalha.

O termo "agressivo" significa proativo. Essa característica não significa que o líder fique irritado, perca a paciência ou seja áspero com seus subordinados. A liderança deve sempre proceder profissionalmente com a equipe, colegas, superiores, clientes e funcionários em cargos de apoio. Manifestar irritação em conversas é uma atitude ineficaz. Perder a paciência é um sinal de fraqueza. A agressividade vencedora no campo de batalha, nos negócios e na vida não é a direcionada para as pessoas, mas para a resolução dos problemas, a concretização dos objetivos e o cumprimento da missão.

Também é fundamental equilibrar a agressão com uma análise criteriosa que determine e mitigue os riscos. O modo agressivo também tem sua dicotomia porque, às vezes, o líder que hesita compreende melhor uma situação e reage de forma mais adequada. Em vez de responder imediatamente ao fogo inimigo, às vezes, a decisão mais prudente é esperar e acompanhar o desenvolvimento da situação. É um simples fogo de reconhecimento? É uma finta do inimigo para dissimular o ataque real? O inimigo está tentando atraí-lo para uma área sem saídas, onde há uma força superior esperando para emboscá-lo? Um momento de cautela e análise pode revelar as verdadeiras intenções do inimigo. Ser excessivamente agressivo e não avaliar as situações criticamente é ser imprudente. Essa postura pode conduzir a equipe ao desastre e ameaçar a missão estratégica. Ignorar orientações prudentes de uma pessoa experiente que pede cautela, minimizar ameaças expressivas e não se planejar para contingências prováveis são condutas insensatas. Isso é má liderança.

Um dos principais fatores por trás da imprudência é o que os historiadores militares chamam de "doença da vitória". Essa doença ocorre quando uma pequena série de sucessos no campo de batalha gera um excesso de confiança na capacidade tática da equipe e estimula o grupo a subestimar o inimigo ou concorrente. Esse problema acomete não apenas a liderança de combate, mas todo tipo de líderes e equipes, em todos os setores do mundo dos negócios.

O líder tem o dever de lutar contra a doença da vitória para que a equipe, apesar do sucesso, nunca se torne complacente. O risco de uma ação deve ser cuidadosamente avaliado com relação aos possíveis benefícios do sucesso da missão. Além disso, no outro lado do ringue, o custo da omissão também tem que ser determinado.

Os líderes devem ser agressivos, mas também precisam tomar cuidado para não seguirem seu instinto de agir até o abismo. A dicotomia entre agressão e cautela deve ser equilibrada. Então, seja agressivo, mas nunca imprudente.

Aplicação no Mundo dos Negócios

"Pretendo montar uma equipe *agora* para lidar com o crescimento que virá nos próximos dezoito a vinte e quatro meses", disse a CEO, com grande entusiasmo. Ela era proprietária de uma pequena empresa que estava prestes a entrar em um período de rápida expansão. O dono anterior mantivera o empreendimento em banho-maria nos últimos cinco anos, até se aposentar.

Desde que a CEO assumira a empresa, sua agressividade só vinha aumentando — e conquistando mais clientes. Ela estava trabalhando duro e orientando sua equipe a seguir pelo mesmo caminho. A empresa previa um crescimento muito expressivo nos próximos dois anos, mas precisava de ajuda para lidar com essa expansão. Então, a Echelon Front foi contratada para assessorar a CEO e preparar a liderança da equipe. Sem dúvida, parecia que ela e a empresa estavam no caminho certo.

No entanto, a CEO tinha que encarar obstáculos bem complicados. Ela gastara a maior parte do seu patrimônio na compra da empresa, que o proprietário anterior repassara com um baixo fluxo de caixa. Então, somando suas finanças pessoais e o balanço patrimonial preocupante da empresa, quase não havia capital de giro.

Além disso, havia problemas mais típicos. Como é comum no setor de vendas, a empresa, especializada em itens customizados, tinha uma grande lista de possíveis clientes, mas só convertia uma pequena fração deles em vendas efetivas. O prazo entre o recebimento dos pedidos e o pagamento era muito longo. Esse intervalo incluía as fases de projeto, teste, aprovação e fabricação, bem como o transporte frequente entre a fábrica, situada na Ásia, e a empresa. Essa situação gerava atrasos extensos e dispendiosos entre a assinatura dos contratos e a realização dos pagamentos pelos clientes.

A CEO continuou matraqueando seu plano: "Consigo ver claramente o futuro. A lista de possíveis clientes está aumentando, as indicações estão crescendo, a taxa de vitória da equipe está subindo. Vamos explodir no ano que vem, e quero que a equipe dê conta do recado. Modo agressivo padrão, certo?", ela perguntou, referindo-se ao princípio da liderança de combate que eu havia discutido com ela e a equipe alguns dias antes.

"Sem dúvida", respondi. "Modo agressivo padrão!"

Sempre apreciei esse tipo de atitude. Naquela tarde, ela me explicou o plano em detalhes: quais posições ela duplicaria, quais cargos ela criaria e como ela estruturaria a empresa. Foi impressionante. Ela tinha uma ótima visão para o futuro da organização e previa uma grande capacidade de executar pedidos e entregar resultados no mesmo ritmo que seus principais concorrentes.

Para acomodar essa expansão da equipe, ela estava em busca de novas instalações para a empresa ou, pelo menos, de um terreno adjacente para ampliar o prédio atual. No entanto, a CEO parecia mais disposta a se mudar para um novo local, com um visual mais profissional. A localização atual estava em péssimas condições, resultado daqueles anos ruins para os negócios, e o prédio não passava uma imagem de qualidade. A CEO sabia o valor das primeiras impressões e estava determinada a resolver a situação.

"O novo local poderá ser bastante ampliado", ela explicou. "Sei que vamos precisar disso!"

Essa mentalidade agressiva era como música para os meus ouvidos, e a atitude dinâmica e entusiasmada da CEO me envolvia completamente.

"Excelente", eu disse e redobrei minha aposta nessa atitude: "Se você preparar o terreno, montar a infraestrutura e posicionar as pessoas corretamente, o mundo será seu no ano que vem."

Nesse ponto, cheios de entusiasmo, fizemos um "toca aqui!" como dois amigos do ensino médio que acabaram de ganhar o campeonato estadual de basquete.

Foi uma ótima maneira de terminar a reunião. Naquele dia, saí do prédio ansioso para o próximo encontro, na semana seguinte.

Mas, a caminho do aeroporto para pegar o voo de volta, a comoção passou, e eu percebi que estava muito envolvido com a empresa: eram boas emoções, mas emoções demais. Eu estava empolgado com o entusiasmo da proprietária e com sua mentalidade agressiva. Por isso mesmo — para o sucesso da CEO e da empresa no longo prazo —, eu precisava moderar minhas reações.

Quando cheguei em casa naquela noite, enviei um e-mail agradecendo pela excelente reunião. Elogiei sua atitude, mas logo regulei esses pensamentos. Destaquei que, antes de tomar decisões muito radicais, era necessário fazer uma análise séria e objetiva da situação financeira e uma previsão conservadora para o capital de giro, o potencial de crescimento e o aumento das despesas gerais da empresa, em curto e longo prazo. Pedi que ela providenciasse esses dados para que pudéssemos discuti-los na reunião da próxima semana.

Quando a encontrei na semana seguinte, ela ainda estava entusiasmada, o que era ótimo. Mas eu tinha que me manter moderado, sem me deixar levar pelo entusiasmo e pela agressividade. Ela não podia atuar de modo muito agressivo nem imprudente.

"Acho que podemos prosseguir", a CEO disse ao me conduzir para sua sala, onde já aguardavam o diretor financeiro e o diretor de recursos humanos.

"Ótimo", respondi. "Vamos conferir os números."

O diretor financeiro mostrou alguns slides com as projeções financeiras da empresa. Para resumir, o limite era muito estreito — estreito demais para eu me sentir confortável. Mas talvez fosse possível.

De repente, notei uma palavra no gráfico de previsão de vendas: "Elásticos."

"O que significa esse 'elásticos' aí? São seus objetivos elásticos?", perguntei.

Ela vacilou um pouco, mas confirmou: "Bem, eles são mais ou menos isso. Mas, com a expansão da nossa força de vendas, vamos atingi-los."

"Você está falando da força de vendas que ainda não foi contratada, testada, treinada nem avaliada?", perguntei, cada vez mais preocupado.

"Bem, ainda não, mas...", ela respondeu, sua voz sumindo gradualmente.

"Sabemos que nada disso é fácil para os vendedores", eu disse. "Isso vale para a contratação, o treinamento e, sem dúvida, a avaliação. Em todos os setores, os novos vendedores têm dificuldades no início. Então, se você pretende atingir objetivos elásticos com uma força de vendas idealizada, vai ter grandes problemas."

"Bem, pode demorar um pouco mais para chegar lá, mas vamos conseguir", disse a CEO, hesitando. "Temos tempo."

"Você tem certeza?", perguntei. "Que tal conferir o orçamento novamente?", eu disse ao diretor financeiro.

Ele reproduziu os slides do orçamento na tela. Examinei os dados com mais atenção dessa vez.

"Os objetivos elásticos mal cobrem as despesas gerais e, quando esses custos fixos sobem, nada muda", observei.

"Mas a empresa tem que dominar o mercado no ano que vem", disse a CEO, tentando inconscientemente evocar minha admiração pelas posturas agressivas. Moderação: era do que eu e ela precisávamos.

"Sei disso", respondi. "Mas se os objetivos elásticos não forem atingidos em seis meses, vocês vão entrar no vermelho. Enquanto os pagamentos não vierem, a organização vai queimar o capital de giro. Claro, você pode contratar um empréstimo e procurar investidores, mas terá que rolar essa dívida para sempre. Além disso, se a tendência continuar e não houver recursos externos, em um ano, você vai estar com a corda no pescoço. Em dezoito meses, sua posição provavelmente será muito vulnerável a transações ruins com investidores e aquisições forçadas — ou, pior, a um pedido de falência."

"E se as metas forem atingidas sem que a empresa esteja pronta?", a CEO perguntou. "A ideia não é ser agressivo?"

"Bem... Você deve se preparar e ser agressiva. Mas ser agressivo não é jogar a prudência no lixo. Não corra riscos catastróficos que podem e devem ser mitigados. Não corra atrás de objetivos elásticos sem bases realistas. Você deve ser agressiva ao mitigar os riscos e viabilizar o sucesso da empresa no longo prazo. Seja agressiva ao preservar seu controle total sobre a organização. Seja agressiva ao definir o orçamento e se planejar para as contingências. São nesses pontos que você precisa empregar sua agressividade. Caso contrário, você, sua dedicação, sua equipe e sua empresa estarão em risco."

A CEO concordou; ela estava começando a entender meu ponto de vista.

Continuei: "Você lembra que, quando expliquei o modo agressivo padrão para a equipe de liderança, eu disse que essa postura não consiste em ser ofensivo com o grupo? Que gritar não ajuda na liderança? Claro, há momentos em que você tem que ser firme com as pessoas, mas isso sempre deve ser dosado. A agressividade é um ótimo atributo, mas pode sair do controle. Isso vale para essa situação. Ser agressivo e aumentar as despesas gerais não vai beneficiar ninguém. Na verdade, essa atitude só vai deixar a empresa vulnerável a todo tipo de riscos. Então, de volta à prancheta: vamos definir o estado final que você está tentando alcançar e criar um procedimento equilibrado para chegar lá. Em seguida, desenvolva um plano com pontos de verificação, gatilhos e ramificações para controlar e avaliar os riscos e aplicar estratégias de saída em caso de imprevistos."

A CEO concordou e sorriu. "Acho que sou um pouco agressiva demais. Você tem razão. Isso faz sentido. Definitivamente, há uma maneira de fazer isso com menos riscos e mais controle."

Logo depois, começamos a trabalhar. Formulamos um plano que implementou um aumento gradual da infraestrutura e do suporte, e a equipe não só cresceu, como também fez muitas vendas. O plano eliminou a mudança e a expansão do prédio atual, adiada até que a capacidade fosse efetivamente ultrapassada. A CEO também cortou algumas despesas: redimensionou parte do armazém que estava ociosa e demitiu um dos três gerentes de contas que ainda não fechara muitas vendas. Quando ela me informou sobre as mudanças no plano, sorri.

"Gostei de ver", eu disse.

"Eu também", a CEO admitiu. "Esse é um bom uso da agressividade: em vez de me preparar agressivamente para um futuro desconhecido, fui agressiva ao cortar custos e focar os resultados do exercício."

"E sabe o que mais?", ela perguntou.

"O que foi?", perguntei.

"Me senti muito bem com isso", ela respondeu, feliz por ter empregado sua agressividade na liderança da empresa e por ter feito a escolha certa, equilibrando sua postura agressiva com um raciocínio objetivo e uma mitigação criteriosa dos riscos.

Além de ser um dos principais snipers e líder dos praças do Pelotão Delta, da Unidade de Tarefas Bruiser, J. P. Dinnell também atuava como batedor. Essa era a função mais arriscada, pois ficava na vanguarda da patrulha com o objetivo de identificar ameaças e conduzir a equipe até o alvo ou local de destino. O Delta quase sempre era atacado por combatentes inimigos durante as diversas patrulhas realizadas ao longo da missão. Aqui, o bravo J.P. conduz o Pelotão Delta e um grupo de soldados iraquianos pelas ruas depois de uma missão de vigilância na região leste de Ramadi. Apesar das horas torturantes em meio ao calor iraquiano e dos constantes ataques do inimigo, J.P. mantém a disciplina: arma de prontidão e olhos atentos a ameaças.

(Fotografia de Samuel Peterson)

CAPÍTULO 7
Seja Disciplinado, mas Não Rígido

Jocko Willink

REGIÃO CENTRAL DE BAGDÁ, IRAQUE: 2003

Por que diachos está todo mundo fumando naquele Humvee?, pensei.

Quando olhei para o Humvee à minha frente, parecia que alguém jogara um cigarro para fora dele, e as brasas vermelhas agora criavam pequenas explosões na lateral do veículo e na rua. Logo depois, vi outro. Depois, outro. Segundos depois, caiu a ficha. Não eram brasas de cigarro atingindo o Humvee. Eram balas.

Pela primeira vez, eu estava sendo alvo de tiros — e nem tinha me tocado. O pelotão de SEALs integrava um comboio de Humvees que atravessava a região central de Bagdá rumo a uma parte conturbada da cidade. No início da Guerra do Iraque, os Humvees não eram blindados. Os veículos não tinham portas, e sua lataria era pouco espessa — as balas podiam atravessá-la facilmente. Eles não eram apropriados para ações de combate urbano, e as armas de pequeno porte representavam uma ameaça real.

Infelizmente, como não identificamos a origem do fogo inimigo, não revidamos. Cerca de dois minutos depois, chegamos ao local de destino, um pequeno posto avançado na região centro-norte. Depois que o comboio entrou no complexo, recebi uma chamada pelo rádio. Um dos SEALs fora atingido. Pelo rádio, o médico perguntou em qual veículo o ferido estava. Informaram que ele estava no veículo quatro. Desembarquei e fiz uma rápida avaliação visual da situação tática atual. Os veículos estavam em fila na via de entrada do posto. A estrada era paralela ao rio Tigre, que ficava à direita. Estávamos além do prédio principal do posto, protegidos pelas chamadas barreiras HESCO, grandes caixas de arame e tecido preenchidas com areia e cascalho. As barreiras HESCO se estendiam ao longo da margem do Tigre, mas, à medida que as via se distanciarem do prédio principal, o muro acabava. Isso não parecia uma grande ameaça para mim, já que o Tigre tinha uma largura razoável e, provavelmente, não seria eficaz disparar com armas pequenas da outra margem.

Depois de confirmar a situação, fui ao veículo quatro para verificar o estado do SEAL ferido. No pelotão, ninguém havia sido alvo de tiros nem baleado antes. Mas eu estava tranquilo, pois sabia que o oficial médico avaliaria rapidamente o ferido e começaria a tratá-lo. Além disso, o 28º Hospital de Apoio ao Combate estava a menos de dez minutos de distância da nossa posição, como havíamos definido no planejamento de contingência.

Por sorte, isso não foi necessário. O ferimento era leve — um candidato a milagre. Uma só bala, que provavelmente ricocheteara e perdera muito da sua potência, atingira a cabeça do SEAL, penetrando na pele, mas sem perfurar o crânio. O projétil descreveu um arco dentro da cabeça dele, entre a pele e o crânio. O oficial médico examinou o ferimento de entrada e, depois de localizar a bala, literalmente, a empurrou de volta até lá; então, ele espremeu a ferida, e a bala saltou para fora. Sem problemas.

Estávamos resolvendo a situação, com o oficial médico recomendando transportar o ferido para o hospital por precaução, quando ouvi um alerta pelo rádio.

"Estamos sob ataque!", alguém disse pelo canal aberto do pelotão.

Eu e os outros caras nos agachamos atrás do Humvee.

Prestamos atenção aos sons e conferimos o local para descobrir o que estava acontecendo. Ouvi algo parecido com tiros, mas não tive certeza.

Nesse ponto, o caos teve início. Percebi que os SEALs estavam olhando em direções diferentes. Circulando entre as posições sem nenhum motivo. Apontando armas e lasers para todos os lados. Usando os Humvees como cobertura sem nenhum critério. Todos estavam tentando fazer alguma coisa, mas não sabiam ao certo o quê. Eu, claro, era o culpado por isso. Eu era o líder e precisava orientá-los. Mas, a essa altura, nem eu sabia que orientação deveria dar. Então, recorri a uma técnica que aprendi com um antigo comandante de pelotão: em caso de dúvida, pergunte. Não é preciso ter vergonha disso — até porque é mais constrangedor tomar uma decisão ruim só por ter um ego grande demais para fazer uma pergunta.

"De onde vem o ataque?", berrei.

"Do outro lado do rio!", alguém gritou de volta. Isso era bom. Agora eu tinha uma informação com a qual trabalhar. Mas só houve uma resposta, e não era assim que os SEALs operavam. Nas Equipes SEAL, todo comando verbal deve ser repetido por cada membro para que todos sejam informados. Mas, como "do outro lado do rio" não era um comando verbal padrão — nem atendia ao formato padrão de transmissão de informações —, ninguém o repetiu. Isso indicava que nem todos conheciam o foco do ataque. Consequentemente, o pelotão ainda estava confuso e sem iniciativa. Alguns SEALs haviam desembarcado dos Humvees e tomado posição para revidar; outros, como os motoristas e os metralhadores, permaneceram nos veículos.

Eu tinha que resolver a situação, e rápido. Os Humvees estavam além da barreira HESCO, e a maioria dos SEALs e veículos estava exposta ao rio e ao fogo do inimigo. Todos tinham que se proteger atrás das barreiras HESCO — não havia tempo a perder. Por uma fração de segundo, triturei meu cérebro para bolar um plano. Eu precisava de um método para comunicar o plano a todos pelo rádio. Uma longa explicação seria muito complicada para uma transmissão verbal. Eu não sabia ao certo o que fazer.

Então, percebi que já havíamos visto esse cenário antes, durante o treinamento. As simulações de patrulhas eram totalmente diferentes, mas o mesmo procedimento poderia ser aplicado aqui — e todos os SEALs do pelotão o conheciam. Então, decidi usar os comandos verbais que orientavam nossos procedimentos operacionais padrão para ações terrestres.

Com base na posição dos Humvees, o foco do ataque estava à direita. Então, agi.

"FOCO À DIREITA!", gritei. Como os SEALs estavam acostumados a ouvir e repetir esse alerta-padrão, transmitiram a informação. Agora todos sabiam onde estava a ameaça.

Em seguida, para que todas as armas se voltassem para a ameaça, gritei: "PREPARAR!" Esse era outro alerta-padrão, e todos o repetiram enquanto miravam a outra margem do rio. Em poucos segundos, os SEALs estavam em posição, com as armas apontadas para o foco do ataque.

Por fim, gritei: "PELA DIREITA!" — o comando que orientava a tropa a se mover para a direita com base na direção do foco, o que nos levaria de volta para a proteção das barreiras HESCO.

"PELA DIREITA!", repetiram os membros do pelotão. Imediatamente, os veículos e os SEALs começaram a se mover sistematicamente até a cobertura das barreiras HESCO. Em menos de um minuto, todos estavam protegidos atrás do muro e fora do alcance do inimigo.

O ataque não tinha sido nada demais. As balas disparadas foram mínimas e ineficazes. Não ocorreram outras baixas, e nenhum dos Humvees fora atingido. Nada demais. Só me lembro bem do episódio porque esse foi o primeiro ataque que sofri do inimigo. Nessa ocasião, aprendi uma lição muito importante: o poder dos procedimentos operacionais padrão. Sempre ouvi falar da sua importância, especialmente dos SEALs que serviram no Vietnã. Agora, eu a confirmara em primeira mão.

Mas a disciplina pode ser aplicada em excesso. Naquele momento, embora eu soubesse por que os procedimentos operacionais padrão eram importantes, ainda não me ocorrera que eles poderiam ser aplicados com disciplina demais — com uma rigidez excessiva.

Aprendi essa lição quando comandava a Unidade de Tarefas Bruiser. Estávamos no terreno acidentado do deserto do Vale Imperial, no sul da Califórnia, realizando nosso primeiro grande treinamento: o bloco de combate terrestre. Nesse bloco, aprendemos a atirar, nos mover e nos comunicar em equipe para cercar e destruir o inimigo, Cobrir e Mobilizar e neutralizar ataques hostis com nosso poder de fogo orgânico. Os SEALs desenvolvem todas as suas habilidades nesses exercícios. Mas, além de importante, esse bloco também é o mais difícil fisicamente, com patrulhas longas em terrenos acidentados e cargas muito pesadas. Durante os exercícios de ação imediata (manobras predeterminadas e ensaiadas de reação a ataques inimigos), os SEALs, atuando em exercícios dinâmicos e coordenados, têm que se levantar, se abaixar, correr, rastejar, rolar, pular e mergulhar sucessivas vezes. As manobras exigem muito do condicionamento físico dos participantes. Além disso, os líderes dos pelotões e unidades de tarefas também precisam *raciocinar*. Eles têm que analisar o terreno e localizar o foco inimigo (que corresponde à posição dos alvos reativos nas simulações com munição real e à posição dos inimigos cenográficos nas simulações com balas de festim). Os líderes devem optar rapidamente por atacar as posições inimigas ou recuar: a força adversária pode ser derrotada ou os SEALs devem sair do alcance do inimigo e se retirar da área? Depois de decidir entre lutar ou fugir, o líder determina uma ação tática e define a manobra que os SEALs executarão, um tipo de jogada ensaiada. Mas a ação não se desenrola em um estádio ou ginásio. Tudo ocorre em um campo de batalha, onde as vidas dos combatentes correm perigo (até mesmo nas simulações com munição real).

Depois de definir a situação, a equipe transmite as informações e executa a manobra. Na prática, as manobras são bastante mecânicas — essa é a ideia. Isso porque, nas simulações com munição real, ao sair do local indicado, o

SEAL pode facilmente ser morto por fogo amigo. Diante desse risco, os procedimentos-padrão são monitorados de perto pelos instrutores de treinamento e aplicados rigorosamente. Quando descumpre os procedimentos, o SEAL recebe documentos de violação de segurança. Após duas ou três violações de segurança, ele é avaliado pelo Comando Superior do Tridente e pode até perder o status de SEAL.

Nos primeiros dias de treinamento do bloco de operações de guerra terrestre, as ações imediatas são muito rudimentares. Os esquadrões e pelotões fazem manobras com movimentos simples, claramente definidos e premeditados em terrenos abertos e planos. As primeiras iterações não envolvem armas de fogo para que a comunicação seja clara e fácil. As manobras são fundamentais; sem analisar o terreno, os líderes só movem as peças sobre um tabuleiro. Tudo é bastante simples e direto para que os SEALs aprendam os procedimentos operacionais padrão, como seus movimentos individuais e sua função na manobra como um todo. Com as ações imediatas básicas bem ensaiadas, os esquadrões e pelotões passam para as manobras com munição real. Esses exercícios são mais complexos, pois os SEALs devem ouvir comandos verbais em meio aos sons das metralhadoras e fuzis e transmitir essas ordens para os outros membros do grupo. A adaptação não é muito demorada; o terreno plano facilita a execução das manobras.

Mas tudo muda quando os pelotões saem das planícies e vão para o deserto, onde encontram outeiros, ravinas, afloramentos rochosos, leitos de rios secos, arbustos e outras características típicas do semiárido. Ali, os líderes do pelotão precisam pensar e liderar de verdade. O terreno, quando analisado, compreendido e utilizado corretamente, fornece uma vantagem sem igual no campo de batalha. Cumes elevados são excelentes posições de tiro; rochas servem de cobertura; ravinas e depressões fornecem saídas para que o pelotão escape de ataques inimigos. Depois de mapear o local e criar um plano, o desafio da liderança é transmitir o plano para a equipe por meio de sinais verbais e visuais, em meio às dificuldades impostas pelo ruído, pela poeira e pelo terreno como um todo.

Na Bruiser, o Pelotão Delta teve alguns problemas nas primeiras ações diretas. Assim que o ataque simulado começava, o pelotão ficava paralisado. Nenhuma decisão era tomada. Os SEALs ficavam muito tempo na mesma posição, desperdiçavam munição e não avançavam nem se afastavam do inimigo. Isso era ruim. A regra é clara: "Ataque pelos flancos para não ser flanqueado." Suas manobras servem para atacar o inimigo e evitar as manobras dele. No campo de batalha, a estagnação é fatal, mas essa parecia ser a reação do Pelotão Delta em cada ataque simulado.

Como comandante da unidade de tarefas, eu era responsável pelo desempenho do pelotão. Depois de identificar o problema, passei a observar o comandante do Pelotão Delta, Seth Stone, durante os exercícios. Seth era um oficial relativamente inexperiente. Como Leif, ele havia servido em um navio da Marinha antes de receber autorização para participar do BUD/S; algum tempo depois, concluiu o programa básico de treinamento dos SEALs junto com Leif. Ambos eram formados pela Academia Naval, texanos, fãs de Johnny Cash e Metallica, trabalhadores extremamente dedicados e amigos muito próximos. Tive a sorte de tê-los como comandantes de pelotão.

Apesar disso tudo, ambos eram inexperientes. Os dois concluíram o BUD/S apenas dois anos antes de começarem a atuar como comandantes de pelotão na Bruiser; além disso, só haviam passado por um ciclo de treinamento antes do seu único turno no Iraque, onde permaneceram quase sempre dentro da base, dando suporte às missões em um centro de operações táticas, com pouco tempo no comando de ações de combate em campo. Com base nessa experiência, dificilmente eles seriam especialistas em ações táticas. Eu tinha que ensiná-los.

Como Seth precisava de ajuda, comecei a acompanhá-lo durante as ações imediatas. Era fácil segui-lo — fácil até demais. Seth estava aplicando os procedimentos operacionais padrão *sem nenhuma exceção*. Ele executava cada movimento recomendado. Quando chegava a sua vez de se levantar e avançar, ele se erguia e ia para o local determinado. Quando chegava a sua vez de tomar posição e abrir fogo, ele ficava em decúbito ventral e atirava — como um robô. Ele estava aplicando os procedimentos ao pé da letra, sem nenhum desvio ou avaliação crítica; esse era seu maior problema.

Parte do trabalho do líder consiste em antecipar os eventos e observar. Ao observarem, os líderes analisam o ambiente e o terreno, identificam posições inimigas e determinam a localização das tropas. Depois de observarem tudo isso, eles podem tomar suas decisões.

À medida que eu observava Seth, ficou claro que o erro dele era seguir os procedimentos-padrão com *muito* rigor. Se o líder se mover e tomar posição exatamente como indicado no padrão, talvez ele não fique no melhor lugar para analisar a situação. Ele pode ir parar em uma depressão, ou atrás de um arbusto ou rocha que impeça sua visualização, ou fora do campo de visão do pelotão. O líder pode tomar uma posição essencial para dar cobertura a outros membros da equipe. Nesse caso, em vez de liderar e orientar o grupo, ele terá que atirar. Essas situações são problemáticas.

Seth não compreendia que os procedimentos operacionais padrão eram diretrizes gerais e não regras estritas de conduta. Embora o objetivo desses procedimentos rígidos fosse garantir a segurança, Seth não percebia como o padrão também era extremamente flexível.

Claro, os procedimentos contêm pontos inflexíveis. Por exemplo, os indivíduos não podem se mover lateralmente no raio de ação dos outros atiradores para não obstruir o campo de tiro deles ou, pior, entrar no campo de tiro e ser atingidos. Mas, atrás da linha de fogo, os indivíduos podem se movimentar com relativa liberdade, especialmente os líderes. Atrás da linha de fogo, os líderes podem ir para a esquerda e para a direita a fim de determinar a localização da tropa e transmitir informações. Podem recuar ainda mais para procurar saídas. Podem até substituir os atiradores na linha de fogo para se movimentar e procurar recursos mais vantajosos no terreno. O líder não só *pode* como *deve* proceder dessa forma. Se ele não se movimentar, observar nem analisar a situação para tomar as melhores decisões possíveis, estará fracassando como líder e prejudicando a equipe.

Na iteração seguinte, eu disse a Seth que o acompanharia para dar instruções. Saímos em formação de patrulha rumo ao local onde os alvos apareceriam para confrontar o pelotão. Eu caminhava ao lado dele, mas fora do seu campo de tiro, para não atrapalhá-lo. O Pelotão Delta patrulhava uma ravina com formações de rocha e terra nas duas margens. Aquele exercício fazia parte do treinamento, mas, naquelas simulações de alto risco no deserto, com munição real, temperaturas escaldantes, suor, fadiga, instrutores criticando cada movimento, o suspense de alvos que apareciam subitamente em posições imprevistas e a pressão constante sobre as decisões, o nível de tensão era extremamente alto.

Finalmente, os alvos automatizados apareceram, e ouvimos o *pop-pop-pop* dos tiros simulados. Seth começou com força total e atacou os alvos, logo atrás do batedor do Pelotão Delta J. P. Dinnell. J. P. era um SEAL muito competente, de compleição forte e ligado sempre no modo agressivo padrão. Ele era um cara especial. Com apenas vinte e dois anos, ele era um líder natural e estava sempre disposto a assumir o comando, como fez muitas vezes durante a Batalha de Ramadi. Ele também era extraordinariamente corajoso — o que ficava muito claro em combate. Durante um violento confronto armado no distrito de Malaab, na região leste de Ramadi, ele não hesitou em arriscar sua vida, correndo por uma rua aberta, sob pesado fogo inimigo, para salvar um sargento artilheiro dos Fuzileiros que havia sido ferido; por esse episódio, J. P. recebeu medalha da Estrela de Prata. Mas, durante o treinamento, J. P. foi rápido ao sacar sua metralhadora para conter o ataque "inimigo". O resto do pelotão tomou posição e abriu o campo de tiro, alternando entre esquerda e direita durante toda a patrulha.

"CONTATO À FRENTE!", Seth gritou, alertando a todos que os alvos inimigos estavam em frente à patrulha. Um a um, os membros do pelotão repetiram o alerta, e gritos de "CONTATO À FRENTE!" ecoaram pela tropa.

Observei Seth. Ele sabia que eles estavam em uma área canalizada, que o poder de fogo do grupo era limitado e que as manobras eram restritas pelas paredes da ravina, e tomou sua decisão.

"RETIRADA EM CENTER PEEL!", ele gritou. Essa era a decisão certa e, de fato, a única opção naquela situação. O pelotão antecipou a ordem e rapidamente a transmitiu para todos.

"RETIRADA EM CENTER PEEL!"

Logo depois, o Pelotão Delta iniciou o processo de Cobrir e Mobilizar em um exercício criteriosamente coordenado. Alguns SEALs abriram fogo pesado; outros se levantaram e recuaram, para se afastar do ataque inimigo. Tudo ia bem, até chegar a vez de Seth se mexer.

Seth passou por todo o pelotão até chegar à ravina e à posição que, tecnicamente, deveria ocupar, de acordo com os procedimentos operacionais padrão. Lá, ele parou em frente à parede da ravina. Eu acompanhei enquanto ele olhava para a muralha de pedras e terra, poucos metros à sua frente.

"O que você está vendo?", perguntei.

"Quase nada", ele disse, balançando a cabeça.

"Como você vai definir um modo de liderar o pelotão se não consegue ver nada?", perguntei, em tom incisivo.

Seth ficou calado por um momento.

"Não tenho ideia", admitiu.

"Então, é hora se mexer", eu disse.

Agora, ele estava bastante confuso.

"Me mexer?", Seth perguntou. Os procedimentos determinavam sua posição, e ele tinha cumprido todos à risca. Seth não se sentia capaz de contrariar as regras. Mas, seguindo o padrão, ele agora estava encarando uma parede de ravina, sem conseguir ver nada. Sem saber o que estava acontecendo, ele não poderia liderar. Então, eu o orientei a ignorar esse procedimento.

"Sim. Pode se mexer", eu disse.

"Mas e os procedimentos?", Seth perguntou.

Seth ficou apreensivo, pois esse desvio da norma poderia prejudicar o fluxo da manobra. Mas ele ainda não havia compreendido que os procedimentos não eram absolutamente inalteráveis, especialmente para o líder. Então, dei-lhe uma breve explicação:

"Contanto que você fique dentro do campo de visão do último combatente, pode se movimentar para ver o que está acontecendo e definir os próximos passos. Você é o líder! Tem que encontrar uma saída."

Como comandante do pelotão, uma das funções de Seth era encontrar uma "saída" — um elemento do terreno que oferecesse ao grupo uma forma de escapar do fogo inimigo e ocultar sua movimentação.

"Compreendido", Seth respondeu. Ele então avançou mais dez metros pela ravina; logo, outro SEAL preencheu sua posição, como esperado. Essa característica das manobras permite ao líder se movimentar, conferir e analisar o terreno. Quando ele sai da posição-padrão, alguém a ocupa logo em seguida.

Mas Seth ainda não conseguia encontrar uma saída e já estava quase fora do campo de visão do último SEAL, parado em sua posição anterior.

"Ainda não estou vendo nada, mas já me distanciei muito", ele destacou.

"Sem problema", respondi. "Espere o próximo cara voltar e diga para ele preencher a posição; daí você pode avançar mais."

Seth concordou e abriu um sorriso para mim. Ele estava começando a entender: a liderança não consiste em seguir um procedimento ao pé da letra, mas em raciocinar e fazer as escolhas mais acertadas para apoiar e liderar a equipe.

"Vá para lá!", Seth berrou, apontando uma posição para um SEAL que descia a ravina em sua direção. "Vou achar uma saída!"

O SEAL tomou posição. Seth avançou um pouco mais em busca de uma saída. No entanto, não viu nada.

"Fique ali!", ele gritou para outro SEAL que se aproximava pela ravina, apontando para o local onde ele deveria tomar posição. Seth então começou a avançar novamente para procurar uma saída da ravina.

Finalmente, ele encontrou uma saída: havia outra ravina que se estendia para a direita, para longe da rota atual do pelotão. Era uma boa opção para aumentar a distância entre eles e o inimigo e protegê-los de possíveis ataques.

Ele tomou posição no canto da saída. Quando outro SEAL se aproximou pela ravina, Seth gritou: "SAÍDA AQUI! SAÍDA AQUI", enquanto apontava para a direita. O SEAL seguiu na direção indicada por Seth, e logo o resto do pelotão também entrou na outra ravina e se distanciou do ataque inimigo. Eles continuaram se deslocando nessa direção por cerca de cem metros.

Seth se voltou para mim. Ele ficou calado, mas sua expressão dizia tudo. Ele não sabia o que fazer agora.

"Você saiu do alcance do ataque?", perguntei; queria saber se ele achava que o inimigo ainda era uma ameaça. Os caras estavam se movimentando sem atirar, ou seja, eles não podiam mais ver o inimigo e não o consideravam mais uma ameaça.

"Com certeza", ele respondeu.

"Ok", eu disse. "Então, do que você precisa agora?"

Seth captou na hora a minha mensagem.

"Uma contagem", ele disse.

"Sim. E depois?", perguntei.

"Temos que nos distanciar mais do inimigo", ele respondeu, confiante.

"Ok", eu disse. "Pode ir em frente."

"Compreendido", ele respondeu, já ocupando seu lugar como um líder mais determinado.

Seth levou a patrulha um pouco mais longe, mas sem se apegar aos procedimentos operacionais padrão. Ele logo encontrou uma pequena depressão que podia acomodar o pelotão inteiro. Seth se instalou no meio dela e fez o sinal de "perímetro" quando os SEALs começaram a chegar. Assim que viam o gesto, eles se dirigiam para pontos específicos na área. Em um minuto, todo o Pelotão Delta estava em posição, e suas armas cobriam todas as direções. Seth recebeu um sinal de positivo dos líderes dos esquadrões, indicando que eles fizeram uma contagem completa — com todos os SEALs presentes — e que estavam prontos para avançar. Seth foi até J. P. e o autorizou a conduzir a patrulha pelo terreno, fora do alcance do inimigo.

Em uma só ação imediata, a capacidade de liderança do Seth aumentou exponencialmente, e, como resultado, o Pelotão Delta obteve um excelente desempenho. Seth compreendeu que os procedimentos operacionais padrão não são leis inflexíveis, mas diretrizes que devem ser equilibradas, adaptadas e aplicadas com bom senso. Todos têm que aprender a equilibrar essa dicotomia, especialmente os líderes.

Quando recebeu o sinal de Seth, J. P. Dinnell saiu da sua posição no perímetro e conduziu a patrulha pelo terreno, em busca de ameaças. Seth seguiu logo atrás dele, tomando posição como líder da patrulha. Os demais membros do Pelotão Delta também seguiram Seth, como fizeram várias vezes pelas ruas de Ramadi.

Princípio

O lema "Disciplina É Liberdade" é excelente para o desenvolvimento individual e coletivo, mas uma disciplina excessiva pode inibir a iniciativa dos líderes e membros da equipe. Procedimentos operacionais, processos padronizados e metodologias consistentes são úteis para todas as organizações. Uma equipe bem disciplinada tem mais liberdade para atuar e implementar ajustes pontuais nos planos existentes. Para executar uma missão ou tarefa, em vez de elaborar um plano do zero, a equipe pode seguir os procedimentos operacionais padrão e formular uma base de planejamento. Os SEALs têm procedimentos para praticamente tudo: formas de estacionar e carregar os veículos, formações de patrulhas (com veículos ou a pé), metodologias para limpeza de prédios, tratamento de prisioneiros e combatentes feridos e assim por diante. Mas esses padrões não limitavam nossas ações no campo de batalha. Pelo contrário, eles nos davam liberdade. Os procedimentos serviam como ponto de referência para ações rápidas.

Mas deve haver equilíbrio. Em algumas organizações, nos setores militar e civil, os líderes aplicam um número excessivo de procedimentos operacionais padrão. Eles estabelecem processos estritos que desencorajam a iniciativa e a habilidade críticas dos líderes subordinados. Esse fator pode prejudicar o desempenho da equipe e a missão, frustrando a eficácia da liderança em todos os níveis da organização.

Os procedimentos devem ser aplicados com bom senso diante das mais diversas situações e deixados de lado sempre que necessário para *permitir* a implementação de soluções alternativas, novas ideias e ajustes nos processos com base no contexto. Se a disciplina for estrita demais, os membros da equipe serão incapazes de fazer ajustes, se adaptar e usar seus ativos mais preciosos (seus cérebros) no desenvolvimento de soluções específicas para problemas que ultrapassam os limites da solução-padrão.

No limite, a disciplina excessiva — um grande número de processos e procedimentos padronizados — inibe toda a iniciativa dos subordinados. Em vez de assumir o controle e implementar as mudanças necessárias, os líderes, presos a procedimentos rígidos, se limitam a aplicar os padrões, mesmo quando isso obviamente traz resultados negativos.

Portanto, é essencial que o líder encontre um equilíbrio entre a disciplina estrita dos procedimentos-padrão e a liberdade de se adaptar, ajustar e atuar para concretizar o intuito geral do comandante e obter a vitória. Então, como líder, em combate, nos negócios e na vida, seja disciplinado, mas não rígido.

Aplicação no Mundo dos Negócios

A vice-presidente de vendas tinha garra. Ela era agressiva, inteligente e experiente. Por ter vindo de baixo, ela conhecia toda a empresa, cujos produtos eram consistentes e traziam um benefício real para os clientes.

Mas nem tudo é perfeito: a empresa registrara quatro meses consecutivos de quedas nas vendas, e o CEO contatou a Echelon Front em busca de orientações e auxílio para avaliar a situação. Logo que cheguei, fiquei impressionado com a vice-presidente, mas também percebi sua frustração.

"Qual é a situação?", perguntei.

"Não chegamos nem ao nível mínimo!", ela respondeu, sorrindo, mas sem perder a seriedade.

"Fui informado disso", eu disse. "O que você acha que está acontecendo?"

Ela pensou um pouco antes de responder.

"Bem, não posso afirmar com absoluta certeza. O ano passado foi fantástico. Nada deu errado. Os gerentes regionais mobilizaram as equipes de vendas, oferecendo treinamento e obtendo excelentes resultados. Os vendedores atuaram a todo vapor."

"Isso parece bom", eu disse.

"E foi", ela continuou. "Até que veio novembro, que costuma ser um mês difícil para nós, e depois dezembro. Nosso produto é prático: eficiência e segurança doméstica — não é exatamente o que as pessoas pedem para o Papai Noel."

"Não chega nem perto", eu concordei.

"Como nosso objetivo era conservar o nível das vendas e os lucros durante esse período, a equipe de liderança atuou de forma muito agressiva; ligamos o modo agressivo padrão, como você diz", continuou a vice-presidente.

Tive que sorrir, pois percebi que ela havia compreendido os conceitos fundamentais que eu abordava com frequência.

"Perfeito", eu disse. "Como vocês empregaram essa agressividade?"

"Fomos agressivos em todos os sentidos", ela respondeu. "Intensificamos o treinamento das equipes e o monitoramento das chamadas de vendas. Otimizamos o modelo de precificação para aumentar a margem e começamos a acompanhar (e efetivamente coordenar) o número de chamadas diárias de cada vendedor."

"E qual foi o resultado?", perguntei.

"Não foi o resultado esperado", ela disse. "Bem, é difícil dizer. Em novembro deste ano, a empresa não foi tão mal quanto em novembro do ano passado, mas não chegou nem perto das nossas expectativas."

"Então, o que vocês fizeram?", perguntei.

"Dobramos as apostas", a vice-presidente disse.

"Dobraram as apostas em quê?", perguntei.

"Em tudo", ela disse. "Incrementamos os roteiros e a proficiência da equipe neles. Os vendedores memorizaram os roteiros perfeitamente. Todos ficaram muito afiados. Otimizamos ainda mais a precificação para obter uma margem maximizada em todas as vendas. Além disso, aumentamos a cota de chamadas dos vendedores. Reforçamos a disciplina da força de vendas como um todo", ela explicou.

"E então?", perguntei.

"Nada", ela disse.

"Nada?", perguntei, intrigado.

"Nada", ela declarou. "Em dezembro do ano passado, os resultados foram piores do que no ano anterior. Janeiro foi ainda mais difícil. Fevereiro e março registraram níveis baixos, e abril foi um dos piores meses em três anos, sendo que três anos atrás a empresa tinha metade do seu tamanho atual."

SEJA DISCIPLINADO, MAS NÃO RÍGIDO   177

"A situação é péssima", ela disse, em tom grave. "Mas o mercado vai bem. Nossos concorrentes estão indo bem. Só que estamos encolhendo com um produto muito melhor que o deles. Isso é absolutamente incompreensível."

"Realmente", concordei. "Agora vou fazer algumas sondagens." De fato, eu estava meio apreensivo, pois não sabia se era capaz de ajudar nessa situação.

Passei a semana seguinte conversando com os sete gerentes regionais à frente das equipes de vendas. Os grupos atuavam em dois centros, e cada equipe tinha entre cinco e quinze vendedores. Esses gladiadores telefônicos eram operadores de telemarketing profissionais e trabalhavam com leads obtidos por meio da internet, anúncios impressos e mala direta. Eram relativamente jovens e motivados, e alguns já haviam ganhado comissões de seis dígitos nos últimos anos. Os gerentes regionais — cuja função indicava que eles coordenavam vendedores em regiões específicas do país — também eram gente fina. Exceto um deles, todos já haviam atuado no telemarketing. A exceção era um profissional da área de relacionamento com os clientes que fora atraído pela remuneração. Todos conheciam muito bem a empresa, por experiência e por terem sido bem informados pela vice-presidente de vendas. Então, fui até os call centers para aprender mais. Em um deles, chamei quatro gerentes regionais para uma reunião a fim de apurar alguns fatos.

"O que vocês acham que está acontecendo?", perguntei, indo direto ao ponto.

"Não faço ideia", um deles disse.

"Nenhuma pista?", perguntei.

"Nada mesmo", respondeu outro.

"Nenhum palpite?", insisti, provavelmente já parecendo ansioso.

O grupo se sentou em silêncio por um momento, até que, finalmente, um dos gerentes falou:

"Tivemos muitas ideias. Analisamos todos os fatores de vendas possíveis. Achamos que as equipes talvez não estivessem apresentando o produto corretamente nem lidando de forma eficaz com as objeções; por isso, trabalhamos pesado até deixar os roteiros imbatíveis. Todos conhecem os textos como a palma da mão e não sabem falar outra coisa. Em dado momento, percebemos que os vendedores estavam fechando preços com muita facilidade e dando descontos desnecessários; com isso, a empresa perdia margens. Então, otimizamos essa parte também. Agora eles têm bem menos opções quanto ao preço. Também aumentamos em 30% a cota de chamadas diárias, e eles já estão cumprindo essa meta. Eles estão detonando tudo, mas a empresa não sai do lugar."

"Nenhum dos vendedores tem bons resultados?", perguntei.

"Não. Nenhum deles", comentou outro gerente. "Nossa cultura é de Responsabilidade Extrema, todo mundo aqui leu o livro. Acho que precisamos de novos recursos... Temos que incrementar a tecnologia para melhorar as coisas."

"Mas a vice-presidente de vendas me disse que o produto da empresa é claramente melhor que os dos concorrentes", destaquei.

"É isso mesmo", o gerente disse. "Mas o produto não tem nada *novo*. Precisamos de algo novo para vender, essa é a saída. Pode confiar: nossa força de vendas não pode fazer muito mais do que já está fazendo. A essa hora, eles estão trabalhando como máquinas naquele andar."

Concordei. Mas havia algo estranho ali, e eu não sabia ao certo o que era. "Tudo bem", eu disse. "Vou analisar a situação."

No dia seguinte, passei um tempo na linha de frente com os vendedores responsáveis pelas chamadas. Escutei as ligações e fiz algumas perguntas. Os operadores com quem conversei pareciam incrivelmente profissionais e confiantes. Eles seguiam os roteiros, mas falavam tão naturalmente que era difícil perceber que todos diziam exatamente a mesma coisa. No começo, fiquei impressionado. Muito impressionado. Parecia que cada vendedor merecia um Oscar pela sua atuação.

Mas eles levavam para casa só esse Oscar imaginário. Enquanto eu estive lá, ouvi todos os vendedores se dando mal em suas tentativas de fechar uma venda. Eles eram habilidosos nas apresentações, mas não saíam do zero. Quando chamavam a atenção de um possível cliente, na maioria das vezes, não conseguiam lidar com as objeções apresentadas, mesmo usando as respostas indicadas nos roteiros. Os vendedores que conseguiam vencer as objeções tinham muita dificuldade para definir os preços e encerrar a transação. Naquela manhã, só três vendas foram fechadas.

Finalmente, ao meio-dia, chamei alguns deles para almoçar. Fomos a uma lanchonete, fizemos os pedidos e sentamos para esperar.

"Então, o que está acontecendo?", perguntei, iniciando a conversa. "Vocês fazem um trabalho muito profissional, mas o volume de vendas está muito baixo. Alguém pode explicar isso?"

"Eu também queria saber!", disse um dos vendedores mais jovens. "É terrível. Nem sei se quero continuar trabalhando aqui se não conseguir fechar algumas vendas logo."

"Estou no mesmo barco", disse outro vendedor. "Se a situação não mudar, vou entregar os pontos."

O grupo inteiro concordou com ele.

"O que vocês estão fazendo de diferente em relação ao trabalho de seis meses atrás?", perguntei.

"Não acho que o problema esteja na nossa conduta; estamos sempre melhorando", disse Jonathan, um dos vendedores, em tom enérgico. "Estamos melhores. Estamos com os roteiros na ponta da língua, dominamos os preços e sabemos lidar com objeções. Estamos correndo atrás. Somos verdadeiras máquinas de vendas. Mas nada está dando certo."

A DICOTOMIA DA LIDERANÇA

Máquinas — essa foi a segunda vez que ouvi os membros da equipe de vendas sendo definidos como "máquinas". Notei, mas a ficha ainda não caíra.

"Se vocês estão fazendo tudo perfeitamente, o que está dando errado?", perguntei.

Por um minuto, a mesa ficou em silêncio até que, finalmente, Vijay, um dos vendedores mais experientes, resolveu falar: "É isso que estamos fazendo de errado."

"O quê?", perguntei.

"Isso", ele disse. "Estamos fazendo tudo perfeitamente, como máquinas, como robôs."

Boom. Captei na hora. Foi um tiro certeiro; Vijay estava certo.

"Perfeição demais? Como assim?", perguntou outro vendedor.

Prestei muita atenção em Vijay para confirmar se ele diria o que eu estava pensando.

"Fazemos tudo com perfeição. Lemos o roteiro. Respondemos às perguntas. Vencemos as objeções. Aplicamos sempre o modelo de precificação. Mas eu tenho uma pergunta: qual foi a última vez que vocês fizeram alguém rir do outro lado da linha?", Vijay perguntou ao grupo.

A equipe ficou atônita, e seu silêncio evidenciou a resposta. Havia muito tempo que nenhum deles conseguia arrancar uma risada de um possível cliente.

"Então, que tipo de conexão vocês estão estabelecendo com eles?", perguntei.

"É isso mesmo", disse Vijay. "Nenhuma."

"É possível que, nessa busca pela perfeição, vocês tenham ficado perfeitos demais e se transformado em máquinas, robôs?", perguntei.

"Todos sabemos qual é a reação diante de uma chamada de vendas feita por um robô. *Clique* — telefone no gancho", Vijay disse.

Ele tinha razão. Era isso mesmo. Ao tentar incrementar as vendas, a equipe de liderança fez o que achou certo. Os líderes embarcam no modo agressivo padrão e implementaram procedimentos e uma disciplina bastante estritos. Mas foram longe demais e impediram que a força de vendas se adaptasse ao contexto. Em vez de se ajustarem à reação de um cliente em potencial e estabelecerem algum tipo de conexão, os vendedores tinham que repetir o mesmo roteiro sucessivas vezes. Toda sua habilidade na leitura do roteiro era inútil, pois eles não mantinham conversas reais com os possíveis clientes.

Esse não era o único problema. Durante as sondagens, encontrei outros lapsos. Sem flexibilidade na estrutura de determinação dos preços, os vendedores não podiam fechar vendas que tinham potencial, mas que precisavam de um pequeno empurrãozinho. Sem autoridade para conceder descontos especiais nem modificar o preço, os vendedores muitas vezes tinham que recusar clientes interessados.

Finalmente, após o aumento da cota diária de chamadas e a implementação de um monitoramento rigoroso, os vendedores passaram a desistir muito facilmente das ligações. Assim que percebiam um indicativo de que não fechariam a venda, partiam logo para a próxima ligação para cumprir a cota diária e evitar medidas disciplinares. Isso era o oposto de incrementar o desempenho, que consistia em dispor de tempo suficiente para explicar o produto e construir um relacionamento com um cliente em potencial, ampliando, assim, a possibilidade de fechar a venda.

Com o feedback e essas informações, voltei a me reunir com a vice-presidente de vendas para conversar sobre o problema e a solução.

"Excesso de disciplina?!", ela perguntou, com um grande sorriso. "Nunca imaginei ouvir isso de você, Jocko!"

"Não digo isso com muita frequência", expliquei; eu merecia uma massagem no ego, pois enaltecia a disciplina o tempo todo. "Isso porque o normal é a falta de disciplina. Mas aqui o caso é totalmente diferente. Na linha de frente, os combatentes estão sem liberdade para demonstrar iniciativa, manobrar no campo de batalha, fazer ajustes e se adaptar à situação, que, nesse caso, é a conversa pelo telefone. Os vendedores não estão estabelecendo nenhuma conexão com os possíveis clientes. Estão reagindo como robôs, não têm autoridade para fazer concessões de preços a clientes difíceis e adotam uma postura mais transacional nas ligações (algo que não deveriam fazer em nenhuma hipótese) devido ao excessivo monitoramento da cota mínima de chamadas. Você é especialista em vendas: como se sentiria se tivesse que seguir o roteiro 100% do tempo?", perguntei.

Ela ficou calada por um momento enquanto a ficha caía.

"Isso dificultaria muito as vendas", ela admitiu. "Eu deveria ter pensado nesse efeito. Tanto o vendedor quanto o cliente são únicos. De fato, todas as chamadas são diferentes. A habilidade de estabelecer uma conexão pessoal por telefone é fundamental. Eu não soube valorizá-la. A culpa é minha, assumo a responsabilidade."

Sorri. "Sim, é isso mesmo", concordei. "A Responsabilidade Extrema não funciona porque você declama um slogan, mas porque você assume a responsabilidade pela resolução do problema."

"Sim, é isso que vou fazer", ela disse.

Nos dias seguintes, criamos um novo plano e um programa de treinamento que enfatizavam a conexão pessoal com o cliente em potencial (com a pessoa) no outro lado da linha e não a leitura de um roteiro. Além disso, a empresa alterou suas métricas. Em vez de priorizar o número de chamadas feitas, a organização passou a monitorar o tempo total das chamadas com clientes em potencial para incentivar boas conversas e, assim, aumentar as vendas. Finalmente, a estrutura de determinação de preços foi flexibilizada, e os vendedores ganharam maior autonomia para lidar com possíveis clientes interessados e fechar mais vendas.

Em pouco tempo, a vice-presidente de vendas implementou o plano, e os números melhoraram bem rápido. O equilíbrio entre disciplina e liberdade foi atingido — naquele momento —, e logo as coisas entraram nos eixos.

Aqui, o Pelotão Echo da Equipe SEAL Sete aparece em uma patrulha embarcada ao sul de Bagdá, em 2003. A velocidade e a postura agressiva intimidavam o inimigo... quase sempre.

(Fotografia de Jocko Willink)

CAPÍTULO 8
Responsabilize, Não Apadrinhe

Jocko Willink

BAGDÁ, IRAQUE: 2003

Ba-ba-ba-ba-ba-ba-ba-ba-ba!

A metralhadora M2 calibre .50 (carinhosamente chamada de Ma Deuce) abria fogo pela cidade, enfurecida. E não estava sozinha. O comboio de Humvees havia sofrido um ataque do inimigo, que disparara com armas leves de um prédio perto da rodovia em que estávamos. Isso ocorreu no outono de 2003, em Bagdá, logo no início da Guerra do Iraque. Os Humvees não eram blindados. Havíamos removido as portas dos veículos e virado os assentos para fora a fim de mirar e atacar possíveis ameaças. Essa prática também testava a eficiência das placas dos nossos coletes diante das balas disparadas pelo inimigo. Montada na torre, um buraco circular no teto dos Humvees, a Ma Deuce era operada por um SEAL que ficava com o peito e a cabeça expostos. Nos bancos traseiros dos veículos, havia SEALs armados com metralhadoras médias, instaladas em suportes articulados para viabilizar tiros precisos durante o deslocamento.

Assim que o tiroteio começou, uma chamada soou pelo rádio.

"Ataque à direita!"

Ao serem informados sobre o ataque do inimigo à direita, os SEALs logo apontaram suas armas e revidaram com sangue nos olhos. Dezenas de fuzis M4 e metralhadoras abriram fogo e lançaram munição traçante. Foi uma avalanche esmagadora de poder bélico que provavelmente causou um grande arrependimento naqueles combatentes inimigos.

Mas nossos disparos não interromperam nem diminuíram a velocidade do comboio. Enquanto atirávamos, ouvimos uma chamada pelo rádio:

"Atravessar, atravessar!" Isso indicava que deveríamos acelerar para sair da área de emboscada. Foi o que fizemos. Depois de rodar algumas centenas de metros, nos afastamos da armadilha e ouvimos pelo rádio um comando para interromper os disparos:

"CESSAR-FOGO!"

Voltamos para a base nos arredores do Aeroporto Internacional de Bagdá. Quando chegamos, abastecemos os Humvees para a próxima missão e fomos ao espaço do grupo para apresentar o relatório.

O relatório não tinha nenhum ponto importante. Por que teria? Aquela fora mais uma tentativa de emboscada do inimigo, outra vez aniquilado sem nenhuma baixa do nosso lado. No início da Guerra do Iraque, ainda não existia a insurgência com uma boa organização, financiamento e experiência em combate que a Unidade de Tarefas Bruiser enfrentaria em Ramadi três anos depois. Nessa época, o inimigo era formado por bandidos e elementos ligados ao regime de Saddam Hussein, que tentavam criar problemas para nós aqui e ali, sem nenhum sucesso. Éramos bem treinados e agressivos. Nossas missões criavam uma vantagem consistente sobre o inimigo. Em geral, as operações eram missões de "ação direta" e tinham como objetivo capturar ou eliminar os suspeitos de planejar e executar ataques contra as forças norte-americanas, as forças de segurança iraquianas e o governo interino do Iraque.

Coletávamos dados de inteligência e consultávamos várias fontes para confirmar a informação mais importante sobre os suspeitos de terrorismo: sua localização. Quando determinávamos sua localização, planejávamos a operação.

As ações eram muito objetivas. Os veículos paravam em um local predeterminado, e a patrulha seguia a pé até o alvo. Lá, a equipe recorria a vários procedimentos para penetrar no reduto do inimigo, como escalar os muros e arrombar os portões. Em poucos minutos, controlávamos o prédio inteiro e neutralizávamos todas as possíveis ameaças.

Claro, o planejamento de cada missão variava de acordo com o alvo. Adaptávamos os planos, táticas, técnicas e procedimentos para executar as operações, mas sempre com base nos princípios fundamentais da liderança de combate: Cobrir e Mobilizar, Simplificar, Priorizar e Executar e Descentralizar o Comando.

Cobríamos e Mobilizávamos ao manobrar com segurança até o alvo e voltar para a base. Essa tática básica, mas essencial, era aplicada em todas as nossas movimentações e planos. Aliás, sempre simplificávamos os planos. Embora às vezes surgissem oportunidades para aplicar táticas mais complexas, sempre escolhíamos a linha de ação mais objetiva, que a equipe era capaz de executar com maior precisão. Durante o planejamento, Priorizávamos e Executávamos para que o grupo focasse os aspectos mais importantes do alvo e direcionasse seus recursos para esse ponto. Por fim, nossos planos se baseavam na Descentralização do Comando. Os líderes novatos desenvolviam ações secundárias, que consolidávamos em um plano mais abrangente.

Além das Leis do Combate, executávamos ações furtivas, imprevistas e violentas para obter vantagem sobre o inimigo sempre que possível. Nosso objetivo nunca era equilibrar o combate, mas fazer tudo ao nosso alcance para maximizar essa superioridade em relação ao adversário.

Em geral, nossas táticas deixavam o inimigo atônito e incapaz de se defender com inteligência. Como ninguém no meu pelotão tinha experiência em combate, a oportunidade de aplicar tudo que havíamos aprendido sobre planejamento e execução de operações era gratificante — não só porque as missões eram importantes, mas também por conta do nosso longo período de formação.

Era incrível porque estávamos operando de verdade depois de longos anos sem nenhum combate. Era incrível porque tínhamos táticas sofisticadas que aumentavam tremendamente nossa eficácia. Era incrível porque dominávamos o inimigo; tínhamos armas, táticas e treinamento muito superiores. Nós nos sentíamos muito poderosos. Nos poucos confrontos armados de que participamos, o inimigo não teve nenhuma chance. Só houve um ferido, mas nada grave. Ninguém podia nos segurar.

A sensação era boa.

A cada missão, ficávamos mais confiantes. Começamos a nos dedicar mais ainda. Queríamos concluir as missões em menos tempo, incrementar nosso desempenho.

Notei que os caras passaram a carregar menos itens para se mover mais rápido. Levavam menos carregadores, pois fazia tempo que não encaravam ataques prolongados. A equipe também trazia menos granadas de mão, já que o inimigo não oferecia muita resistência. Além disso, eles carregavam menos água, pois as missões eram rápidas e sempre havia veículos nas proximidades com grandes tonéis de água. Isso tudo porque eles achavam que, se a equipe ficasse mais leve, seria mais ágil. O grupo poderia entrar e sair por portas e janelas e perseguir terroristas em fuga com mais eficiência. Queríamos ser melhores e mais eficazes no nosso trabalho, e eu concordava com isso.

Mas a arrogância começou a se fazer presente. Passamos a achar que o inimigo era incapaz de nos fazer mal.

Um dia, antes de uma missão, tive uma conversa com um dos caras. "Vamos pegá-los!", brinquei, dando um tapinha nas costas dele. Mas, em vez de tocar a massa sólida da placa do colete que reveste as costas e o peito dos SEALs, senti apenas o tecido dos suspensórios táticos. Tive que pressionar o equipamento para confirmar: ele estava sem a placa dorsal do colete.

"Cadê a placa dorsal?", perguntei.

"Tirei", ele disse.

"Como assim tirou?", perguntei, abismado.

"Foi. Tirei", ele disse, indiferente. "É muito pesado. Me movimento muito mais rápido sem ela."

Fiquei chocado. Claro, com cerca de três quilos cada, as placas eram pesadas — mas impediam que as balas entrassem no corpo do combatente e o matassem!

"Ok, mas e se você levar um tiro?", perguntei.

"Não vou correr", ele disse, em tom desafiador. "O inimigo não vai atirar em mim pelas costas. Muitos SEALs já tiraram as placas", ele disse, casualmente, como se essa ideia fosse totalmente coerente.

"Muitos?", perguntei.

"Sim. Queremos ser rápidos", ele disse.

Alguns caras não estavam usando o colete — uma peça fundamental do equipamento de sobrevivência.

Idiotas, pensei, *um bando de idiotas!*

Mas logo percebi que a culpa era minha. Minha função era garantir que eles levassem o equipamento certo sempre que partissem em uma missão. Por isso, realizávamos inspeções — para atribuir responsabilidade. Mas nosso ritmo operacional era tão acelerado que nem sempre dava para inspecionar o equipamento de todo mundo. Claro, os itens que pertenciam a mim, ao chefe do pelotão e ao suboficial eram inspecionados regularmente. Mas, às vezes, saíamos em missões informadas com quinze a vinte minutos de antecedência, e não era possível fazer uma inspeção total sempre que isso ocorria. Tinha que haver algo melhor do que a responsabilidade forçada para fazer os SEALs carregarem todo o equipamento, inclusive a placa dorsal que os protegia de balas nas costas. Eu já sabia o que era. Impor responsabilidade não resolveria nada. A solução era a única reposta para os problemas de todas as equipes: liderança. Eu tinha que liderar.

Minutos depois, antes de carregar os veículos e iniciar a missão, nos reunimos diante do quadro magnético para fazer a chamada. Quando o suboficial concluiu o procedimento, fiz uma última apresentação antes de sairmos.

"Lembrem-se: o plano é se afastar do alvo rapidamente", eu disse. "A área é péssima, e não podemos dar tempo para o inimigo armar uma emboscada nas proximidades."

"Só mais uma coisa", destaquei. "Quem estiver sem placa deve colocá-la. Agora. Todo mundo. Ok? Embarque em cinco minutos. Vamos lá."

Cinco ou seis caras correram até suas barracas para pegar a placa dorsal, o que já era muito. Minutos depois, embarcamos nos Humvees e saímos para a operação. Correu tudo bem. Alcançamos o alvo, pegamos os terroristas, coletamos os dados de inteligência de que precisávamos e voltamos para a base. No relatório, abordei a questão das placas dorsais, mas não berrei nem ameacei cobrar mais responsabilidade com inspeções gerais mais frequentes. Eu sabia que responsabilizar não era a resposta certa, pois não havia tempo para checar a conduta de todos antes de cada operação. Em vez disso, expliquei *por que* as placas eram importantes.

"Sei que alguns de vocês não têm usado a placa dorsal. Confere?", eu disse, analisando a sala. Alguns concordaram.

"Péssima ideia", continuei. "Por que você não quer usar a placa?", perguntei para um SEAL.

"Quero ficar mais leve", ele disse. "Se ficar mais leve, o grupo vai avançar mais rápido."

"Compreendo", respondi. "Mas você pode avançar mais rápido do que uma bala?", uma pequena onda de risos percorreu a sala.

"Esse não é caso; não quero correr mais que uma bala", disse o jovem e confiante SEAL. "Na verdade, eu não vou fugir; logo, o inimigo não vai ver minhas costas." Aqui o grupo também reagiu com gestos de apoio e risos. Cheguei até a ouvir "Demorou!" de alguns caras no fundo da sala. Foi uma declaração ousada. Uma expressão confiante. Um comentário corajoso. Mas ultrapassou o limite da audácia, da confiança e da coragem e atingiu a zona da presunção e da arrogância.

Eu compreendia como aquele jovem e confiante SEAL e o resto do pelotão haviam chegado a essa conclusão. Estávamos derrotando o inimigo — e vencendo facilmente. Sofremos alguns ataques, mas nada muito significativo. Estávamos dominando e nos sentíamos intocáveis.

"Ok. Fico feliz em saber que você não vai fugir do inimigo. Acho que isso vale para todo mundo aqui", eu disse, com convicção. Nosso pelotão era consistente.

"Mas tenho algumas perguntas", continuei. "Você sempre consegue prever onde o inimigo vai estar? Você acha que ele sempre vai aparecer na sua frente? Você não acha possível que a equipe seja emboscada ou flanqueada por trás e que você pegue um tiro completamente imprevisto?"

A sala ficou em silêncio. Evidentemente, isso poderia acontecer a qualquer momento.

"Ouçam. Triturar o inimigo é ótimo", eu disse. "Vamos continuar fazendo isso. Mas não podemos ser arrogantes nem complacentes. Pode ser que o inimigo nunca tenha nos derrotado. Mas é possível que tenha uma vantagem sobre vocês na próxima missão. Embora reduzir as cargas seja algo bom e acelere a movimentação do grupo, não vai impedir que uma bala entre no corpo do combatente e o mate. Não é só o indivíduo que está em risco. Se um de vocês for baleado, os outros terão que o carregar. Pense no atraso que esse tipo de coisa pode causar durante um confronto, mesmo que a equipe esteja leve e rápida."

"Mas a questão vai muito além disso", eu disse. "Se um de nós for morto, será uma vitória para o inimigo. Além do mais, e mais importante, será uma derrota para os EUA, para a Marinha, para as Equipes e para a família do SEAL falecido. Temos que fazer o possível para evitar essa situação. Por isso, precisamos usar o equipamento de proteção balística completo. Entendido?"

A sala ficou em silêncio. Todos perceberam que eu tinha razão.

A missão prosseguiu, e continuamos sem tempo para inspecionar o equipamento de todos. Mas orientamos os SEALs a carregarem os componentes mais essenciais. Também explicamos quais itens não eram opcionais e, mais importante, *por que* eles não eram opcionais. Quando a tropa compreendeu *por que* o equipamento de sobrevivência era necessário e como ele era importante para a equipe e para a missão, além de levar os componentes indispensáveis, o grupo passou a zelar rigorosamente pelo seu funcionamento.

Isso não ocorreu como resultado de uma "responsabilização forçada", mas porque os SEALs finalmente compreenderam *por que* o equipamento era importante para eles, para a missão e para a equipe. A partir daí, eles *assumiram a responsabilidade*. Além do mais, quando a tropa compreende o porquê, fica mais forte — e, com esse incremento, cada combatente passar a policiar sua conduta e a dos seus companheiros, criando um sistema mais versátil e uniforme.

Claro, não paramos de inspecionar o equipamento. Essa é a dicotomia: o líder quer que os membros da equipe *compreendam* a situação e se policiem, mas precisa avaliar a conduta do grupo promovendo inspeções que confirmem se, além de *entender* a situação, os integrantes também estão procedendo com responsabilidade. Então, o chefe do pelotão, o suboficial e eu continuamos inspecionando o equipamento sempre que possível — embora esse não fosse nosso principal recurso nesse caso. Não foi necessário apadrinhar os SEALs para injetar responsabilidade neles. Eles *assumiram a responsabilidade por conta própria*, o que se revelou bem mais eficaz.

Depois que o pelotão compreendeu a importância de observar o padrão e que não carregar os itens obrigatórios prejudicava a missão como um todo, o grupo passou a aplicar outros meios além das inspeções para avaliar sua conformidade. Os membros da equipe começaram a monitorar a conduta dos seus companheiros. Essa pressão interna era muito mais eficiente do que as medidas ao meu alcance por conta da hierarquia.

Ao equilibrar a compreensão do *porquê* e o monitoramento intrusivo da responsabilidade, a equipe obtém os melhores resultados possíveis. Prova disso é que, a partir daí, nunca mais vi nenhum SEAL sem colete durante as missões desse turno.

Princípio

A responsabilização é uma ferramenta importante para os líderes, mas não deve ser seu principal recurso. Sua aplicação tem que ser equilibrada com outras ferramentas de liderança, como explicar o *porquê* e delegar poder aos subordinados, confiando na sua capacidade de proceder de forma correta *sem* supervisão direta depois de eles terem confirmado que entenderam completamente a importância disso.

Infelizmente, os líderes geralmente tentam resolver tudo com a responsabilização — e, de certo modo, têm razão. Para que um subordinado execute uma tarefa até o fim, o líder pode promover uma série de inspeções até confirmar a conclusão do serviço. Com uma supervisão intensiva, a taxa de conclusão de tarefas pode chegar a 100%. Por isso, os líderes costumam responsabilizar para resolver todos os problemas: é o método mais óbvio e simples. O líder orienta um subordinado a realizar uma tarefa, acompanha a realização da tarefa e inspeciona o resultado quando a tarefa é concluída. Quase não há espaço para erros.

Infelizmente, nesse caso, o líder quase não faz nada além de monitorar o status da tarefa atribuída ao subordinado. Quando há vários subordinados encarregados de diversas tarefas, é simplesmente impossível inspecionar todos. Além disso, quando prioriza demais seus subalternos e sua equipe, o líder não consegue analisar outros aspectos do contexto, como as oportunidades de estabelecer vínculos e influenciar as decisões estratégicas da liderança sênior e de planejar futuras operações e compreender os desenvolvimentos ligados à missão estratégica. Finalmente, se o líder não puder se encarregar da supervisão imediata, talvez o subordinado não execute adequadamente a tarefa que lhe foi atribuída.

Os líderes não devem aplicar a responsabilização como sua principal ferramenta, mas implementá-la em meio a outros recursos. Em vez de responsabilizar, o líder deve *liderar*. Ele deve explicar o *porquê* para a equipe. Deve orientar os membros do grupo a assumirem a responsabilidade pelas tarefas e a desenvolverem a habilidade de fazer os ajustes necessários. Deve indicar para eles como cada tarefa contribui para o sucesso estratégico da missão. Deve destacar a importância de cada tarefa para a equipe e as respectivas consequências em caso de fracasso.

Mas há casos em que devemos aplicar a responsabilização. No Capítulo 2 de *Responsabilidade Extrema*, escrevemos que "quando se trata de padrões, *a questão não é o que líder prega, mas o que ele tolera*". Os líderes têm o dever de manter a disciplina e aplicar os padrões nos pontos mais críticos. Essa é outra dicotomia ligada à responsabilização: ela tem que ser aplicada em algumas situações. Se o subordinado não atua segundo o padrão definido, mesmo que ele entenda o porquê, saiba da sua contribuição para a missão e tenha se comprometido, o líder deve manter a disciplina. Aqui, a responsabilização é inevitável. O líder deve analisar e microgerenciar as tarefas até colocar o subordinado no caminho certo. Mas essa situação não pode se prolongar para sempre. Em dado momento, o líder tem que dar espaço para que o subordinado atue com base em seus próprios recursos — sem a pressão da responsabilização e do microgerenciamento, mas por finalmente ter compreendido o porquê.

Encontre um equilíbrio nesse ponto: use a ferramenta da responsabilização sempre que necessário, mas não priorize demais esse recurso. Uma cultura de responsabilização excessiva consome o tempo e o foco do líder e inibe a confiança, o crescimento e o desenvolvimento dos subordinados.

Em vez disso, harmonize a responsabilização com uma boa orientação que capacite a equipe a aplicar os padrões sem a supervisão direta dos superiores. Esse é o diferencial dos grupos com iniciativa e um excelente desempenho.

Aplicação no Mundo dos Negócios

"Eles não querem cumprir nenhuma ordem!", disse o gerente nacional de operações. "Não estão nem aí!"

Cerca de três meses antes, a empresa implementara um novo software para rastrear a instalação e o uso do seu produto pelos clientes, empresas de médio e grande porte. Era um sistema sofisticado, baseado em uma plataforma anterior que os técnicos utilizavam para informar os equipamentos instalados, os testes realizados, os problemas resolvidos e as falhas do sistema. O aplicativo também interagia com o sistema da empresa que gerenciava o relacionamento com os clientes, no qual os vendedores acessavam informações para propor renovações e atualizações.

"O que os técnicos não estão fazendo?", perguntei.

"Eles não estão usando o sistema. Não inserem as informações. Eles vão até o cliente para realizar uma instalação ou resolver algum problema, fazem o serviço e tchau! Param por aí. Só inserem um volume mínimo de dados no sistema, nada de detalhes."

"Quais detalhes deveriam ser inseridos?", perguntei.

"Os detalhes são muito importantes — não para eles, mas para o suporte ao cliente como um todo", o gerente disse. "Se outro técnico for chamado para resolver algum problema, essas informações sobre as ações do técnico anterior trarão uma grande economia de tempo e energia. Além disso, os detalhes ajudam bastante os vendedores. Quando eles ligam para oferecer novos serviços ou a renovação dos serviços já contratados, ficam desorientados por não conhecerem o histórico do cliente. Isso passa a impressão de que a empresa não liga para sua clientela. Tente fazer uma venda para alguém que pensa que a empresa não está nem aí para ele."

"Realmente, isso pode ser problemático", destaquei. "Então, o que vocês têm feito para que eles cumpram essa função?"

"Aplicamos a responsabilização no procedimento", ele disse. "Começamos com os técnicos. Dissemos que eles tinham o dever de inserir os detalhes, mas o impacto dessa ordem foi mínimo. Em seguida, abordamos os líderes das equipes. Informamos que todos os campos do software deveriam ser preenchidos e oferecemos gratificações com base no número de campos inseridos."

"E funcionou?", perguntei.

"Tivemos alguns gastos, mas não adiantou nada", ele respondeu. "Os técnicos cumpriam a ordem e preenchiam todos os campos. Mas suas respostas eram frases estúpidas, com uma ou duas palavras."

"Que mancada", eu disse.

"Mancada total", ele concordou. "Logo acima, vinham os gerentes regionais de operações. Achávamos que eles dariam um jeito se fossem responsabilizados. Então, dissemos que, se os técnicos das suas respectivas regiões não preenchessem todos os campos — com detalhes legítimos —, diminuiríamos suas gratificações por volume em 10%. Depois disso, registramos um pequeno aumento por cerca de duas semanas. Mas, em seguida, houve um retrocesso, e os técnicos voltaram a não inserir nada, nem mesmo uma palavra, na maioria dos campos."

"Isso não é nada bom", comentei.

"Nada bom", o gerente disse. "Ainda mais porque tivemos que fazer malabarismo com o orçamento para projetar, desenvolver e implementar o software."

"Ok", eu disse. "Vou conversar com alguns líderes de equipe, gerentes regionais e técnicos para definir o que está acontecendo."

Nos próximos dias, marquei reuniões e tive conversas com todos os envolvidos na questão. Comecei com os gerentes regionais. Não demorou muito para eu descobrir o que estava acontecendo com eles. Eles tentaram atribuir aos líderes de equipe e aos técnicos a responsabilidade pelo preenchimento de todos os campos, especialmente depois de terem sido ameaçados com o corte de 10% em suas gratificações por volume. Mas, logo depois, eles perceberam que, como os técnicos passavam o tempo preenchendo todos os campos, executavam menos instalações e chamadas de suporte aos clientes. Como menos instalações foram realizadas, eles perderam mais dinheiro do que o prometido corte de 10% devido ao uso insuficiente do software. Assim que perceberam isso, os gerentes regionais recuaram e responsabilizaram o pessoal da linha de frente.

Os líderes das equipes tinham outra história: estavam ocupados. Eles organizavam o cronograma das equipes, um serviço imenso que incluía chamadas, cancelamentos, clientes ausentes, atrasos excessivos que prejudicavam outras chamadas e, claro, ausências e substituições de técnicos ausentes. Além disso, os líderes também eram especialistas e passavam um bom tempo no telefone com os técnicos para resolver os problemas mais complexos. E, como se não bastasse, eles também eram os primeiros a receberem as reclamações dos clientes. Os problemas relacionados ao produto e aos técnicos vinham diretamente para o líder da equipe — e essas ligações tinham que ser processadas criteriosamente. Com tudo isso nas costas, eles não tinham tempo para mais nada. Sem dúvida, não era possível acessar as telas de todos os técnicos depois de cada chamada para confirmar se os dados estavam sendo inseridos. Então, mesmo que compreendessem a situação, eles não tinham tempo para executar a ordem.

Fui conversar com alguns técnicos, que me apresentaram alguns problemas significativos. Primeiro, inserir informações no sistema exigia mais tempo do que o previsto pela liderança sênior. Em campo, os clientes se situavam em áreas com diferentes níveis de cobertura de celular. Em regiões com baixa cobertura, carregar uma página chegava a demorar de um a dois minutos; era um grande desperdício de tempo carregar as oito páginas do programa. Além disso, em cada página era necessário inserir o nome, o endereço e o número da conta do cliente. Copiar e colar não era uma solução porque o software só permitia copiar um campo por vez, e o usuário tinha que alternar entre as telas, o que demorava uma eternidade. Por último, como não havia opções de múltipla escolha para os itens mais comuns, todas as respostas tinham que ser digitadas, o que só intensificava o desperdício de tempo. Além disso tudo, e mais importante, nenhum dos técnicos entendia por que esses dados eram importantes para *eles*.

Quando repassei essas informações ao gerente nacional de operações, ele ficou chocado.

"Ok", ele disse, em tom de tristeza. "A responsabilização não funcionou. E agora?"

"Agora você tem que *liderar*", eu disse.

Ele fez uma pausa para digerir aquelas informações.

Depois de algum tempo, ele disparou: "Não sei o que fazer. Como tenho que liderar agora?"

Esse era um excelente sinal. Ele tinha humildade suficiente para admitir que precisava de ajuda e, mais importante, para pedir ajuda.

"Veja, a situação não é tão ruim", respondi. "Felizmente, você tem um monte de gente competente disposta a fazer a coisa certa. Primeiro, você tem que solicitar feedback para melhorar o software. É possível simplificar o programa de várias formas, como colocar respostas de múltipla escolha e estabelecer um fluxo de informações entre as telas — esses caras estão digitando os mesmos dados em todas as páginas. Aliás, o número de páginas tem que diminuir. Simplifique tudo. Sei que você raramente imprime essas telas; então, por que o formato tem que corresponder ao do papel? Coloque mais perguntas em cada tela para que os técnicos não tenham que carregar várias páginas, um desperdício de tempo. Obtive essas sugestões depois de conversar com apenas quatro ou cinco técnicos. Sem dúvida, uma enquete mais ampla geraria muitas ideias para otimizar o software com base no feedback direto dos usuários."

"Você tem razão", ele respondeu. "Achei que tínhamos recebido feedback suficiente."

"Talvez isso tenha ocorrido no início", eu disse. "Mas quando um programa complexo como esse é utilizado na prática, só o feedback contínuo pode melhorá-lo. É assim que funciona."

"Entendi. Mais alguma coisa?", o gerente retrucou.

"Sim", eu disse. "O ponto mais crucial que captei nas conversas com o pessoal na linha de frente foi que eles não sabem por que estão executando esse procedimento, nem qual é a importância disso para *eles*."

"A importância disso para eles?", o gerente repetiu.

"Sim. Até agora eles não entendem", eu disse.

"Mas eles sabem que esses dados nos ajudam a dar suporte aos clientes e a vender produtos melhores e mais caros para eles", o gerente disse. "Obviamente, isso aumentará o lucro da empresa. O que mais eles precisam entender?"

"Pense no que você acabou de dizer", eu disse. "Quando o lucro da empresa aumenta, ela ganha mais dinheiro. Você acha que um técnico liga para isso?"

"Espero que ele ligue! É o salário dele!", o gerente berrou.

"Nutrir expectativas não é uma linha de ação", eu disse. "Para o técnico, ele vai continuar recebendo o salário enquanto estiver na empresa, com ou sem lucro. Nada disso importa para ele."

"Mas ele deveria se importar", o gerente insistiu.

"É claro que sim", concordei. "Em um mundo perfeito, todos os funcionários se importariam com os lucros da empresa em que trabalham. Mas essas pessoas têm outras preocupações. Maridos e esposas. Filhos. A escolinha de futebol. Contas, carros, hipotecas, o jogo na noite de sexta, o aquecedor de água quebrado e o filho que está indo para a faculdade. Eles têm muitas coisas na cabeça — e, querendo ou não, os lucros da empresa não estão no topo da lista."

"Então, o que devemos fazer?", ele perguntou. "Se eles não se importam, por que investiriam mais dedicação nisso?"

"Eles precisam entender o *porquê*, mas esse *porquê* sempre deve estar ligado a eles, a algo do interesse *deles*", eu disse.

"Como fazer isso?", ele perguntou. "O que posso fazer para que eles passem a se importar com os lucros da empresa?"

"Analise a situação", eu disse. "Pense nisso: você quer capturar esses dados para informar melhor os técnicos e os vendedores, certo?"

"Com certeza. Esse é o nosso objetivo", o gerente concordou.

"E quando os técnicos e os vendedores estiverem mais bem informados, farão um trabalho melhor, certo?", continuei.

"Sem dúvida", ele respondeu.

"Ok", eu disse. "Agora, acompanhe o raciocínio: mais bem informados, os técnicos executarão o suporte ao cliente com mais rapidez e qualidade, e os vendedores venderão mais produtos para mais clientes. Com um suporte melhor e mais vendas, a empresa cresce. Quando a empresa cresce, ganhamos mais dinheiro..."

"Foi isso que eu disse! Mas o que fazer com essa informação?", o gerente interrompeu.

"Ouça", eu disse. "Quando a empresa ganha mais dinheiro, podemos investir mais em publicidade e infraestrutura. Quando gastamos mais em propaganda e infraestrutura, atraímos mais clientes e oferecemos um suporte ainda melhor. Quando a empresa melhora seu desempenho, também atrai mais clientes. Quando adquirimos mais clientes, os técnicos recebem mais serviços e fazem mais horas extras. Quando a empresa excede seu limite operacional, contratamos mais técnicos. Quando precisamos de mais técnicos, pagamos salários maiores. Então, no futuro, aumentaremos a remuneração dos técnicos, especialmente dos mais experientes. Por fim, quando temos muitos técnicos e clientes, precisamos de mais líderes de equipe e supervisores regionais. Essa é uma oportunidade de crescimento para todos os técnicos da empresa. Os lucros não significam apenas mais dinheiro no bolso dos proprietários (com os quais os técnicos provavelmente não se importam); mas eles criam vantagens diretas para os técnicos: mais benefícios, maiores salários e desenvolvimento na carreira. Esse é o ângulo que alinha e promove os interesses de todos na empresa — da equipe de liderança corporativa aos técnicos. Isso é liderança."

O gerente de operações concordou. As peças se encaixavam agora. Tudo estava claro.

Nos próximos dois dias, ajudei o gerente a criar uma apresentação simples e objetiva para explicar essa rede e o *porquê*. Também conversamos sobre seu dever de inspecionar pontualmente os serviços para conferir a qualidade do trabalho — ainda era necessário aplicar algum nível de responsabilização ostensiva. Mas, em geral, os líderes e técnicos assumiriam a responsabilidade, pois agora compreendiam o *porquê*. Eles passariam a se policiar mutuamente, já que entendiam plenamente a importância e os benefícios diretos desse procedimento para eles.

Poucos dias depois, o gerente nacional de operações apresentou o plano logo cedo, durante uma reunião geral. Ele também indicou um gerente regional bem versado em tecnologia para compilar o feedback que serviria para otimizar o software. Ele ainda explicou em detalhes como cada colaborador da empresa se beneficiaria ao coletar os dados com eficiência — e como isso melhoraria a vida de todos os funcionários.

Todos compreenderam e começaram a trabalhar.

PARTE III
ATUANDO COM EQUILÍBRIO

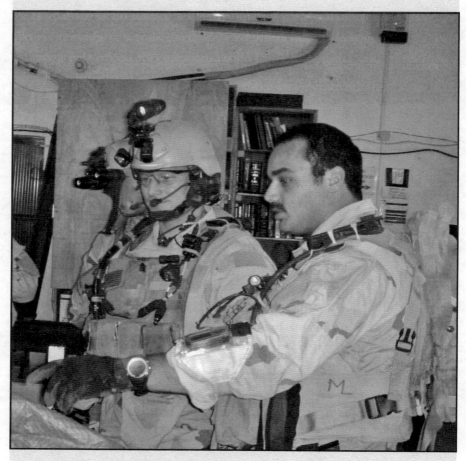

Aqui, antes de iniciarem uma ação direta de captura/eliminação em Ramadi, os SEALs dos Pelotões Charlie e Delta, da Unidade de Tarefas Bruiser, visitam um irmão que aguarda transporte para um complexo médico mais sofisticado no Hospital de Campanha Charlie, o "Charlie Med". Um colega e um amigo excepcional, o SEAL ferido é o bravo jovem descrito no início do Capítulo 1. No centro, está Leif Babin, comandante do Pelotão Charlie. À direita, está Marc Lee, artilheiro/metralhador do Pelotão Charlie.

(Fotografia dos autores)

CAPÍTULO 9
Um Líder e um Seguidor

Leif Babin

REGIÃO CENTRO-SUL DE RAMADI, IRAQUE: 2006

Pairava um silêncio tenebroso sobre o lento fluxo das águas pelo canal. Era noite cerrada, e só alguns postes distantes haviam escapado da destruição das balas e estilhaços de bombas. Pela luz verde dos óculos de visão noturna, víamos fileiras de juncos nas duas margens do rio. Mais além, havia bosques de palmeiras, prédios e muros, que indicavam a cidade. Nossas miras laser esquadrinhavam cada lado daquele estreito curso para identificar possíveis emboscadas dos combatentes inimigos.

Nossos quatro barcos navegavam lentamente, mantendo a formação e controlando a emissão de sons e luzes para não revelar a posição da tropa. Aquelas lanchas de patrulha fluvial eram operadas por Fuzileiros, armados com metralhadoras pesadas, e transportavam nosso pelotão de SEALs da Unidade de Tarefas Bruiser, os soldados iraquianos com quem colaborávamos e os Fuzileiros da equipe de apoio SALT 6, da 5ª Companhia de Ligação de Combate Aéreo e Naval. O major Dave Berke, comandante da frota, era o oficial mais graduado do grupo. Ele era um líder excepcional, um Fuzileiro e piloto de caça com experiência de combate no Iraque e no Afeganistão. Instrutor da TOPGUN, o major poderia ter ido para onde quisesse, mas optou por servir como controlador aéreo avançado voluntário naquela missão terrestre. De todos os pontos à sua disposição no Iraque, ele escolheu Ramadi. Ficamos muito contentes em ter Dave e seus Fuzileiros ao nosso lado, com seu apoio e poder de fogo adicional. Aquele grupo era excepcional. Embora Dave fosse meu superior, como oficial encarregado dos SEALs do Pelotão Charlie, eu comandava a força terrestre e era responsável pela tropa que desembarcaria na margem e seguiria em patrulha por uma das áreas mais violentas de Ramadi. Em caso de contato com o inimigo, o suporte das forças aliadas demoraria horas. Para concretizar nosso objetivo contra um número desconhecido de combatentes inimigos, contávamos só com o poder de fogo que carregávamos. Para mitigar esse risco, nossa força era numerosa, uma das maiores que eu já havia liderado: quase cinquenta combatentes. A vantagem numérica dessa equipe permitiria que Dave entrasse em contato com as aeronaves e indicasse nossa posição para viabilizar o suporte.

O deslocamento nas lanchas mitigava o risco de ataques com bombas nas estradas, um recurso muito utilizado pelos combatentes inimigos. Mas, naquele canal estreito, com cerca de cinquenta metros de largura, os barcos ficavam totalmente expostos, sem nenhum tipo de cobertura contra possíveis ataques com armas de fogo lançados pelos insurgentes. Nossas únicas vantagens eram a escuridão e o elemento surpresa. Por enquanto, tudo estava quieto, e não havia nenhum movimento nas margens do rio. Mas a tensão era profunda. Além dos juncos, nos dois lados do canal, a cidade pertencia à Al Qaeda. No nosso local de destino, não havia nada além de uma série de quarteirões arrasados pela guerra, onde nenhuma força dos EUA ou da coalizão estivera em meses e que agora eram controlados por um grupo brutal de insurgentes leais à Al Qaeda no Iraque.

Nossa tropa seria a primeira dos EUA na área. Nossa missão era dar cobertura aos Soldados da Força-tarefa Bandit (1º Batalhão, 37º Regimento Blindado da 1ª Brigada, 1ª Divisão Blindada), que conduziriam veículos e tanques pesados pela estrada mais perigosa do mundo — estatisticamente, nenhuma outra rodovia registrara mais ataques com bombas do que aquela em nenhum outro país. Nosso pequeno grupo de batedores seguiria na vanguarda do destacamento principal: centenas de Soldados e Fuzileiros e cerca de cinquenta tanques, encabeçados por dezenas de veículos pesados, cujo objetivo era montar um pequeno posto avançado de combate no território inimigo. Em meio à escuridão do final da madrugada, poucas horas depois do nosso desembarque das lanchas, os veículos blindados da equipe de desminagem seguiriam lenta e meticulosamente pela estrada, identificando e desarmando as bombas para liberar a passagem dos tanques M1A2 Abrams e dos veículos de combate M2 Bradley. A tarefa de Dave era crucial: ele e seus doze Fuzileiros (entre eles, um oficial médico da Marinha) deveriam controlar o apoio aéreo, nosso único suporte até a chegada dos tanques, várias horas depois, em caso de ataque do inimigo — um cenário bastante provável.

Quando chegamos ao ponto de infiltração, dois barcos manobraram suavemente até a margem, enquanto os outros dois davam cobertura com metralhadoras calibre .50, M240 e GAU-17.[1] Saímos da proa para a margem lamacenta quase em silêncio, devido ao peso ridiculamente excessivo que carregávamos — cada SEAL levava capacete, colete, armas, rádio, mochila, água, comida, munição e baterias extras: esse era o equipamento essencial para quarenta e oito horas de "ação pesada" na área mais perigosa da cidade mais violenta do Iraque. Sem apoio aéreo, ficaríamos sozinhos diante das centenas de combatentes inimigos bem treinados e experientes que haviam ocupado aquela região e que agora tiranizavam a população local com brutalidade, terror, intimidação e assassinatos.

---

1 MM134 GAU-17 Minigun: metralhadora calibre 7.62 × 51mm, padrão OTAN, com capacidade para disparar quatro mil cartuchos por minuto através de seis tubos rotativos.

A DICOTOMIA DA LIDERANÇA

Sabíamos que eles estavam lá — esperando, observando e ouvindo. Depois de desembarcar, atravessamos os juncos, subimos a encosta e nos concentramos no bosque de palmeiras até que o resto da equipe nos alcançasse. Chris Kyle, o batedor do Pelotão Charlie, estava na vanguarda; eu o seguia de perto. Paramos um pouco e nos agachamos, atentos a possíveis movimentos, ameaças e ruídos de armas de fogo na área. Nada.

Enquanto Chris e eu procurávamos sinais do inimigo, ouvi alguém atrás de nós ativar o canal aberto do rádio. Mas, em vez de uma voz, identifiquei apenas fricção entre objetos e a respiração pesada do SEAL, que tentava posicionar melhor a mochila e o equipamento de combate. Era um caso de "microfone aberto", alguém devia ter esbarrado e ligado o rádio sem querer. Mas isso era tremendamente irritante em uma missão. Esse tipo de coisa atrapalhava a transmissão de informações críticas entre a equipe, e o ruído contínuo nos ouvidos diminuía nossa capacidade de detectar a movimentação do inimigo.

"Microfone aberto", eu disse, no tom mais silencioso possível, aumentando a sensibilidade do rádio para me sobrepor à chamada acidental. "Verifique seu equipamento."

Não houve resposta. O microfone continuava aberto. Era um risco e me enchia a paciência, mas eu não podia fazer nada fazer sobre isso.

Esperei pelo sinal da contagem completa, que confirmava o desembarque total da tropa. Logo depois, fiz o gesto que autorizava o grupo a sair em patrulha. Como batedor, Chris seguiu na vanguarda. Ele conduziu a patrulha através de prédios pequenos e de um bosque de palmeiras até a beira de uma estrada perpendicular ao deslocamento da tropa. A área era aberta, sem árvores nem pontos de cobertura, e precisávamos atravessá-la. Do outro lado da rodovia, começava a cidade: era a região centro-sul de Ramadi, com suas ruas e becos, empoeirados e abarrotados de lixo, e seus prédios e casas cercados por muros. Era o território inimigo. Estávamos lá para retomá-lo.

Havia cerca de 30 metros de área aberta até os prédios do outro lado da estrada. Era uma travessia arriscada. Tínhamos que cobrir o deslocamento da patrulha, que ficaria exposta e vulnerável a ataques durante a passagem. Depois que os SEALs tomaram posição para dar cobertura, Chris e eu trocamos acenos e avançamos pela estrada da forma mais silenciosa e rápida possível. Já no outro lado, tomamos posição para cobrir a travessia do próximo grupo. Quando eles chegaram, Chris e eu avançamos mais um pouco. Mas, de repente, Chris levantou a mão para deter a patrulha. Fui até ele.

"O que está acontecendo?", perguntei, sussurrando para fazer o menor barulho possível.

"Minha bateria morreu", ele respondeu, em voz baixa. A mira laser do fuzil dele não estava funcionando. Era uma peça crítica em meio àquela escuridão: sem ela, Chris não conseguia atirar com precisão — sua principal função como batedor.

No entanto, o resto da patrulha estava atrás de nós, quase cinquenta SEALs que precisavam atravessar a área aberta antes que o inimigo fosse informado sobre a nossa presença.

"Não podemos parar aqui", eu disse. "Tem um monte de caras lá atrás, expostos na estrada. Estamos a apenas trezentos metros dos alvos. Vamos avançar; você pode trocar a bateria lá."

Chris não ficou nada feliz. Aquela era uma péssima desvantagem. Mas, como líder, eu tinha que pensar no bem-estar da equipe como um todo.

Contrariado, Chris avançou com a patrulha. Seguimos por uma estreita rua pavimentada, cercada por dois muros de concreto com dois metros de altura de cada lado. Em algum ponto depois da travessia arriscada, o microfone aberto foi desligado; o responsável deve ter ajustado seu equipamento. Mas, a essa altura, eu mal notei. Agora estávamos dentro do território inimigo, e possíveis ameaças pairavam em todas as direções. A qualquer momento, um ataque poderia ocorrer.

Ao longo da estrada, no meio do asfalto coberto de poeira, havia um buraco de pouca profundidade, por onde o esgoto sem tratamento escoava até um riacho próximo. À esquerda, pilhas de lixo se acumulavam junto ao muro. Nesses montes de detritos, era comum haver bombas caseiras, a arma mais letal e eficaz do inimigo. Por segurança, o esperto Chris passou para o lado direito da rua e avançou junto ao muro, conduzindo a patrulha em sua direção para mitigar os riscos.

De repente, Chris congelou. Apenas quinze metros à minha frente, sua arma apontou para uma possível ameaça. Estava no outro lado da esquina, fora do meu campo de visão, mas o sinal era claro: INIMIGO. Era a Lei de Murphy em ação: sem bateria na mira laser, Chris só podia esperar que eu entendesse o sinal e agisse.

Rapidamente, fui até Chris da forma mais atenta e silenciosa possível. Logo entendi sua reação: era um insurgente armado, com o rosto coberto por um keffiyeh, um fuzil AK47 nas mãos, um carregador extra preso ao da arma com fita adesiva para facilitar a troca. Ele estava a cerca de vinte e cinco metros de distância e caminhava em nossa direção. Não havia tempo a perder. Embora tivéssemos uma excelente vantagem numérica, se ele abrisse fogo com aquele fuzil automático, poderia matar vários SEALs, pois a patrulha estava muito aglomerada. Foi então que ele se voltou para nós, com o fuzil nas mãos e...

BAM! BAM! BAM! BAM! BAM!

Ataquei com a M4: o primeiro projétil atingiu a cabeça e os demais seguiram a trajetória do corpo que caía no chão. Chris avançou na direção dele para confirmar a neutralização da ameaça enquanto eu tomava posição na esquina para cobrir o ângulo de onde viera o combatente inimigo. Se havia um, poderia haver muito mais.

"Um metralhador aqui na frente, agora", eu disse, usando comandos verbais. Sempre disposto a soltar os cachorros, Ryan Job, um dos metralhadores do grupo, rapidamente avançou e me liberou da posição de cobertura, substituindo meu fuzil pela sua metralhadora Mk48, muito mais potente e eficaz.

Transmiti a ordem: "Vamos avançar." O tiroteio, apesar de necessário, acabara com nosso elemento surpresa.

Os SEALs do Pelotão Charlie passaram pelo cadáver do inimigo e avançaram em direção aos alvos; nosso objetivo era entrar neles e limpá-los para dar lugar ao posto avançado do Exército. Alguns SEALs escalaram o portão e o abriram por dentro. Os outros entraram e fizeram uma limpeza rápida nos prédios. Em seguida, os atiradores tomaram posição, e os metralhadores se encarregaram da segurança. Dave Berke e seus Fuzileiros se instalaram no terraço do prédio principal com nossa equipe.

Os atiradores e os metralhadores monitoraram atentamente a escuridão com seus óculos de visão noturna e as miras das armas enquanto esperávamos várias horas até que as equipes antibombas cobrissem os setecentos metros da estrada principal, passando pela cidade, até nossa posição. Ainda estava escuro quando eles chegaram, com luzes brancas e brilhantes, como em um filme da série *Mad Max*. O "Buffalo" (um blindado gigante com um enorme braço mecânico) logo começou a cavar na rua próxima à base montada no prédio em que estávamos. Três andares abaixo do terraço, eu distinguia claramente as formas cilíndricas dos grandes projéteis de artilharia, transformados pelos insurgentes em bombas potentes e letais, que a equipe retirava do solo.

Ocorreu-me uma frase do treinamento BUD/S: "Se você consegue ver o explosivo, ele também pode vê-lo." Se esses projéteis detonassem, fragmentos imensos de metal voariam em todas as direções, destruindo tudo que cruzasse seu caminho, inclusive minha cabeça, se eu continuasse olhando do terraço. *Postura nada inteligente*. Protegi-me atrás da mureta.

Como comandante da força terrestre, eu era responsável por definir nosso próximo movimento — qual seria o melhor local para dar suporte ao batalhão que chegaria logo mais. Do terraço, identifiquei um prédio grande cerca de trezentos metros ao sul e confirmei esse ponto no mapa. Em seguida, tive uma conversa com Tony, chefe do Pelotão Charlie, e os principais líderes do grupo.

"Aquele prédio ao sul me agrada", eu disse, apontando para ele e, depois, para o número correspondente no mapa. "O terraço oferece uma boa posição elevada, e as paredes parecem ter uma espessura suficiente para nos proteger das balas."

Chris Kyle discordou. Além de ser o batedor e o principal sniper do grupo, Chris era o único que tinha experiência real nesse tipo de missão de vigilância com atiradores de elite.

"Prefiro esse outro prédio, com quatro andares", ele replicou, apontando outro local em uma direção totalmente diferente, cerca de 350 metros a leste. Localizamos esse ponto no mapa e identificamos o número do prédio.

Não me convenceu. Para mim, o prédio ao sul oferecia uma posição mais eficiente para apoiar o Exército e conter os ataques do inimigo sem nos colocar em um ponto ruim entre as posições do adversário e dos aliados. Centenas de metros ao sul, havia outro posto avançado do Exército dos EUA, em uma aldeia próxima de Ramadi. Por outro lado, perto do ponto sugerido por Chris, só havia uma série de quarteirões dominados pelo inimigo que se estendiam até aos postos avançados no extremo leste de Ramadi, já no conturbado distrito de Malaab. Para Chris, a maioria dos ataques inimigos partia dessa direção.

Quando a equipe antibomba concluiu o serviço e abriu a rota, os tanques do Força-tarefa Bandit começaram a chegar. "Main Gun" Mike Bajema e seus Soldados da Equipe Bulldog (Companhia Bravo, 1-37) eram a principal força da operação. Como comandante da companhia, Mike foi o primeiro a chegar. Jocko e a liderança do batalhão da Força-tarefa Bandit haviam embarcado em um Bradley e chegaram logo depois.

Apresentamos um relatório da situação para as unidades do Exército, e eu entreguei os prédios que havíamos limpado e ocupado nas últimas horas para o "Main Gun" Mike e seus Soldados da Equipe Bulldog.

Eu ainda não definira nossos próximos movimentos, mas, como oficial mais graduado do grupo, a decisão era minha. Chris era meu subordinado, mas tinha experiência e conhecimentos importantes que eu não possuía. Eu não era um sniper. Meu turno anterior não fora como o de Chris, que atuara no suporte às unidades da Marinha na Batalha de Faluja.

Embora o comando fosse meu, para que a equipe se saísse bem e para ser um bom líder, eu tinha que estar disposto a segui-lo. "Liderar" não era impor *meus* interesses nem ter todas as respostas. Era colaborar com a equipe e determinar formas eficientes de cumprir a missão. Por isso, confiei na avaliação de Chris.

"Ok", eu disse. "Vamos pegar o seu plano e seguir para o prédio a leste." Chris sorriu.

Pouco antes de amanhecer, nos últimos minutos de escuridão, saímos em patrulha por trezentos e cinquenta metros rua abaixo e entramos no grande prédio residencial com quatro andares que Chris havia escolhido. Depois de uma limpeza sistemática no local, os atiradores e os metralhadores tomaram posição.

A sugestão de Chris se revelou a escolha certa. Nas quarenta e oito horas seguintes, frustramos vários ataques do inimigo ao novo posto avançado e às patrulhas mistas de Soldados norte-americanos e iraquianos que atuavam nas proximidades. Nossos atiradores registraram vinte e uma mortes confirmadas e várias eliminações prováveis. Quase toda a atividade do adversário se concentrava na região leste, e quase nada ocorria ao sul. Se tivéssemos seguido a minha opção inicial — se eu tivesse rejeitado a sugestão de Chris porque "eu estava no comando" —, a equipe teria sido altamente ineficaz e não teria impedido nenhum ataque; isso provavelmente teria custado a vida de alguns dos nossos irmãos SEALs, Soldados e Fuzileiros.

Ao longo da minha carreira na Marinha, muitas vezes quis mostrar serviço na liderança, mas falhei em seguir. Isso, em vez de destacar meu desempenho como líder diante da equipe, só prejudicou minha liderança. Nesses casos, tive que trabalhar pesado para reconquistar a confiança do grupo.

Como novato no comando de um pelotão da Unidade de Tarefas Bruiser, não compreendi esse ponto durante uma operação de treinamento, logo depois de me integrar à Equipe SEAL. Antes da missão em Ramadi, durante o ciclo de treinamento, desenvolvemos as habilidades de subir a bordo e controlar embarcações em alto-mar. Essas técnicas são conhecidas como operações de "Visitar, Embarcar, Procurar e Dominar".

Antes das simulações em alto-mar, programamos várias horas de ensaios para fixar os procedimentos operacionais padrão e praticar movimentos, táticas e comunicações em um navio atracado no Porto de San Diego. Foi um ótimo treinamento para a complexa tarefa de embarcar e dominar uma embarcação em movimento.

Como alguns membros dos Pelotões Charlie e Delta haviam sido destacados para outros cursos e qualificações, naquele dia, a Unidade de Tarefas Bruiser era formada por indivíduos dos dois pelotões. Eu estava no comando, e nenhum dos líderes seniores do Pelotão Charlie pôde participar. Na verdade, o SEAL mais experiente ali era um membro do Pelotão Delta. Ele não era chefe nem suboficial, mas tinha várias missões no currículo. Como SEAL, eu só havia cumprido um turno até aquele momento.

Iniciamos os exercícios de movimentação, e os SEALs começaram a correr pelo convés para praticar o Cobrir e Mobilizar. Tudo estava indo bem até identificarmos um problema na terminologia que a equipe usava para se comunicar. Havia muitos termos diferentes circulando. Claramente, a equipe precisava se alinhar.

"Esse era o procedimento do meu pelotão anterior", eu disse. "Vamos aplicá-lo."

Comuniquei a ordem a todos quando reunimos a tropa para apresentar o relatório do exercício.

O experiente suboficial do Pelotão Delta discordou.

"Talvez seja melhor aplicar outro padrão", ele disse, sugerindo um procedimento que já conhecia.

"Já dei a ordem", eu disse. "Vai ser um saco mudar agora. Vamos aplicar esse padrão por enquanto."

"Seu método não me parece adequado", ele respondeu. "O procedimento dos meus dois pelotões anteriores é bem melhor."

Para mim, as vantagens e desvantagens dos dois métodos não eram expressivas. Só o que importava era que a equipe estivesse alinhada. E, como eu comunicara a ordem, pensei que era mais fácil seguir nessa linha.

"Vamos aplicar o meu método por enquanto", eu disse. "Na volta, podemos conversar com o Tony [chefe do Pelotão Charlie] e com o chefe do Pelotão Delta."

"Não é bom desenvolver hábitos ruins", insistiu o SEAL. "Minha sugestão é mais eficiente."

Cada vez mais impaciente, vi que ele estava querendo bater de frente. Por ser um jovem e inexperiente comandante de pelotão, concluí que era hora de mostrar quem estava no comando, que eu era o responsável.

"Vamos fazer do meu jeito", eu disse. "A conversa acabou."

Em seguida, o suboficial e eu retomamos os exercícios, mas, logo depois, encerramos o treinamento e voltamos para a equipe. Até mesmo naquele momento, eu sabia que não tinha lidado bem com a situação. Aquela era a pior forma de liderança: ganhar uma discussão recorrendo à hierarquia ou à função. Na Marinha, chamamos isso de jogar uma partida de "Pedra, Papel e Patente" (em vez de "Pedra, Papel e Tesoura"), sabendo que a patente vence todas as vezes. Mas nunca consegui respeitar os líderes que já vi recorrendo a esse tipo de postura. Sem dúvida, esse não era o líder que eu queria ser; no caminho de volta, me senti constrangido com essa atitude.

De volta à equipe, abordei o suboficial e pedi desculpas pela minha reação. Eu disse que deveria ter aplicado o método dele. Ele destacou que fora um erro discutir comigo na frente da unidade de tarefas. A conversa teve um resultado positivo. Decidi que nunca mais repetiria aquele episódio.

Na hora, achei que, se implementasse a sugestão do suboficial, pareceria fraco como líder. Mas, depois de pensar melhor, concluí que não era nada disso. Se eu tivesse dado ouvidos ao líder mais experiente, teria me fortalecido na liderança. Essa postura teria indicado que eu estava disposto a seguir e a liderar. Teria demonstrado claramente que eu não achava que tinha todas as repostas e que poderia ouvir profissionais mais experientes e mais bem preparados para orientar um determinado aspecto da equipe e da missão.

As pequenas diferenças entre os dois métodos eram insignificantes do ponto de vista tático. Mas aquela oportunidade desperdiçada de demonstrar minha força na liderança como alguém aberto a sugestões fora uma perda estratégica. Com esse fracasso, aprendi uma importante lição, que aproveitei em minha carreira e que o Pelotão Charlie e a Bruiser aplicaram para se destacar na liderança e vencer com mais eficiência.

O líder deve estar sempre disposto a assumir a responsabilidade e tomar decisões cruciais para o sucesso da equipe e da missão. O termo "líder" já diz tudo isso. Por outro lado, ele também deve estar sempre disposto a seguir. Essa é uma dicotomia complexa: um bom líder também é um bom seguidor. Aprender a equilibrar esses dois polos é fundamental.

Princípio

O líder deve estar sempre disposto a liderar, mas tão importante quanto isso é sua habilidade de seguir. Ele deve dar ouvidos à experiência e às ideias das outras pessoas para o bem da equipe. Deve saber escutar e seguir outras pessoas, até mesmo integrantes novatos e menos experientes. Quando alguém tem uma boa ideia ou competências específicas para orientar um determinado projeto, o líder eficiente não se importa com a atribuição do crédito, mas com a máxima eficácia possível na execução da missão. O líder confiante incentiva os novatos da equipe a se prontificarem e assumirem a liderança quando eles apresentam ideias que contribuem para o sucesso da missão. Quando a equipe vence, o líder recebe grande parte do crédito, mesmo que não tenha coordenado a operação, as táticas e a estratégia, mas um líder eficiente sempre transfere os elogios e as distinções para o grupo.

Um líder eficiente também deve ser um bom seguidor para os seus superiores. Como escrevemos em *Responsabilidade Extrema*: "Uma das funções mais importantes do líder é apoiar seu chefe." Após o debate sobre uma determinada linha de ação, quando seu chefe toma uma decisão, mesmo que você discorde dele, *"execute o plano como se fosse seu"*. O líder subordinado só deve contestar seus superiores quando as ordens da liderança sênior forem ilegais, imorais, antiéticas ou associadas a riscos graves para a vida e a integridade física dos profissionais ou para o sucesso estratégico da organização. Isso raramente ocorre. O Capítulo 11 ("Seja Humilde, mas Não Passivo") deste livro analisa essa dicotomia.

Em circunstâncias normais, o líder eficiente deve seguir e apoiar seus superiores. Muitas vezes, os líderes natos, sempre inclinados a assumir o comando, têm dificuldades para seguir um líder menos competente, pouco agressivo e sem carisma nem inspiração. Seja como for, mesmo quando as ordens lícitas dos chefes ou superiores vão de encontro às suas ideias, o líder subordinado ainda assim tem que cumpri-las e demonstrar apoio à chefia ou diretoria. Caso contrário, a autoridade da hierarquia de comando será prejudicada, inclusive a do líder contestador. Falhar no dever de seguir também cria um antagonismo em relação aos superiores, minando a disposição dos chefes diante dos comentários e sugestões do líder subordinado, o que prejudica a equipe. Quando não são bons seguidores, os líderes falham diante deles mesmos e do grupo. Mas, quando o líder se mostra disposto a seguir, a equipe atua com eficiência e a probabilidade de sucesso na missão aumenta exponencialmente. Essa dicotomia deve ser equilibrada: seja um líder e um seguidor.

Aplicação no Mundo dos Negócios

"Preciso de uma força", disse Jim, pelo telefone. "Estou com um dilema sério aqui."

Jim liderava a equipe de vendas na divisão de produtos de uma empresa de grande porte. Ele era um líder de alta competência — inteligente, agressivo nas missões e movido pelo instinto de se dar bem e ser o melhor no que as pessoas costumavam falhar. Como muitos líderes eficientes, Jim era altamente competitivo e adorava quando sua equipe tinha o melhor desempenho da divisão.

Depois de ler *Responsabilidade Extrema*, Jim resolveu aperfeiçoar sua postura na liderança. Então, me contatou para falar sobre coaching executivo.

"Infelizmente, não oferecemos mais serviços de coaching individual", eu disse. "Trabalhávamos com isso, mas, devido à alta demanda pelos serviços da Echelon Front, agora só promovemos coaching executivo para clientes de longo prazo, que participam dos nossos Programas de Desenvolvimento e Alinhamento de Lideranças."

Jim ficou desapontado. Na época, eu morava em Nova York, e ele, perto de Nova Jersey.

"Vou tomar a menor quantidade possível do seu tempo e disponibilidade", disse Jim. "Posso até mesmo pegar o trem para Nova York sempre que abrir uma brecha."

"Quais desafios específicos de liderança você está encarando agora?", perguntei. "Em que áreas você quer melhorar?"

"Não tenho um bom relacionamento com meu chefe imediato", ele respondeu. "Não sei o que fazer sobre isso. Sempre fui um colaborador eficiente e, pelo que sei, sempre me dei bem com meus chefes anteriores. Costumava ser o cara que resolvia as coisas. Agora, parece que estou em quarentena. Não sei como melhorar essa situação."

Desde a nossa primeira conversa, gostei de Jim. Ele era um líder com uma mentalidade agressiva padrão; nas suas dificuldades com seu chefe, eu percebia muito da minha conduta pregressa. Também cometi muitos erros como aqueles. Ao fazer uma manobra agressiva para obter uma vitória tática, às vezes eu criava atritos com a liderança e acabava prejudicando o desempenho da equipe no longo prazo e nossa missão estratégica. Essas lições, que aprendi da maneira mais difícil, poderiam beneficiar Jim e ajudá-lo a reconquistar a confiança dos seus superiores. Além disso, mesmo que ele não quisesse escutar tudo o que eu tinha para falar, Jim estava disposto a aprender e, portanto, aberto a ouvir e implementar minhas recomendações. Então, resolvi separar um tempo na agenda para ele.

"Ok", eu disse. "Vamos lá. Que tal nos encontrarmos em Manhattan nas próximas semanas?"

Jim estava animado para começar, então marcamos um horário e um local para reunião.

O lugar escolhido foi um clube de Nova York com uma decoração sofisticada, uma longa e célebre história e uma lista de membros que incluía líderes empresariais de grande sucesso e figurões de Wall Street. Criado na zona rural do sudeste do Texas, eu me sentia muito mais confortável com jeans e uma camisa de flanela ou com as roupas que vestia quando morava em San Diego: camiseta, shorts de surf e chinelos. Mas, como dizemos na Echelon Front, ninguém cresce na zona de conforto. Então, coloquei o terno e a gravata mais adequados ao local e fui me encontrar com Jim.

Minha primeira impressão confirmou o que eu já captara na conversa por telefone: Jim era um líder determinado e tinha um grande apreço pelo seu trabalho e pela sua equipe. Sem dúvida, ele queria ser o melhor, conquistar o respeito de colegas e outros líderes e melhorar sua postura na liderança. Depois de um papo inicial, abordamos o desafio que ele estava encarando na empresa.

"Acho que o chefe está pegando pesado injustamente com minha equipe porque não vai com a minha cara", Jim afirmou. Ele explicou que já havia sido elogiado por um resultado excepcional pelo vice-presidente sênior da divisão — o chefe do seu chefe.

"Aparentemente, esse elogio alimentou a indisposição do meu chefe em relação a mim", Jim continuou. "Isso culminou em uma grande cena um dia desses."

"Como foi essa grande cena?", perguntei.

"Foi há algumas semanas, durante a avaliação anual de desempenho", Jim respondeu. "O desempenho da equipe foi bom, no geral. Eu esperava notas altas, como as que já recebi no passado, e fiquei perplexo quando recebi dele uma avaliação com um valor bem mais baixo. De fato, poderíamos ter avançado mais em algumas áreas. Mas a avaliação foi muito inferior ao que eu havia previsto."

"Qual foi a sua reação?", perguntei.

"Eu explodi", Jim admitiu. "Achei aquilo tudo um insulto. Pior ainda, prejudicou a remuneração da equipe. As gratificações são determinadas com base na avaliação de desempenho. Notas mais baixas significam menos dinheiro para os membros da equipe e suas famílias. Fiquei furioso e abri o jogo com o chefe. O clima ficou tenso. Ele explodiu também, e eu saí da sala dele."

"Isso não parece nada bom", eu disse. "Pelo visto, você deixa seu chefe intimidado."

"Provavelmente, é verdade", Jim admitiu.

"Parece que o ego dele está causando tudo isso", eu disse. "O líder eficiente e confiante sabe apreciar o desempenho excepcional do líder subordinado e os elogios que ele recebe do alto escalão. Isso é ótimo para a equipe como um todo. Mas o líder fraco e sem confiança fica intimidado diante de profissionais competentes. Esse parece ser o caso dele."

"Compreendo essa situação porque você e eu somos muito parecidos", expliquei. "Eu me deparei com esse tipo de coisa várias vezes durante a minha carreira na Marinha, sem saber por quê."

Expliquei a Jim que, para a surpresa de muitos que nunca serviram, existem sim líderes fracos na Marinha e em todas as forças armadas dos EUA, como nos mais diversos setores do mundo dos negócios. Na verdade, durante a minha passagem pela Academia Naval, pelos dois navios em que servi e pelas Equipes SEAL, o número de líderes por quem tive uma grande admiração e respeito foi relativamente pequeno. Isso é natural, até mesmo em uma organização com critérios de admissão tão estritos quanto as Equipes SEAL: bons líderes são raros; líderes ruins são comuns.

Sem dúvida, em vários momentos, atuei em contato direto com chefes que eu achava fracos, avessos a riscos e até mesmo tímidos. Naquela época, eu era um líder jovem, inexperiente e cabeça-dura. Costumava bater de frente com os chefes por discordar de pontos irrelevantes. Depois, me sentia alienado, a ovelha negra do grupo de líderes novatos da equipe. Eu não gostava dessa sensação. Então, culpava os chefes. Algum tempo depois, percebi que muitos desses problemas estavam ligados às minhas ações. Se eu não respeitava o chefe, às vezes isso ficava evidente no meu modo de falar e na minha conduta. Diante de um superior que claramente não tinha confiança, eu inflava meu ego em vez de controlá-lo. Eu ignorava que o líder inseguro fica hipersensível diante da menor demonstração de conduta antiprofissional na comunicação com ele. As pessoas tendem a descrever essas situações como "conflitos ou choques de personalidades"; esses choques ocorrem quando dois indivíduos com mentalidades muito diferentes não se dão bem de nenhum modo. Mas isso não é desculpa. Expliquei para o Jim que havia muitos recursos à minha disposição (e que eu certamente deveria ter utilizado) para impedir o desenvolvimento desses atritos. Esse era mais um indicativo do poder de uma mentalidade baseada na *Responsabilidade Extrema*: não são os outros, mas *você* quem deve agir.

"E o que você pretende fazer agora?", perguntei.

Jim ainda não sabia o que faria. Ele discordara da avaliação do chefe e queria recorrer ao vice-presidente da divisão.

"Eu queria voltar à sala dele para resolver as coisas", Jim disse. "Mas tenho receio de que isso só piore as coisas e jogue mais lenha nessa fogueira, que já está alta."

"Se você for até a sala do chefe, apontar o erro dele e dizer que ele deve alterar a avaliação, o que acha que vai acontecer?", perguntei. "Mesmo que você apresente dados quantificáveis para ilustrar seu raciocínio, acha mesmo que pode ganhar essa discussão?"

Jim entendeu que essa linha de ação não teria o resultado esperado. De fato, só acirraria ainda mais as tensões. Mesmo que o mais alto escalão da empresa mandasse o chefe aumentar as notas da equipe, Jim e o grupo teriam que encarar dificuldades muito piores no longo prazo. Alterar a avaliação seria uma vitória de Pirro — uma vitória tática que traria uma derrota estratégica.

"É bom para a equipe que você tenha uma relação antagônica com o chefe?", perguntei. "Isso beneficia o grupo? Isso o beneficia?"

Jim compreendeu que essa atitude não seria boa para ninguém. Suas fricções com o chefe prejudicam a equipe como um todo.

"Para ser um bom líder, você tem que ser um bom seguidor", eu disse. "No momento, você está falhando como seguidor."

Jim se voltou para mim, surpreso. Meu comentário fora inesperado. Ele era um líder competente que não costumava falhar em nada. Eu sabia que provavelmente falara o oposto do que ele esperava. Mas essa era a verdade, e ele *precisava* ouvi-la.

"Falhar como seguidor é falhar como líder. Ou seja, você está falhando com a equipe", expliquei. "Será que não há nenhuma área em que você e a equipe podem melhorar? Você acha que, no momento, o desempenho do grupo é ideal e irretocável?"

Jim admitiu que, claro, havia áreas em que ele e a equipe poderiam melhorar. Logo que reconheceu esse fato, ele também afirmou que algumas das críticas que o chefe fizera na avaliação eram duras, mas não falsas. Ele e o grupo poderiam aplicar uma infinidade de recursos para melhorar a comunicação, aumentar sua eficiência e criar relacionamentos mais sólidos com os clientes e com os demais departamentos para viabilizar uma rede de suporte e incrementar a eficácia do processo.

"Escrevemos sobre isso no *Responsabilidade Extrema*", eu disse. "Essas coisas são simples, mas não fáceis. Mesmo que você tenha lido a obra várias vezes e conheça os conceitos básicos, pode ser difícil implementar os princípios na sua vida. Até Jocko e eu temos dificuldades às vezes, como todos — e somos os autores do livro!"

Minha orientação foi a seguinte: "Você precisa reconhecer que está falhando como seguidor. Converse com o chefe e assuma a responsabilidade. Aceite as críticas indicadas na avaliação e as notas baixas. Admita que há pontos a melhorar. Depois, explique detalhadamente ao chefe suas principais propostas para avançar nas áreas em que obteve notas baixas. Mas só falar não basta. Você deve fazer. Atue para incrementar cada uma das áreas."

Jim se voltou para mim, perplexo.

"Aprendi uma lição bastante difícil e importante com Jocko", expliquei. "Você tem que se empenhar para manter o mesmo relacionamento com todos os seus chefes, bons ou ruins. Um líder excepcional que você admira, um líder medíocre que pode melhorar ou um líder terrível que não tem o respeito de ninguém na equipe; em todos os casos, você deve se esforçar para criar o mesmo vínculo com o chefe."

Expliquei que o relacionamento com o chefe deve se basear em três objetivos:

1. Ele tem que confiar em você.

2. Ele tem que valorizar e solicitar sua opinião e orientação.

3. Ele tem que viabilizar o cumprimento da missão e permitir que você a execute.

"Não importa se o líder é bom, ruim ou indiferente", concluí. "Você sempre deve estabelecer um relacionamento sólido, baseado em confiança e suporte, com o chefe. Se conseguir, você será um líder de sucesso e sua equipe se sairá muito bem. Como a maioria da população mundial não tem essa habilidade, você deixará seus colegas comendo poeira e terá o melhor desempenho entre todos eles."

"Você tem uma missão de agora em diante", finalizei. "Construa um relacionamento melhor com o chefe. Seja um bom seguidor. Reconquiste a confiança dos seus superiores. Agora, vá e faça acontecer."

Aqui, o capitão "Main Gun" Mike Bajema e os bravos Soldados que tripulavam os tanques M1A2 Abrams que apoiavam as tropas desembarcadas dos EUA e do Iraque em Ramadi. Comandada por Mike, a Equipe Bulldog e seu batalhão, a Força-tarefa Bandit (1-37), formavam o grupo excepcional de Soldados que implementou agressivamente a estratégia de "Tomar, Limpar, Dominar, Construir" em um dos territórios mais violentos sob o domínio do inimigo na cidade: a região centro-sul de Ramadi. Como muitas unidades aliadas, como as Companhias Lima e Kilo do 3º Batalhão, 8ª Regimento Naval, 2ª Divisão Naval, operavam em uma pequena cidade a poucos quilômetros de distância, foi elaborado um plano de contingência com um sistema de alertas entre as forças aliadas a fim de reduzir o risco intenso de fogo amigo no campo de batalha.

(Fotografia de Mike Bajema)

CAPÍTULO 10
Planeje, mas Não Exagere

Leif Babin

CÍRCULO FIRECRACKER, RAMADI, IRAQUE: 2006

Meu coração estava a mil, quase saindo do peito, e eu mal conseguia respirar. O grupo inteiro corria alucinadamente pelo quarteirão. Eu avançava passo a passo, com o peso esmagador da mochila nas costas. Ela estava abarrotada de itens: granadas de mão, carregadores de fuzil, sinalizadores, baterias, projéteis calibre 40mm para o lançador de granadas M203, comida e água. Como aquela seria minha primeira operação no centro de Ramadi — uma área violenta, altamente perigosa e dominada pelo inimigo —, resolvi me preparar para todas as contingências possíveis. Por isso, levava munição suficiente para iniciar a 3ª Guerra Mundial. Mas, em vez de efetivamente liderar a equipe e zelar pelo bem-estar dos membros da patrulha, eu estava rastejando como um verme e comendo terra. Não podia fazer mais nada.

A operação consistia em acompanhar dois esquadrões de Fuzileiros da Companhia Lima (3º Batalhão, 8º Regimento, 2ª Divisão dos Fuzileiros — o 3/8) em uma patrulha por uma área bem conturbada no centro de Ramadi, perto de um cruzamento conhecido como "Círculo Firecracker". O nome não era uma referência às inofensivas bombinhas [*firecrackers*, em inglês] típicas das comemorações do 4 de Julho, mas às potentes bombas caseiras que arremessavam blindados imensos no ar e os explodiam em pedaços.

A Unidade de Tarefas Bruiser tinha acabado de chegar à cidade e aprendeu bastante com os Fuzileiros, que já combatiam na área havia várias semanas. Os Fuzileiros do 3/8 formavam uma excelente unidade e eram guerreiros profissionais e corajosos. As Companhias Lima e Kilo, com que colaboramos em várias operações de combate, tinham a missão de pacificar alguns dos setores mais violentos do centro de Ramadi. Para isso, saíam em patrulhas que faziam incursões arriscadas no território do inimigo, atacavam com agressividade, realizavam manobras arrojadas para se defender e lidavam com investidas frequentes e bem coordenadas dos insurgentes contra seus postos avançados, como as ofensivas simultâneas lançadas de múltiplas direções por dezenas de combatentes armados com metralhadoras, morteiros e enormes carros-bomba. Os bravos Fuzileiros se mantinham firmes e rechaçavam todos os ataques.

Tivemos a honra de trabalhar com o 3/8 em Ramadi. Seus membros deram uma grande contribuição ao célebre legado do Corpo de Fuzileiros Navais dos EUA, eternizado em Belleau Wood, Guadalcanal, Iwo Jima e Chosin, entre outras batalhas. À noite, eles realizavam "operações de censo" — embora o nome remeta a um simples procedimento administrativo de contagem da população local, essas missões não eram nada fáceis. Os Fuzileiros aproveitavam a escuridão e seguiam em patrulha por alguns dos pontos mais conturbados da cidade. Eles batiam nas portas, entravam nas casas e conversavam com as famílias, identificando os moradores do local, oferecendo ajuda e perguntando sobre possíveis movimentações do inimigo nos arredores. Antes de amanhecer, os esquadrões de Fuzileiros ocupavam prédios e montavam posições de vigilância para os snipers, que ali ficavam enquanto durasse a luz do dia. Quando o sol se punha e tudo escurecia, os Fuzileiros retomavam o censo.

Na minha primeira missão de combate no centro de Ramadi, duas seções de SEALs do Pelotão Charlie e um grupo de soldados iraquianos planejavam colaborar com os Fuzileiros em uma operação que duraria cerca de trinta e seis horas: se estenderia pela noite inteira e atravessaria o dia seguinte até a noite. Durante o planejamento da operação, os Fuzileiros recomendaram que o grupo se preparasse para ataques expressivos. Soubemos que eles já haviam sofrido ataques pesados naquela área, com investidas simultâneas de dezenas combatentes inimigos dispersos pelo terreno, munidos de metralhadoras carregadas com cintas de munição e lançadores RPG-7, além de ofensivas precisas de snipers inimigos. Mas os Fuzileiros só recorriam aos blindados e tropas da Força de Reação Rápida se houvesse um grande número de baixas. O alto risco de explosivos em torno do Círculo Firecracker inviabilizava o uso das estradas pelas tripulações dos veículos e pelas tropas desembarcadas. Essa opção ficava para o último caso. Portanto, a equipe estaria por conta própria e contaria apenas com o poder de fogo que seus membros carregassem para conter os ataques das centenas de insurgentes que ocupavam a área.

Vem muito chumbo grosso aí, pensei.

No início da minha carreira como SEAL, aprendi que elaborar um plano de contingência é crucial para o sucesso da missão. Quando a equipe analisa os pontos suscetíveis a erros em cada fase da operação e se prepara para esses cenários, pode superar esses desafios e concretizar seus objetivos. Era minha primeira vez naquele setor de Ramadi, mas eu já tinha ouvido várias chamadas pelo rádio com descrições de ataques inimigos e baixas entre as forças norte-americanas. Também havia lido os relatórios dos confrontos e acompanhado o transporte de feridos e mortos para o Hospital Charlie (o "Charlie Med") em Camp Ramadi. Então, eu sabia que a área era conturbada. Por isso, mergulhei de cabeça nos planos de contingência.

Graças à experiência de Tony Eafrati, o excelente chefe do Pelotão Charlie, a equipe tinha procedimentos consistentes que determinavam o equipamento-padrão que cada SEAL deveria levar nas operações: sete carregadores de fuzil M4, nossa arma primária; três carregadores de pistola; rádio, antena e bateria extra; duas M67 de mão, nossas granadas de fragmentação padrão; um mapa do campo de batalha; uma lanterna convencional e outra de cabeça; óculos de visão noturna e um suporte extra para esse item; baterias extras para todos os dispositivos; capacete de kevlar; colete leve de kevlar à prova de fragmentos e placas balísticas de cerâmica resistentes a disparos de armas de pequeno porte; quantidades específicas de comida e água; e assim por diante.

Aquele equipamento-padrão era pesado, especialmente em uma caminhada no calor iraquiano. Era final de primavera, e as temperaturas máximas já estavam na casa dos 40°C. Até mesmo à noite, os termômetros quase nunca saíam dos 30°C.

Além da carga protocolar, eu também levava outros itens. Na parte inferior do cano do meu M4, havia um lançador de granadas M203 calibre 40mm. Uma granada estava na câmara, e eu carregava mais seis projéteis de alta potência junto com o equipamento-padrão. Eu também levava uma caixa redonda com cem balas calibre 7.62mm em uma fita de munição para os metralhadores e um kit de sinalizadores para marcar posição e enviar sinais para as unidades aliadas.

Naquela operação, achei que era melhor sair pesado. Então, abri a mochila e me perguntei se ainda faltava alguma coisa. Várias contingências me ocorriam; muitas delas eram cenários apocalípticos.

Como seria se a equipe encarasse um ataque por muitas horas e ficasse sem munição?, pensei. Joguei na mochila mais quatro carregadores cheios para o M4. Além disso, coloquei uma bandoleira com doze granadas 40mm de alta potência.

Será que vou precisar marcar a posição do inimigo para os tanques e o apoio aéreo?, pensei. Joguei na mochila mais um carregador cheio de munição traçante, que marca a trajetória da bala com um rastro laranja. Também coloquei várias granadas de fumaça.

Se a equipe for cercada pelo inimigo, será que vai precisar de mais granadas de mão?, pensei. Coloquei mais três M67 na mochila.

Será que alguém vai estar sem granadas na hora? Coloquei mais duas granadas de fragmentação.

O que fazer se meu rádio parar de funcionar ou a bateria extra acabar? Coloquei um rádio extra e mais duas baterias na mochila. Mesmo que eu não usasse esses itens durante a operação, talvez algum membro do esquadrão precisasse deles.

Depois, chegou a vez da água e da comida. A duração prevista da missão era de trinta e seis horas.

Como vai ser se a operação se arrastar por quarenta e oito, talvez setenta e duas horas?, pensei. Eu não queria ficar sem água, ainda mais naquele calor. Nas operações anteriores, eu levara entre cinco e sete garrafas plásticas de 1,5 litro. Mas, para o caso de a ação exceder o tempo previsto, dessa vez levei doze. Isso equivale a cerca de dezoito quilos só de água. Também coloquei comida extra para qualquer eventualidade.

Cuidei de tudo e fiz vários planos de contingência. Mas, mesmo antes de sair da base, eu já sabia que havia exagerado. A mochila estava tão abarrotada de itens que eu mal conseguia fechá-la. Assim que instalei os suportes de carga e pus rapidamente a mochila nos ombros para colocá-la em um dos veículos que nos transportariam até a base dos Fuzileiros na outra margem do rio, senti um peso esmagador. Foi aí que percebi que isso seria um problema.

Durante a patrulha, vi que os Fuzileiros utilizavam o método "Correr e Proteger" enquanto nossa equipe aplicava o Cobrir e Mobilizar em pequenos avanços. No procedimento deles, dois atiradores cuidavam da segurança para que outros dois corressem a toda velocidade até o final do quarteirão. Esse método mitigava o risco associado à ação dos snipers inimigos, que passavam a lidar com alvos em movimento. As duplas avançavam dessa forma, e a patrulha percorria cada quilômetro e quarteirão da cidade em uma série de corridas.

Logo no início da caminhada, percebi que a coisa estava feia para o meu lado. O peso da mochila era terrível, eu mal conseguia respirar e meu uniforme estava encharcado de suor. Meus óculos de proteção ficaram completamente embaçados, e eu tive que removê-los.

Os SEALs se orgulham do seu complexo treinamento e do seu condicionamento físico de alto nível. Mas eu superestimara muito minha capacidade de carregar aquele peso todo. Era demais. Como ouvi dos instrutores do BUD/S quando participei do curso: "O cara mais estúpido tem que ser o mais forte." O equipamento excessivo fora um erro, e agora eu estava pagando o preço.

Mas não havia saída: eu tinha que segurar a barra e encarar a situação como um "Big Tough Frogman", o lema não oficial do Pelotão Charlie e da Unidade de Tarefas Bruiser.

Eu liderava aquele grupo formado por SEALs do Pelotão Charlie e por soldados iraquianos, mas estava tão cansado por conta daquele peso que acabei perdendo a consciência situacional e o foco na equipe e na missão. Só conseguia me concentrar em cada passo e em não desabar no chão. Ao final da operação, na noite seguinte, eu havia aprendido lições de humildade muito importantes.

O sofrimento às vezes é o melhor professor. Aquela foi uma lição inesquecível: não é possível se planejar para todas as contingências. Se você fizer isso, só ficará sobrecarregado e não conseguirá fazer manobras rápidas. Claro, os planos de contingência são extremamente importantes. Mas eu fora longe demais. Na verdade, deveria ter ponderado meu planejamento com base nestas perguntas:

Como seria se eu estivesse carregando peso demais e não conseguisse acompanhar a patrulha?

Como seria se eu ficasse tão exausto a ponto de focar só a minha conduta e não conseguir liderar com eficiência?

Como seria se o meu equipamento estivesse tão pesado a ponto de impedir qualquer manobra rápida e me deixar vulnerável a ataques do inimigo?

Essas ponderações teriam me ajudado a equilibrar os planos de contingência, evitando exageros e situações piores.

Evitar exageros no planejamento e não tentar se precaver contra todas as contingências possíveis é uma lição que se aplica aos líderes e às equipes. Aprendi isso com o Jocko durante o treinamento antes da missão. Certa vez, recebemos comandos dos instrutores para executar uma ação direta de invasão a fim de capturar ou eliminar um alvo específico, e eu queria montar uma equipe com o maior número possível de SEALs para entrar e limpar o local.

"Você não precisa de todos esses SEALs", disse Jocko, ao conferir o plano. "Isso só vai criar mais caos no local."

Jocko já participara de muitas ações diretas no Iraque. Eu não tinha nenhuma experiência, mas não compreendia seu comentário. O alvo era conhecido. Ele e outros caras poderiam oferecer resistência. Não seria melhor se a equipe entrasse com mais SEALs (mais atiradores) no local?

Só quando a Bruiser chegou a Ramadi, e depois de eu ter participado de missões desse tipo, entendi o que ele quis dizer. Após algumas ações de captura/eliminação, vi que Jocko tinha razão. Quando exagerávamos nos planos de contingência e mobilizávamos equipes muito numerosas nas operações de liberação, o excesso de SEALs no local só criava mais confusão, especialmente porque os soldados iraquianos sempre participavam dessas missões. Nesses casos, era muito mais fácil administrar uma equipe menor no local, além de ser muito mais flexível e eficaz. Quando era necessário aumentar o número de SEALs no prédio, mobilizar os SEALs encarregados da segurança no lado de fora era um procedimento mais acessível e controlável. Mas era bem mais difícil mobilizar os SEALs que estavam no local para apoiar uma ação no lado de fora, onde a situação oferecia menos condições de controle e um leque bem mais amplo de problemas. Depois que entendi isso, nosso desempenho nessas missões teve uma melhora notável. Compreendi que exagerar no planejamento (tentando resolver de antemão todos os problemas possíveis) pode criar muitas dificuldades, expor a tropa a riscos bem maiores e prejudicar nossa capacidade de cumprir a missão com eficiência.

Quando eu atuava como oficial de operações, costumava ver pelotões e unidades de tarefas planejando missões com um rigor microscópico, definindo onde cada SEAL deveria entrar e montar vigilância. Mas as missões nunca saem exatamente como foram planejadas. Essa abordagem detalhista desperdiçava muito tempo, e a tropa ficava confusa quando as coisas não ocorriam de acordo com o previsto. Aprendi a lição: um bom planejamento se baseia em flexibilidade, não em previsões específicas. As equipes mais eficazes são as que elaboram planos mais flexíveis.

Mas essa dicotomia tem outro lado: é essencial realizar um planejamento eficiente. Se a equipe não se preparar para contingências possíveis, provavelmente fracassará.

Embora o combate sempre esteja associado ao risco de ferimentos graves e morte, você não pode deixar o medo paralisá-lo. Aceite os perigos e a possibilidade de morrer. Mas um pouco de medo — o nervosismo antes de uma missão de combate de grandes proporções, a constante listagem de contingências e a preocupação com os itens esquecidos — é saudável para evitar a complacência e o excesso de confiança. Os líderes devem avaliar os riscos que podem ser controlados e mitigá-los da melhor forma possível com planos de contingência. Quando isso *não* ocorre, a liderança está falhando.

Na Batalha de Ramadi, em 2006, a Bruiser correu riscos extraordinários. Nossa equipe foi voluntária em incursões profundas no território inimigo, onde geralmente as demais forças dos EUA só chegavam depois de encarar grandes perigos e dificuldades. A Bruiser foi criticada pelos SEALs e por outras unidades de operações especiais pelos grandes riscos que corria ao apoiar as forças norte-americanas e iraquianas em operações de combate aos insurgentes em Ramadi. Eles não entendiam as importantes medidas que tomávamos ao planejar e mitigar os riscos associados a contingências controláveis. Também não sabiam das operações de combate que a Bruiser recusava (algo que não citamos em *Responsabilidade Extrema*). Fomos convidados a participar e dar suporte a várias operações, mas, depois de avaliar criteriosamente a situação, determinamos que não havia planos de contingência adequados. O risco superava o benefício.

Certa vez, uma unidade de operações especiais solicitou o apoio do Pelotão Charlie e dos soldados iraquianos com quem colaborávamos. A unidade precisava da cooperação de uma força iraquiana para receber a aprovação e executar uma determinada operação de combate. A missão consistia em penetrar em uma área violenta da cidade, sob o controle cerrado do inimigo. A unidade era relativamente novata em Ramadi. Seus membros haviam chegado poucas semanas antes e ainda estavam se ambientando ao campo de batalha, conhecendo as forças dos EUA que atuavam na área e estudando as táticas e habilidades dos combatentes inimigos. O líder deles era determinado e agressivo e estava sempre disposto a participar de operações de combate intensas. Sem dúvida, naquela zona, ele teria muitas oportunidades.

O plano da unidade era, no mínimo, ousado: conduzir os veículos pelo centro da cidade em plena luz do dia, utilizando uma via principal conhecida pelas altas concentrações de explosivos letais. Mas, quando conferi o esquema, não vi nenhum plano de contingência para esse cenário bastante provável.

"Vocês já pensaram no caso de uma bomba inutilizar um veículo na ida?", perguntei ao líder.

"Isso não vai ocorrer", ele respondeu, alegando que a blindagem e os aparelhos eletrônicos protegiam a tropa desse tipo de coisa.

Na Bruiser, aprendemos a montar planos de contingência para as rotas de entrada e de saída em todas as operações. Sempre pode haver uma bomba, um bloqueio ou um imprevisto que inviabiliza uma rota antes definida como transitável. Em cada missão, determinávamos uma rota primária, mas também rotas secundárias e terciárias. Dessa forma, se a rota principal fosse bloqueada ou ficasse intransitável, a equipe rapidamente implementaria a próxima alternativa, seguindo seu criterioso plano de contingência.

"Vocês têm rotas secundárias e terciárias para chegar ao alvo?", perguntei.

O líder da unidade fez um gesto negativo com a cabeça.

"Não é preciso", ele disse. "Esse é o melhor caminho até o alvo."

Pelo que eu tinha ouvido falar, aquela rota era uma das vias mais perigosas de Ramadi — portanto, uma séria candidata à via mais perigosa do mundo. As demais unidades, que operavam na região havia meses, tinham uma orientação direta: *Não conduzam veículos nessa via para não esbarrar em nenhuma bomba.* No entanto, a unidade não tinha um plano de contingência com rotas alternativas. Recomendei ao líder a definição de rotas alternativas, mas essa sugestão foi descartada.

Se um dos veículos acionasse uma bomba, mesmo que não houvesse mortos nem feridos na tropa, não conseguiríamos chegar ao alvo, o que prejudicaria bastante a probabilidade de sucesso da missão. Além disso, os explosivos não eram a única preocupação: em caso de bomba, o inimigo poderia atacar com armas leves e foguetes e arrasar os membros da patrulha, que estariam acuados no veículo parado, protegendo seus companheiros. Essas contingências eram prováveis e tinham que ser formuladas em um plano consistente. A equipe precisava saber o que fazer nesse cenário e como solicitar apoio. Mas o líder da unidade estava tão convicto do seu sucesso que não elaborara nenhum plano para essas contingências.

Deixei passar alguma coisa?, pensei. *Será que estou com aversão a riscos?*

O planejamento prosseguiu, e eu atravessei Camp Ramadi para falar com um comandante do Exército de grande experiência, que já estava na cidade havia mais de um ano. Ele e sua companhia eram veteranos da Guarda Nacional e, portanto, reservistas: Soldados de meio período que faziam exercícios um fim de semana por mês e duas semanas completas por ano. No mundo civil, eram carpinteiros, vendedores, professores, gerentes e empresários. Mas, depois de quinze meses servindo no campo de batalha mais violento do Iraque, eles haviam se transformado em guerreiros durões. Nossa equipe confiava na experiência deles e sempre buscava suas orientações.

Bati na porta do comandante, que me cumprimentou e me disse para entrar.

Diante do mapa, expliquei o plano da unidade de operações especiais, apontei a rota escolhida e os alvos e pedi a opinião dele.

Ele balançou a cabeça e disse: "Você não vai conseguir chegar nem na metade dessa rota sem acionar uma bomba. Pode esquecer o alvo."

"Meu instinto diz que tem algo errado aí", eu disse, apreciando aquele feedback sincero.

"Leif", ele continuou, com honestidade. "Se eu quisesse enviar um monte de caras para o hospital e para o necrotério, esse seria o plano."

Na mosca. Ele confirmara minhas suspeitas. Eu sabia que ele era audacioso como comandante e líder. Ele era agressivo, tinha uma excelente reputação e não se esquivava de situações perigosas e arriscadas. Ele e seus Soldados eram guerreiros corajosos por definição e já nos haviam dado suporte em várias missões de alto risco. Então, era melhor eu escutá-lo.

Atravessei Camp Ramadi novamente para falar com o líder da unidade. Na sala dele, falei sobre a minha conversa com o comandante da Guarda Nacional. Pedi que ele revisse o plano e determinasse rotas alternativas até o alvo. Destaquei que o risco de explosivos era uma contingência de grande probabilidade e que a equipe tinha que estar preparada para isso. Mas ele só demonstrou indiferença, pois ainda estava convicto do plano.

"Esses caras da Guarda Nacional", ele respondeu. "Eles têm horror a riscos. Vamos entrar com tudo, levando blindados e um imenso poder de fogo."

As unidades de operações especiais têm mais treinamento, um equipamento melhor e um orçamento maior para a aquisição de materiais. No entanto, a unidade da Guarda Nacional, mesmo sem formação em ações de alta velocidade nem equipamentos sofisticados, havia se destacado naquele campo de batalha inóspito e conquistado um grande respeito entre as unidades dos EUA que atuavam na área, como a nossa e muitas outras. Além disso, a Guarda Nacional tinha algo muito melhor do que treinamento e equipamentos modernos: quinze meses intensos de experiência em combate em Ramadi. Nesse intervalo, repleto de confrontos armados diários e atentados com bombas letais, esses Soldados passaram no grande teste da guerra, mas preservaram sua humildade a ponto de respeitar o inimigo e suas habilidades.

Continuei tentando convencer o líder da unidade a criar um plano alternativo que abordasse as contingências e os cenários mais prováveis ou a esperar uma oportunidade melhor para atacar o alvo prioritário. Mas não consegui persuadi-lo a adiar a operação.

Eu lhe disse que os SEALs e os soldados iraquianos que integravam nosso grupo não participariam. Esperava que, sem a cooperação dos iraquianos, talvez a missão não fosse aprovada. Infelizmente, eles foram autorizados a executar a missão, e, apesar dos alertas, o líder da unidade prosseguiu com a operação. Alguns dias depois, em plena luz do dia — ao meio-dia — eles iniciaram a ação.

A unidade não atingiu o alvo.

Mais tarde, fomos informados sobre aquela missão: o comboio de blindados havia percorrido uma pequena extensão da via, apesar das recomendações em contrário, quando uma bomba caseira explodiu embaixo do veículo principal. O imenso blindado ficou inutilizável e pegou fogo, e houve vários feridos entre os combatentes que ele transportava. Como não podiam abandonar o veículo e os feridos, os demais integrantes do grupo ficaram acuados pelo intenso fogo do inimigo durante várias horas, esperando por ajuda. Finalmente, uma unidade militar conseguiu chegar ao local e rebocou o blindado. Foi um milagre que ninguém tenha morrido, apesar dos vários casos de ferimentos graves. Mas foi por um triz; e essa lição de humildade, sem dúvida, destacou a importância de um planejamento criterioso. Se o líder da unidade tivesse me escutado e analisado as contingências mais prováveis, ele nunca teria escolhido essa rota. Em vez disso, ele e a equipe teriam determinado uma alternativa na qual não haveria feridos nem veículos destruídos, o que aumentaria a probabilidade de sucesso da missão.

Princípio

Um planejamento criterioso é essencial. No Capítulo 9 de *Responsabilidade Extrema,* escrevemos que planejar a missão corresponde a "não minimizar a importância de nenhum aspecto e preparar a equipe para as contingências mais prováveis, maximizando a possibilidade de sucesso da missão e mitigando os riscos impostos à tropa". Em combate, os perigos são óbvios, mas também há riscos significativos no mundo dos negócios, como os associados ao sustento das pessoas: seus empregos, carreiras, capital, iniciativas estratégicas e sucesso em longo prazo. Os líderes devem gerenciar esses riscos com planos criteriosos de contingência aplicados a eventos controláveis. Mas nem todo risco pode ser controlado.

No planejamento, existe uma dicotomia que os líderes devem equilibrar. Não é possível fazer planos para todas as contingências. Quando você cria soluções para todos os problemas possíveis, sobrecarrega a equipe e o processo de planejamento e dificulta bastante as decisões dos líderes. Em vez de prevenir e resolver problemas, o planejamento excessivo cria mais dificuldades que, às vezes, são muito mais complexas. Portanto, é essencial que os líderes abordem só as contingências mais prováveis em cada fase da operação. Determine, no máximo, quatro contingências e o pior cenário possível para cada etapa. Assim, a equipe ficará mais bem preparada para executar o serviço e concretizar a missão.

No entanto, é importante que os líderes administrem a dicotomia do planejamento sem exagerar na direção oposta, ao *ignorar* os planos de contingência. Quando os líderes minimizam possíveis ameaças e problemas, criam dificuldades maiores para a equipe e podem prejudicar totalmente a missão. Em todos os níveis, os líderes devem combater a complacência e o excesso de confiança. O sucesso é muito bom em produzir arrogância — como ocorre em uma série de vitórias no campo de batalha ou nos negócios. Os líderes de combate nunca devem esquecer que as vidas dos membros da tropa dependem deles. No mundo dos negócios, os líderes também devem ter em mente o sustento e as carreiras dos seus funcionários e colaboradores e a integridade do capital investido. Cada risco deve ser criteriosamente avaliado e ponderado segundo o respectivo benefício para a equipe e para um resultado positivo na missão estratégica. Planos de contingência criteriosos e consistentes são essenciais para a gestão dos riscos e para a vitória do grupo. É difícil equilibrar a dicotomia entre esses dois polos. Mas é essencial que o líder entenda que, para obter sucesso, ele deve planejar, mas sem exagerar.

Aplicação no Mundo dos Negócios

"Acho que não analisamos adequadamente as contingências", o diretor de operações disse. "Eu falei sobre o assunto, mas ninguém me levou a sério."

Jocko e eu estávamos na sala do diretor. Nosso objetivo era iniciar o Programa de Desenvolvimento e Alinhamento de Lideranças voltado para a equipe de executivos seniores e gerentes intermediários da empresa. A organização tivera uma série de resultados positivos nos últimos anos devido, em grande parte, a uma liderança inteligente e agressiva, sempre disposta a maximizar a presença da empresa no mercado e superar os principais concorrentes no setor. O sucesso do empreendimento viabilizou a captação de capital adicional. Agora, a empresa tinha recursos para investir em sua expansão.

As vitórias estimularam a confiança da equipe de executivos e dos líderes de departamento — mas nenhum deles estava tão confiante quanto o CEO. Ele estava determinado a crescer e tinha um estoque infindável de ideias grandiosas. O diretor de operações recomendava cautela e uma avaliação criteriosa dos riscos inerentes ao contexto.

"Na sua opinião, quais são os principais riscos?", Jocko perguntou.

"Queremos gerar crescimento em várias direções ao mesmo tempo", respondeu o diretor.

"Abrir uma só subsidiária já é algo caro e arriscado", ele prosseguiu. "Mas estamos abrindo duas subsidiárias ao mesmo tempo. Também estamos ampliando a sede da empresa, contratando dezenas de funcionários administrativos e alugando mais três andares no prédio da sede executiva por um longo período. São mais de cem salas, uma despesa expressiva em longo prazo. Esses planos parecem coerentes agora, mas, se ocorrer uma crise no mercado ou um problema substancial no processo produtivo, o planejamento todo pode ir por água abaixo."

"Ok. Essas possibilidades são reais", eu disse. "Parece que a equipe precisa de planos de contingência mais específicos."

"De fato", o diretor continuou. "Admito que é necessário correr alguns riscos durante a expansão da empresa. Mas temos que definir formas de lidar com essas situações. Estou apreensivo porque acho que a empresa está excedendo sua capacidade financeira."

"Na sua opinião, por que o CEO está implementando essas iniciativas simultaneamente?", perguntei.

Já havíamos trabalhado com muitas empresas em rápida expansão. Algumas eram agressivas no lançamento de novas iniciativas e atingiam resultados extraordinários. Outras corriam muitos riscos simultâneos, gastavam muito capital e obtinham pouco retorno; então, tinham que recuar e formular uma estratégia de crescimento mais criteriosa.

"Ao que parece, esses empreendimentos contêm oportunidades significativas", ele respondeu. "Estou comprometido com o crescimento e a maximização da presença da empresa no mercado. Mas, de fato, não temos os planos de contingência que você mencionou — esse é o problema. Caso o mercado entre em colapso, ocorra um grande recall de um produto ou uma das subsidiárias se saia mal, a perda será expressiva, mas não catastrófica. Mas, se as duas subsidiárias quebrarem ao mesmo tempo, a empresa pode naufragar também. Pode ser o fim de tudo."

Com planos de contingência criteriosos, o CEO e a equipe de liderança poderiam mitigar essa possibilidade. Lançar a primeira subsidiária e só após o sucesso desse empreendimento abrir a outra seria uma jogada muito mais segura.

"E a contratação de funcionários administrativos?", perguntei. "Você acha que isso é desnecessário?"

"Sei da necessidade de mais funcionários administrativos", ele respondeu. "Recebemos várias solicitações dos chefes de departamento nesse sentido. Compreendo a situação. Mas acho que alugar um espaço com capacidade para cem salas representa um custo excessivo. Por que não alugar só mais um andar em vez de três? Alguém sabe como a economia estará daqui a um ou dois anos? Até aqui, a empresa só passou por bons momentos. Ainda não tivemos a oportunidade de experimentar tempos difíceis. E se a economia der uma virada para pior e a empresa perder contratos importantes? Pagar esses salários adicionais será muito difícil; mesmo que os funcionários sejam demitidos, ainda teremos que arcar com o aluguel das salas vazias, gastando boa parte de um capital que talvez não tenhamos em caixa."

Sua avaliação parecia bem sensata. Claramente, ele não tinha uma aversão total a riscos, mas estava ciente da possibilidade de imprevistos e, por isso, recomendava cautela diante dos riscos assumidos pela empresa e destacava a falta de medidas para mitigá-los. Por isso, os planos de contingência são tão críticos para o sucesso da missão.

"Em combate, era crucial avaliar criteriosamente os riscos e desenvolver planos de contingência voltados para possíveis cenários negativos", eu disse. "Depois de analisar esses riscos, determinávamos o que poderíamos controlar para reduzi-los. Com esse planejamento de contingências, adotávamos as medidas necessárias para lidar com a incerteza nos resultados das operações de combate. Isso também vale para você e sua equipe."

"Nas áreas dominadas pelo inimigo em Ramadi, onde o nível das ameaças era muito elevado, atuávamos para reduzir os riscos de ataques", continuei. "Como as bombas nas estradas eram a maior ameaça, nossos veículos não trafegavam nas piores áreas. Nossa patrulha saía a pé. Nos locais com alta probabilidade de ataques, montávamos posições de vigilância nos prédios para os snipers e uma rede de posições de suporte mútuo. O planejamento das contingências nos ajudava a gerenciar os riscos, até mesmo as ameaças extremas desse contexto."

Jocko complementou: "Talvez você ache que todos os SEALs são Big Tough Frogmen sempre dispostos a participar de uma troca de tiros. Em muitas situações, é isso mesmo. Temos que ter coragem diante do fogo inimigo e arriscar nossas vidas sempre que necessário. Mas não podemos ser idiotas. Não podemos correr riscos desnecessários que atrapalhem o cumprimento da missão estratégica e coloquem a tropa em perigo. Como líderes, temos que atuar com inteligência e mitigar os riscos controláveis. Com uma avaliação criteriosa dos riscos, podemos desenvolver planos de contingência para executar e cumprir a missão da maneira mais eficaz e minimizar os riscos para os SEALs."

Jocko explicou ao diretor que, durante o treinamento, os SEALs testam seus líderes para estimular sua humildade a fim de, com sorte, evitar que isso ocorra em combate, com as vidas dos seus colegas em risco.

"Temos uma 'casa de tiro' onde praticamos manobras em corredores, arrombamento de portas e limpeza de compartimentos. Nesse treinamento, geralmente, há ataques simulados com munição de paintball ou instrutores e voluntários disfarçados de adversários que disparam balas de festim", Jocko disse.

Jocko descreveu os muitos cenários que impõem situações terríveis para a unidade SEAL e como o líder deve se afastar da ação e analisar os riscos.

"Por exemplo", Jocko disse, "nossa equipe de instrutores colocava metralhadoras inimigas em uma casamata protegida, com visão para um longo corredor onde os adversários cenográficos atacavam o pelotão que tentava limpar o prédio. O líder enviava dois artilheiros para o corredor, na direção do fogo inimigo. Esses dois SEALs eram surpreendidos por um grande incêndio e por dezenas de balas de paintball que os atingiam em alta velocidade. Os instrutores abatiam os artilheiros, que recebiam instruções para se deitar no chão do corredor, simulando sua morte. O líder normalmente enviava mais dois artilheiros. Os resultados dessas tentativas de atacar a posição fortificada eram sempre os mesmos: mais dois SEALs 'mortos'. Então, o líder enviava mais dois artilheiros até o corredor se encher de mortos — felizmente, tudo fazia parte da simulação".

"Nesse ponto, tínhamos que intervir", complementei. "Eu perguntava ao líder: 'Você acha que é uma boa ideia continuar enviando mais SEALs para a morte certa?' Quando o líder respondia que não, eu explicava que avançar em direção ao inimigo era corajoso, mas não prudente. Isso só levaria à aniquilação total do grupo. E, pior, eles não ficavam nem um pouco perto de cumprir a missão, eliminar a ameaça e limpar o local. Então, eu destacava a necessidade de um plano de contingência — ele tinha que definir outra forma de lidar com o problema: 'Você pode enviar dois artilheiros para o lado de fora do prédio? Existe outra entrada, janela ou porta que permita atacar o inimigo pela retaguarda?', eu perguntava."

"Víamos quando a lâmpada se acendia na cabeça do líder e ele percebia que não só podia como devia fazer isso para obter sucesso na liderança", Jocko disse. "É dever do líder mitigar os riscos controláveis."

"Passei pelos mesmos problemas quando participei do treinamento", eu disse. "No momento, era difícil avaliar a situação. Mas, quando fiz isso, percebi que nosso desempenho seria muito melhor se tivéssemos planos de contingência criteriosos. Se, antes de iniciar a operação, eu definisse a melhor forma de reagir diante de um cenário provável, seria mais fácil tomar essa decisão quando chegasse a hora. Melhor ainda, se eu informasse a equipe sobre as medidas aplicáveis a um determinado cenário, o grupo poderia executar a ação até mesmo sem orientação imediata."

Jocko complementou: "E o melhor de tudo: quando os líderes analisavam uma contingência provável — como metralhadoras inimigas instaladas em uma casamata no local — e planejavam criteriosamente a forma como lidariam com essa situação, eles definiam alternativas para cumprir a missão e mitigar os riscos para a equipe. Em geral, entravam no prédio por uma via imprevista e pegavam os adversários desprevenidos. Quando isso acontecia, o pelotão dizimava os combatentes inimigos e cumpria a missão sem nenhuma baixa."

"Esse é o caminho", eu disse. "Todos os empreendimentos comerciais têm riscos inerentes. Mas, ao analisar e planejar ações criteriosas para administrar as contingências mais prováveis, você mitigará essas ameaças. Embora não seja possível criar planos para todos os casos, você ainda precisa aplicar um planejamento consistente para mitigar os riscos controláveis (de qualquer forma, evite o planejamento excessivo). Equilibrar as demandas do planejamento e evitar exageros é fundamental. Parece-me que agora você precisa planejar mais para se preparar e reagir adequadamente diante de contingências prováveis."

Ato contínuo, Jocko e eu incentivamos o diretor a mobilizar seus superiores para elaborar um plano abrangente, com uma avaliação objetiva dos riscos e as respectivas ações para mitigá-los. O diretor deu início a um planejamento agressivo, a fim de atingir as metas estabelecidas pelo CEO, e adotou planos de contingência criteriosos para aumentar a probabilidade de sucesso da missão no longo prazo.

Aqui, o local de armazenamento de munição no espaço de planejamento do Pelotão Charlie, que também servia como sala de reuniões da Unidade de Tarefas Bruiser. Os SEALs aprendem desde o primeiro dia que a violência das ações e um poder de fogo superior são os fatores decisivos nos confrontos armados. A Bruiser também concorda.

(Fotografia dos autores)

CAPÍTULO 11
Seja Humilde, mas Não Passivo

Leif Babin

ROTA MICHIGAN, REGIÃO CENTRO-SUL DE RAMADI, IRAQUE: 2006

A tensão dominava o comboio quando os Humvees cruzaram o centro de Ramadi pela estrada principal, que as forças dos EUA chamavam de "Rota Michigan". Era dia e, por mais insano que pareça diante da alta frequência de ataques violentos, alguns moradores e veículos civis trafegavam pela via.

Cada buraco e detrito na estrada podia ser uma bomba capaz de provocar explosões, estilhaços e mortes. As muitas crateras e veículos carbonizados ao longo da via serviam como lembretes sombrios disso. Havia também um grande risco de emboscadas. Insurgentes armados com lançadores RPG-7 e metralhadoras talvez estivessem escondidos nos prédios, prontos para atacar a qualquer momento.

Nas torres, os SEALs operavam metralhadoras e analisavam minuciosamente o terreno em busca de ameaças. O peito e a cabeça deles ficavam expostos, acima do teto dos Humvees e da blindagem dos veículos. Três lados da torre eram blindados, mas o atirador ainda ficava vulnerável. Dentro do veículo, também monitorávamos possíveis ataques, observando o exterior através do vidro espesso e empoeirado do para-brisa e das janelas blindadas. Mas a melhor proteção para os SEALs na torre — e a melhor defesa para o comboio — era nossa postura:

ultra-agressiva, com armas apontadas para todas as direções, e artilheiros em constante estado de alerta, sempre preparados para aniquilar qualquer indício de ameaça. Nosso objetivo era fazer com que o adversário pensasse duas vezes antes de atacar e esperasse por um alvo mais fácil. Os *muj*[1] falavam sempre em martírio, mas nunca queriam *nossa* ajuda para entrar no reino dos mártires. A possibilidade de ser neutralizado antes de causar danos expressivos intimidava o adversário.

Até ali, a postura agressiva da patrulha — com uma pitada de sorte — rendera bons resultados, e nenhuma ameaça ostensiva havia sido identificada. Nosso comboio atravessava o centro de Ramadi, passando pelos postos dos Fuzileiros na sede do governo e pelo OP VA[2], pequenos enclaves de esperança e segurança em meio a um oceano de violência e barbárie. Os bravos Fuzileiros que atuavam nesses postos pertenciam às Companhias Kilo e Lima (3º Batalhão, 8º Regimento) e encaravam ataques intensos, frequentes e bem coordenados, lançados por um grande número de insurgentes. Os postos eram posições altamente fortificadas, camufladas com telas que protegiam aqueles jovens e sempre atentos Fuzileiros da ação dos snipers inimigos. Tínhamos um grande apreço e admiração por eles.

Também tínhamos um grande respeito pelos Soldados da Equipe Bulldog (Companhia Bravo, Força-tarefa 1/37), grandes amigos com quem colaboramos em dezenas de operações de combate. Nosso comboio havia saído da base de operações da Bulldog, o posto avançado Falcon, onde viviam "Main Gun" Mike Bajema e seus Soldados, que combatiam os insurgentes naquela conturbada região centro-sul de Ramadi. Junto com os soldados iraquianos que nos acompanhavam, os SEALs do Pelotão Charlie (Unidade de Tarefas Bruiser) haviam passado as últimas vinte e quatro horas em uma missão de vigilância com snipers

---

1 *Mujahidin*: Termo árabe que designa os combatentes que promovem o jihad; no Iraque, os insurgente se definiam como *mujahidin*. As forças dos EUA usavam a forma abreviada *muj*.

2 OP VA: O Observation Post Veterans Affairs [Posto de Observação no Departamento de Assistência aos Veteranos, em tradução livre] era um posto avançado dos Fuzileiros situado na antiga sede do Departamento de Assistência aos Veteranos iraquiano.

e patrulhas naquela zona perigosa. O pelotão teve que encarar confrontos armados bastante complexos. Havíamos encerrado mais uma bateria de operações violentas em meio ao calor brutal do verão iraquiano. Como sempre, era ótimo apagar um grande número de combatentes inimigos, impedir seus ataques e restringir sua movimentação — e tudo isso sem nenhuma baixa do nosso lado. Concretizamos nossos objetivos táticos na região centro-sul e saímos do posto Falcon, mas a operação de combate só acabaria quando o grupo chegasse à base. Como a imensa maioria das baixas entre as tropas norte-americanas no Iraque era causada pelas bombas que explodiam nossos veículos, os trajetos de saída e retorno para a base eram, estatisticamente, a parte mais perigosa da operação.

Os Humvees seguiam em alta velocidade, e os veículos civis nos davam passagem na estrada. Embora a maioria só transportasse habitantes locais, um daqueles veículos podia ser um carro-bomba prestes a desencadear uma explosão potente e letal. Nossos motoristas ultrapassavam os veículos civis, tomando, em seguida, a maior distância possível deles. Atravessamos a ponte sobre o Canal Habbaniyah, a linha que separava o centro de Ramadi do bairro Tameem, a oeste. Estávamos bem perto da base.

A tropa estava cansada, fatigada e exausta. O calor torturante do verão iraquiano era terrível, e o suor que encharcara nosso pesado equipamento nas últimas vinte e quatro horas ou mais explicava tantos rostos marcados pela desidratação. Pensávamos o tempo todo nos confortos materiais da base: ar-condicionado, chuveiros, comida quente e um afastamento temporário do perigo imediato de ferimentos e mortes.

Em pouco tempo, já estávamos perto da saída da Rota Michigan que levava ao Ogden Gate, um portão nos fundos de Camp Ramadi, a base dos EUA na área.

"Virar à direita, virar à direita", o navegador principal orientou pelo rádio. Os veículos reduziram a velocidade a trezentos metros do portão. Esse cuidado era uma medida prudente nas aproximações do Ogden Gate. Os Soldados armados com metralhadoras que nos davam cobertura não estavam visíveis, mas ocultos atrás das telas camufladas que envolviam as torres de segurança fortificadas. Eles encaravam ataques frequentes dos insurgentes, com atiradores de elite, metralhadoras e morteiros. Saindo da Rota Michigan, a via de acesso ao portão estava coberta de poeira devido ao tráfego constante de tanques e blindados. Uma areia fina se infiltrava nas espessas nuvens de poeira, que penetravam no interior dos veículos. Esse "pó de lua" dificultava a respiração e a visão dentro e fora dos Humvees. Por isso, não conseguíamos ver o veículo poucos metros à frente do nosso nem os que vinham atrás.

Nosso comboio parou em frente ao imenso reboque de tanques M88 que servia de portão. Quando um tanque M1A2 Abrams (68 toneladas) ou um veículo de combate Bradley (27 toneladas) quebrava, tinha que ser rebocado por um veículo bastante pesado. O M88 foi projetado para esse tipo de situação. Mas, no Ogden Gate, o M88 bloqueava possíveis ataques do inimigo com sua arma mais devastadora, os famosos "carros-bomba". Nossa equipe se apresentou aos Soldados no portão, informando nosso indicativo de chamada e a contagem total de membros. Quando fomos liberados, um Soldado entrou no imenso M88, deu a partida no motor e, com um ruído forte das lagartas, tirou o gigante do meio do caminho para que o comboio entrasse na base, nosso lar doce lar.

Na base, todos poderiam relaxar, até os artilheiros que ficavam nas torres. Do instante em que saíamos dali até o segundo em que entrávamos pelo portão, cada momento era decisivo. Mas, lá dentro, era só seguir pela rota que cruzava a base para chegar na parte de Camp Ramadi onde vivíamos e trabalhávamos: a Sharkbase[3]. Naqueles intervalos sem a pressão do combate, sempre havia descontração e papo furado no rádio. A via que atravessava a base passava pelo cemitério de veículos, para onde as carcaças retorcidas e queimadas dos blindados norte-americanos e iraquianos eram rebocadas após os ataques com bombas. Aquele era um lembrete sinistro dos perigos que existiam fora da base e de que era uma sorte estar vivo ao fim de mais uma operação, depois de atravessar em comboio aquela cidade traiçoeira.

---

3 Depois, mudamos o nome da Sharkbase para Camp Marc Lee, em homenagem ao SEAL morto em combate em 2 de agosto de 2006.

Atravessamos Camp Ramadi e chegamos a um portão lateral, onde uma via de acesso se estendia até a Sharkbase. Paramos os veículos na rua em frente a dois prédios de madeira com teto de zinco, o refeitório e o espaço de planejamento do Pelotão Charlie.

"Parando, parando", foi a orientação que veio pelo rádio.

Missão cumprida. Abri a pesada porta blindada do Humvee e saí. Depois de checar se estava tudo ok, coloquei as armas e o capacete na mesa do espaço do pelotão e fui até Jocko.

A sala dele ficava no prédio principal, uma estrutura ornamentada com colunas que já fora a sofisticada residência de alguns partidários do regime de Saddam Hussein, antes da invasão norte-americana ao Iraque. Agora, o local era nosso centro de operações táticas. Atravessei a cozinha e entrei no centro; lá, cumprimentei os analistas da Bruiser: os técnicos em sistemas de informação e os especialistas em operações com quem nos comunicávamos quando não havia ameaças concretas. Embora não fossem SEALs, esses caras do suporte eram essenciais para a equipe. Entrei na sala de Jocko e o cumprimentei.

"Deus é um SEAL", eu disse, repetindo algo que sempre falava quando a equipe retornava. "Escapamos por pouco de alguns desastres, mas conseguimos trazer todo mundo são e salvo."

Informei ao Jocko que estava tudo bem com o pessoal e o equipamento e que todos estavam na base.

"Certo", Jocko respondeu, com um sorriso. "Seja bem-vindo outra vez."

À medida que atuávamos em Ramadi, eu concluía que, apesar de um planejamento criterioso e meticuloso para mitigar os riscos de ferimentos graves e morte, essas possibilidades sempre estavam presentes nas operações. Só podíamos agradecer à providência divina por não perdermos combatentes em todas as missões. Como Ele cuidava tanto de nós e nos tirava de tantas enrascadas, tínhamos certeza de que Deus era um SEAL ou um Frogman, como diriam nossos precursores das Equipes de Demolição Subaquática.

O combate costuma ser um professor severo, mas, no campo de batalha em Ramadi, ele era brutal. Nossa humildade era constantemente testada pelos perigos e desafios dos confrontos urbanos. Eu comandava o Pelotão Charlie e, muitas vezes, a força terrestre (como líder sênior) em muitas operações de combate. Quando conquistávamos uma vitória importante, e eu ficava um pouco arrogante, logo minha humildade era novamente testada, pois o inimigo aplicava uma tática inovadora que até então desconhecíamos ou explorava alguma vulnerabilidade nossa com um ataque. Minha humildade era constantemente desafiada ao perceber o que eu poderia melhorar: um foco maior no sistema de alertas para evitar conflitos com outras forças dos EUA; um intuito do comandante mais simples, objetivo e conciso; delegação de mais poderes aos líderes novatos. Nesse campo de batalha, era preciso "ser humilde ou aprender a ser humilde".

Jocko estava sentado em frente à tela do computador. Seu foco estava direcionado para outro tipo de combate. Ele e sua equipe processavam uma infinidade de solicitações do alto-comando, respondiam aos seus contínuos questionamentos e lhes encaminhavam montanhas de documentos. Esse zelo do Jocko liberava a equipe dessas atividades, para que eu e o Pelotão Charlie, bem como nossos irmãos do Pelotão Delta, só nos concentrássemos nas operações.

"O grupo de tarefas está enchendo a paciência para que a unidade forneça um E6 e cubra uma missão especial", Jocko me informou.

Não gostei nada daquilo. Situado a cerca de quarenta e cinco quilômetros de distância, na cidade de Faluja, o grupo de tarefas, o alto-comando imediato, queria que a nossa unidade indicasse um SEAL experiente (um suboficial de primeira classe, no mínimo) para participar de alguma ação.

"Qual é a missão?", perguntei.

Jocko explicou que a tarefa era altamente confidencial, mas contava com a influência e a supervisão dos níveis mais avançados da cadeia de comando.

"Essa vem diretamente do CJSOTF", ele disse.

O "CJSOTF"[4] mandava nos nossos chefes e coordenava todas as forças de operações especiais no Iraque. Pelo visto, o grupo de tarefas estava sendo pressionado pelo alto escalão para arranjar um SEAL que completaria um grupo. Aparentemente, isso era importante, mas me preocupava a possibilidade de o comando superior desfalcar meu estimado pelotão. Meu instinto de proteção foi acionado.

Às vezes, é difícil para o líder se afastar um pouco para pensar além da missão imediata da equipe. Essa indisposição ao compartilhar recursos e subordinados importantes é um reflexo natural dos líderes, pois dificulta sua atuação mesmo que, em última análise, seja positivo para a equipe como um todo e para a missão estratégica. Mas uma função importante da liderança é preservar um nível suficiente de humildade para analisar o quadro geral e não focar só suas demandas. Com Jocko, aprendi que a humildade é a qualidade mais importante do líder. Na Bruiser, não havia espaço para arrogância nem egocentrismo. Essa importância da humildade indicada por Jocko foi confirmada várias vezes durante nosso turno em Ramadi.

Logo percebi que o mundo não girava em torno de mim e da minha equipe — o Pelotão Charlie. Nossa participação era só uma pequena parte das imensas operações que ocorriam em Ramadi e nas áreas próximas à província de Anbar. Tivemos a honra de dar suporte aos milhares de Soldados e Fuzileiros da Brigada "Ready First" em suas primeiras ações na área.

Além disso, ser humilde também consiste em admitir que nem tudo pode ser previsto. Não tínhamos todas as respostas. Por isso, nossa equipe teve que aprender e colaborar com as unidades que já atuavam em Ramadi havia mais tempo para cumprir as determinações dos nossos superiores e nossa missão. Não

---

4 CJSOTF: Combined Joint Special Operations Task Force [Força-tarefa para Operações Especiais Conjuntas e Combinadas, em tradução livre].

era uma questão de apagar muitos insurgentes nem de realizar muitas operações. A verdadeira medida do sucesso nas operações de combate à insurgência de que participávamos era a estabilização e a pacificação da cidade no longo prazo. Era preciso ser humilde para entender que o alto-comando, o grupo de tarefas e nossos superiores tinham uma visão estratégica que nos faltava.

Ser humilde era compreender a importância da visão estratégica do chefe. Era fazer o possível para apoiar as forças convencionais com que colaborávamos, os soldados iraquianos que treinávamos e orientávamos em combate e, claro, nossos superiores. Ser humilde era abaixar a bola do grupo, seguir as instruções e fazer o melhor trabalho possível.

Mas, ao mesmo tempo, ser humilde contém uma dicotomia: humildade não quer dizer passividade. É preciso se impor e resistir em certas ocasiões. Embora eu não tivesse acesso ao quadro estratégico mais amplo, pertinente ao chefe e à sua equipe no grupo de tarefas, eles também não compreendiam como as orientações estratégicas influenciavam nossas operações táticas na linha de frente. Era meu dever comunicar essas informações para os superiores. Para atingir um equilíbrio na humildade, o líder tem que saber o momento de se impor.

Compreendi esse ponto quando fomos destacados para atuar com os soldados iraquianos. Como Jocko descreve em detalhes no Capítulo 3 de *Responsabilidade Extrema*, quando a Bruiser chegou a Ramadi, o CJSOTF instruiu todas as unidades de operações especiais na área a atuarem em cooperação com as forças de segurança iraquianas, formadas por soldados mal treinados, mal equipados e, no geral, pouco ou nada confiáveis. Depois de muita resistência inicial, analisamos os fatores que justificavam essa medida. Depois de determinar e comunicar o *porquê* aos pelotões, a Bruiser aceitou essa missão e deu início à sua execução, apesar das dificuldades e perigos inerentes a essa situação.

Mas muitas unidades de operações especiais, inclusive entre os SEALs, não cumpriam essa ordem. Em vez de efetivamente cooperarem com as tropas iraquianas, elas só praticavam a política de incrementar suas operações com "rostos iraquianos". Em alguns casos, esse número era bem reduzido: muitas unidades com vinte a trinta combatentes norte-americanos levavam apenas um ou dois soldados iraquianos nas operações de combate. Os iraquianos ficavam na retaguarda e quase não contribuíam com as missões.

Para mudar essa mentalidade e efetivamente aplicar a diretiva, o CJSOTF também impôs uma proporção mínima entre membros das forças especiais dos EUA e soldados (ou policiais) iraquianos para cada operação. Para cada combatente norte-americano, a unidade deveria integrar sete soldados iraquianos. Essa medida parecia razoável nas áreas do país onde havia muitos soldados locais e o nível de ameaça era pouco expressivo. Mas, em Ramadi, as unidades do Exército local que colaboravam com a Bruiser tinham poucos integrantes e estavam sobrecarregadas. Não havia iraquianos suficientes para cumprir a meta. Devido a esse contingente escasso, se a proporção fosse aplicada, a maioria das operações contaria com apenas dois ou três SEALs.

Em áreas menos conturbadas do país, uma operação de combate com três ou quatro combatentes norte-americanos e doze a dezesseis soldados iraquianos poderia ser executada sem colocar o grupo inteiro em risco. Mas Ramadi era o reduto brutal dos terroristas e o epicentro da insurgência no Iraque. Nosso caso era diferente. Contra aquele inimigo experiente, bem armado e determinado, as tropas iraquianas não tinham muita chance em um confronto armado. Se uma força com vinte a trinta insurgentes atacasse um grupo formado por muitos soldados iraquianos e poucos membros das forças especiais dos EUA, isso muito provavelmente resultaria em uma situação de alto estresse e muitos mortos entre os aliados. Esse resultado terrível não era só uma teoria. Aconteceu de verdade em Ramadi, com unidades norte-americanas despreparadas para o alto nível de violência na região.

Como comandante da unidade, Jocko sabia da importância dessa cooperação com as forças iraquianas. De fato, ele foi na contramão da prática aplicada pela maioria das unidades de operações especiais e pelos SEALs: ele exigia que nossos grupos levassem soldados iraquianos em todas as operações. Cumprimos essa ordem à risca. Mas, assim que a proporção entrou em vigor, tive uma conversa com Jocko sobre os efeitos dessa diretiva sobre o

Pelotão Charlie, diante do contingente reduzido de tropas iraquianas à nossa disposição e dos riscos para os SEALs e para nossa missão.

Jocko reconheceu que, naquele momento, ele deveria se impor em prol da missão e da segurança do grupo.

"Não podemos cumprir essa diretiva", Jocko disse, por telefone, ao nosso comandante no grupo de tarefas. "Compreendo a ordem. Garanto que vamos levar o maior número possível de soldados iraquianos nas operações. Mas, nas missões que conduzimos em Ramadi, um território muito perigoso, se essa proporção for aplicada, um dos nossos grupos provavelmente será aniquilado e todos os seus membros serão mortos."

O comandante e sua equipe entenderam o recado. Sem dúvida, eles não queriam colocar os SEALs e as missões em risco. Além disso, como raramente contestava as ordens e era conhecida por cumprir as diretivas da liderança sênior com humildade, nossa unidade já havia conquistado a confiança dos superiores. Então, quando o grupo de tarefas explicou as circunstâncias para o CJSOTF, o órgão dispensou a Bruiser de aplicar a proporção.

Como comandante do Pelotão Charlie, encarei aquele pedido para abrir mão de um dos meus suboficiais de primeira classe mais experientes com a mesma resistência. Mesmo que a tarefa fosse muito importante, se o pelotão cedesse um dos seus principais líderes, perderia parte da sua capacidade de combate e uma fonte crucial de conhecimentos sobre liderança.

Conversei sobre isso com Tony, chefe do Pelotão Charlie. O grupo tinha apenas dois membros com aquelas qualificações: nosso principal suboficial, que exercia uma função de liderança fundamental na equipe, e Chris Kyle, nosso principal sniper e batedor, um integrante essencial para o sucesso das missões de vigilância do pelotão por sua experiência e suas habilidades. Pior ainda, como era comum a equipe se dividir em grupos menores conduzidos por líderes inexperientes, que operavam sem a minha supervisão nem a de Tony, a experiência desses dois suboficiais de primeira classe era crucial.

Perder um deles não só prejudicaria nosso desempenho e eficiência no campo de batalha, como também aumentaria bastante as ameaças que pairavam sobre um grupo que já operava em contextos de alto risco.

Estava bem claro para mim e para Tony que não podíamos cumprir a diretiva. Dessa vez, eu tinha que contestar. Então, levei a questão ao assessor sênior da Bruiser, que administrava a distribuição de missões para as tropas da unidade de tarefas.

"Não podemos cumprir essa diretiva", eu disse.

"O Pelotão Charlie tem que atender ao pedido", ele respondeu. "A ordem vem do comandante. Não temos escolha."

Tentei explicar os efeitos da ordem sobre o Pelotão Charlie, mas ele novamente me disse que não havia escolha. A situação continuava complexa.

Então, fui conversar com Jocko. Para mim, o pelotão tinha bons motivos para não cumprir a diretiva. Então, se eu conseguisse explicar-lhe esses pontos corretamente, ele certamente faria o possível para apoiar o Pelotão Charlie.

Expliquei que compreendia a importância do projeto, seu valor estratégico e a influência expressiva dos comandantes seniores naquela questão. Mas, se aplicássemos a ordem, teríamos que restringir operações essenciais para a estratégia de "Conquistar, Liberar, Manter, Construir", nosso principal foco até então.

"Não posso cumprir essa diretiva e condenar a equipe a um fracasso com alta probabilidade de mortes", eu disse.

Perder um líder experiente no auge da Batalha de Ramadi seria desastroso para a capacidade operacional do Pelotão Charlie. O grupo ficaria muito menos eficiente no campo de batalha e correria riscos bem maiores.

Jocko comunicou esses pontos ao grupo de tarefas, que, pressionado pelo CJSOTF, insistiu na aplicação da diretiva. Embora compreendesse a importância da ordem e a respectiva pressão do comando, eu não podia aceitar passivamente que a equipe fosse prejudicada pela perda de um dos seus principais líderes. Mesmo correndo o risco de ser demitido, eu não podia permitir que isso ocorresse.

Então, Jocko explicou ao alto-comando que a perda de um SEAL tão experiente traria consequências estratégicas muito negativas. Como resultado, um plano alternativo foi criado para completar a equipe, dispensando o Pelotão Charlie da obrigação de indicar um membro essencial ao grupo.

Mas, embora não possa ser passivo, o líder tem que ser criterioso ao definir quando e onde se impor. Os líderes têm a obrigação de apoiar e executar as ordens dos seus superiores (veja o Capítulo 9, "Um Líder e um Seguidor"). Contestar uma ordem ou tarefa atribuída pelo chefe deve ser uma rara exceção e nunca a regra. Contrariar a hierarquia gratuitamente é um ato desnecessário e imprudente. Ao desafiar ordens rotineiramente, os líderes subalternos acabam prejudicando sua relação com os superiores e sua capacidade de contestar instruções em casos mais pertinentes.

Na Bruiser, só obtivemos sucesso nos dois exemplos citados porque fomos humildes e construímos uma forte relação com o nosso comandante e a equipe dele no grupo de tarefas. Quando eles solicitavam documentos preenchidos, cumpríamos a solicitação — dentro do prazo, no formato adequado e com uma boa qualidade. Quando pediam fotos dos soldados iraquianos em treinamento e em operações de combate, tirávamos da melhor forma possível. Quando o grupo de tarefas solicitava um inventário detalhado com todos os itens do equipamento antes das operações, a equipe arrumava tempo e fazia o serviço. A lista de solicitações aparentemente irrelevantes que processávamos era expressiva, mas, em meio ao ritmo operacional frenético daquele combate urbano intenso e diário, não era fácil atender a todos os pedidos. Porém, na Bruiser, não reclamávamos de pequenas coisas como as outras unidades. Na verdade, sabíamos que havia justificativas importantes para essas exigências administrativas e as cumpríamos. Mais importante, quando o grupo executava bem essas tarefas aparentemente pequenas, gerava confiança e fortalecia sua relação com os superiores, criando condições adequadas para desafiar as ordens nas raras ocasiões em que havia prejuízo estratégico para a missão e mais riscos para a tropa.

Proceder com humildade era essencial para conquistar a confiança dos superiores e construir relações fortes com as unidades do Exército e dos Fuzileiros com as quais colaborávamos em Ramadi, pois dependíamos delas para sobreviver e obter sucesso na missão.

Tínhamos uma excelente relação profissional com o capitão Mike Bajema e seus Soldados da Equipe Bulldog. Como comandante de companhia na Bulldog (Companhia Bravo, 1/37), "Main Gun" Mike liderava quase duzentos Soldados e cem soldados iraquianos baseados no posto Falcon, dentro do território do inimigo, na região centro-sul de Ramadi. Ele e seus Soldados se arriscavam constantemente pela nossa equipe, que também se arriscava por eles. Nosso relacionamento era baseado em confiança, respeito e admiração mútua. Mas no começo não era assim.

Conheci Mike durante a fase de planejamento da primeira grande operação da Brigada "Ready First" para implementar a estratégia de "Conquistar, Liberar, Manter, Construir" na região centro-sul de Ramadi. Aquela seria uma ação massiva. Os SEALs sairiam em patrulha pela área, na vanguarda de todas as forças dos EUA. Os tanques e a infantaria de Mike seguiriam logo atrás e seriam o principal destacamento da operação. Durante o planejamento, ficamos concentrados fora do quartel-general do batalhão, a sede da Força-tarefa Bandit em Camp Ramadi. Fui até Mike e me apresentei.

"Capitão", eu disse, indicando a patente dele no Exército. "Sou o tenente Leif Babin, comandante de pelotão nas Equipes SEAL. Será uma honra trabalhar com o senhor e sua equipe."

Mike se voltou para mim, curioso.

"O que os SEALs estão fazendo na província de Anbar?", ele perguntou. "Vocês não deveriam estar em um navio no Golfo Pérsico?"

Que jab! Foi de brincadeira, mas, ainda assim, foi um jab e tanto. A conversa não estava saindo como eu previra, mas sorri de volta.

"Talvez", respondi. "Mas agora estamos aqui em Anbar para apoiar a sua ação."

Mike não estava sendo grosseiro: era um Soldado profissional. De fato, tinha a cabeça cheia, agora que liderava uma companhia com Soldados de infantaria e tanques. Provavelmente, ele não estava a par dos recursos dos pelotões SEAL e, portanto, não sabia ao certo como a equipe podia colaborar com a sua força.

Além disso, muitas unidades convencionais do Exército e da Marinha haviam tido experiências ruins com as forças de operações especiais. Essas unidades, incluindo os SEALs, às vezes são arrogantes e egoístas. Mais tarde, soube que Mike e sua equipe haviam comprovado isso em uma missão anterior. Uma unidade especial teve uma conduta antiprofissional com eles. Seus membros se recusaram a compartilhar informações e a incluir os Soldados no processo de planejamento, exalando uma arrogância tão grande que inviabilizava qualquer cooperação. Talvez Mike esperasse esse tipo de comportamento de mim, dos SEALs do Pelotão Charlie e da Bruiser. Mas eu estava determinado convencê-lo do contrário e a criar uma forte relação entre nós.

Ao contrário das demais unidades especiais e dos outros SEALs, estávamos sempre barbeados, com uniformes ajustados e cabelos curtos. Entre as forças convencionais, Jocko sabia da importância de ostentar uma aparência profissional — e ele aplicava o protocolo. Por isso, o grupo sempre passava uma excelente primeira impressão. Mas, mais importante, tratávamos Mike e seus Soldados com o devido respeito, como sempre fazíamos com todos os Soldados e Fuzileiros. A Equipe Bulldog e as outras companhias com as quais colaboramos eram formadas por Soldados excepcionais, agressivos e determinados a cercar e destruir o inimigo. As unidades de blindados eram hábeis com os tanques. A infantaria era arrojada nas patrulhas e operações de limpeza e liberação. Para ter uma boa relação com eles, era só não agir como babacas arrogantes, como se fôssemos melhores porque éramos SEALs. Essa humildade foi crucial para consolidar aqueles relacionamentos.

Duas semanas depois, a "Ready First" iniciou mais uma série de operações em uma outra área com o objetivo de instalar o posto avançado Falcon. Mike e a Equipe Bulldog foram o principal destacamento. Outra vez, fomos na vanguarda, abrindo caminho e ocupando as posições mais elevadas para proteger os Soldados que se infiltravam na área.

Nessa operação, Mike passou a nos conhecer e a saber como nossa equipe podia contribuir para o sucesso da missão. Correndo grandes riscos, os SEALs avançaram por áreas muito perigosas, montaram posições de vigilância em pontos elevados e deram cobertura para os Soldados que construíam o posto e patrulhavam as ruas nas proximidades.

Mas foram coisas bem pequenas, e aparentemente irrelevantes, que consolidaram de fato nossa relação com o "Main Gun" Mike e seus Soldados. Estávamos com os snipers no ponto de vigilância em um prédio grande perto do posto Falcon. Depois de dois dias ali, o grupo tinha que se reabastecer. Seguimos em patrulha até o posto Falcon para descansar, repor as energias e preparar a próxima operação. Mas, no caminho de volta para a relativa segurança do posto avançado de combate, os SEALs e os soldados iraquianos viram alguns Soldados da Bulldog pegando sacos de areia em uma carreta estacionada na rua e subindo com eles até o terraço no terceiro andar do prédio principal do posto Falcon. Os caras do nosso grupo estavam exaustos e prontos para sentar, tirar os capacetes e coletes, tomar um pouco de água e comer as rações de combate.

Mas havia milhares de sacos de areia naquela carreta. Não era certo sentar e descansar enquanto os Soldados trabalhavam. Então, perguntei ao Mike se podíamos ajudar.

"Não precisa, cara", Mike respondeu. "Sei que vocês estão na ronda há dois dias. Vai rolar outra operação em breve. Vocês têm que descansar um pouco. Pode deixar isso aqui com a gente."

Olhei para o chefe do pelotão, Tony Eafrati. Ele estava sempre disposto a bancar o Big Tough Frogman. Pelo visto, logo a equipe encararia algo extremamente arriscado ou fisicamente desafiador. Tony acenou para mim. Era um sinal não verbal: *vamos ajudar.*

"Negativo", respondi. "Vamos ajudar a carregar os sacos de areia."

Mandei o Pelotão Charlie e alguns SEALs que estavam conosco largarem o equipamento de combate e pegarem os sacos de areia. Ouvi algumas queixas no grupo. Os caras estavam com calor, cansados e desesperados por um descanso. Provavelmente, alguns deles se achavam bons demais para carregar sacos de areia — se achavam "especiais" e parte da "elite", e pensavam que aquele tipo de trabalho deveria ficar para as forças "convencionais". Eles estavam errados.

Aqueles Soldados eram excelentes guerreiros e mereciam nosso respeito e admiração. Eles já haviam mobilizado o imenso poder de fogo dos seus tanques para resgatar os SEALs do Pelotão Charlie e os soldados iraquianos de um ataque letal do inimigo. Aqueles Soldados estavam 100% conosco. O apoio mútuo era essencial para construir relacionamentos entre diferentes equipes com base no princípio de Cobrir e Mobilizar. Ali, as posições das metralhadoras instaladas no terraço eram reforçadas com os sacos de areia, o que nos beneficiava diretamente. Elas cobriam nossos deslocamentos entre a segurança do posto e as zonas controladas pelo inimigo. Com posições mais seguras, as metralhadoras seriam mais eficientes na cobertura das nossas manobras pelas ruas.

Carregamos sacos de areia pelos próximos quarenta e cinco minutos. Foi puxado, mas, com nossa ajuda, a Bulldog completou a tarefa em menos tempo e reforçou a segurança das metralhadoras no terraço.

Esse gesto, aparentemente pequeno, foi essencial para a consolidação daquele relacionamento excepcional. Mike e seus Soldados da Bulldog perceberam que não nos achávamos melhores do que eles nem bons demais para tarefas manuais. Foi um ato de humildade e fortaleceu uma relação que já era sólida.

Dali em diante, os Soldados da Equipe Bulldog correram grandes riscos em várias ocasiões para dar suporte aos SEALs do Pelotão Charlie. Eles vinham nos ajudar *sempre* que pedíamos. Eu tinha um grande apreço por aqueles Soldados e por seu bravo comandante, conhecido como "Main Gun" Mike. Nunca me esquecerei deles.

Outra lição inesquecível foi a importância da humildade. O líder deve ser humilde e saber ouvir, mas não pode ser arrogante nem presunçoso. Ele deve primar pelo equilíbrio, pois há momentos em que é preciso questionar os superiores, se impor, contestar e conferir se as medidas certas estão sendo aplicadas pelos motivos certos.

Princípio

A humildade é a qualidade mais importante para o líder. Quando tínhamos que demitir líderes de um pelotão ou unidade de tarefas, isso quase nunca ocorria por conta de incompetência ou incapacidade tática ou física. Em geral, o motivo era falta de humildade: eles não conseguiam analisar o próprio ego, não aceitavam críticas construtivas nem assumiam a responsabilidade por seus erros. Isso também vale para o mundo dos negócios. O Capítulo 4 de *Responsabilidade Extrema* trata desse assunto. A humildade é essencial para o estabelecimento de relações fortes com subordinados, superiores e equipes de suporte fora da estrutura hierárquica. Mas alguns líderes ficam humildes demais e acabam se dando mal.

Ser humilde demais também pode trazer resultados negativos para a equipe. O líder não pode ser passivo. Quando necessário, ele deve se impor, expressar suas opiniões, defender a equipe e fornecer feedback para os superiores em relação a instruções ou estratégias que, na sua avaliação, podem colocar a equipe em risco e prejudicar a missão estratégica.

É difícil encontrar um equilíbrio nessa dicotomia. Mas, como ocorre com todas as dicotomias — ser forte, mas não arrogante, por exemplo —, ter conhecimento dessas duas forças opostas é uma das ferramentas mais poderosas para o líder. Sua humildade deve ser suficiente para que ele ouça novas ideias e insights estratégicos e implemente táticas e estratégias mais eficientes. Mas o líder também deve se impor quando identificar efeitos colaterais prejudiciais à missão e à equipe.

Aplicação no Mundo dos Negócios

"Vocês não quiseram nem tentar", o CEO disse, aflito. "Ninguém implementou totalmente o novo software. Vocês estão reclamando, dizendo que não vai funcionar, mas ainda não usaram. Preciso que todos participem."

Rumores ininteligíveis ecoaram pela sala, mas ninguém contestou nem criticou abertamente a observação do CEO. Percebi claramente que muitos dos principais líderes da empresa discordavam do plano, mas ninguém queria contrariar o CEO, não em um espaço aberto como aquele.

Estávamos em uma grande sala de conferências de um hotel, reunidos com trinta importantes líderes de uma bem-sucedida empresa de tecnologia. O CEO e boa parte da liderança sênior haviam ficado muito impressionados com o *Responsabilidade Extrema*. Para incrementar o treinamento dos líderes, o CEO queria implementar os princípios do livro na equipe dele. Então, a empresa reuniu seus principais líderes em um evento externo e me contratou para treiná-los.

Fiz uma apresentação sobre as lições que aprendemos na Batalha de Ramadi, descritas em *Responsabilidade Extrema*. Cerca de uma hora depois, abri a sessão de perguntas e debates para orientar o grupo quanto à aplicação direta dos princípios à empresa.

"Responsabilidade Extrema", eu disse, repetindo o tópico que acabara de explicar. "Vamos falar sobre como assumir a responsabilidade pelos problemas e resolvê-los. Mas isso está mesmo acontecendo? É possível assumir mais responsabilidade? Você está jogando a culpa nos outros e esperando que eles resolvam os seus problemas?"

Ansioso para responder, o CEO logo se manifestou.

"Sinto-me meio frustrado com o pouco-caso da equipe em relação ao novo software", ele disse. "Já conversamos há meses. Mas até agora ninguém assumiu a responsabilidade. Só ouço um monte de desculpas."

Percebi de cara que o comentário dele não estava em sintonia com a Responsabilidade Extrema, pois culpava a equipe pela falha na implementação do novo sistema em vez de analisar a própria conduta para identificar pontos a melhorar. Adotar essa postura é "simples, mas não fácil". Por natureza, os humanos jogam a culpa uns nos outros e, movidos por suas frustrações, identificam o erro em todo mundo, menos neles mesmos. Mas isso não é Responsabilidade Extrema. Aquele excesso de culpabilização e de desculpas só complicava mais as coisas.

Era uma situação que víamos com frequência: o líder eficiente, que leu o livro muitas vezes e adorou os conceitos, mas que tem dificuldade para implementá-los devido aos seus velhos hábitos. Nesses casos, ele geralmente não conseguia resolver seus problemas.

"Alguém pode me dizer exatamente por que a equipe não está utilizando o novo software?", perguntei a todos.

Um silêncio desconfortável pairou pela sala.

"Vocês nem mesmo tentaram", o CEO interrompeu. "Todos estão reclamando, mas ninguém implementou o software. Talvez seja só resistência a mudanças, mesmo que essa mudança seja para melhor."

O CEO estava visivelmente frustrado com os líderes, pois achava que eles não estavam apoiando sua orientação em uma importante iniciativa para incrementar o desempenho da empresa.

"Investimos uma tonelada de recursos nesse novo programa", o CEO continuou. "O desenvolvimento durou anos. Contratamos consultores, avaliamos as opções. A decisão foi tomada, e agora temos que executá-la."

"Todo mundo aqui entende o *porquê*?", perguntei a todos os líderes na sala. "Vocês sabem exatamente por que a empresa está migrando para o novo software?"

Vi alguns gestos afirmativos, mas mais da metade da sala não respondeu. Boa parte dos participantes só ficou indiferente. Claramente, o *porquê* devia ser mais bem explicado.

"Parece-me que o *porquê* deve ser mais bem articulado", eu disse, dirigindo-me ao CEO.

"Já expliquei isso várias vezes, mas vou falar de novo", o CEO disse. "Para acompanhar o crescimento da empresa e a expansão do número de clientes e projetos, temos que ser muito mais eficientes nas ações de gestão, suporte, rastreamento e acompanhamento. Nosso software atual é antiquado em relação aos programas dos nossos principais concorrentes. Esse é um grande chamariz para eles; sem esse upgrade, continuaremos perdendo vendas para a concorrência."

"Todo mundo entendeu?", o CEO perguntou. Vi mais gestos afirmativos pela sala. Para afirmar sua responsabilidade, o CEO continuou: "Achei que já tinha explicado, mas, obviamente, nem todo mundo havia compreendido."

A explicação dele conseguira esclarecer as dúvidas de alguns dos líderes sobre o novo sistema, embora só uma parte da liderança sênior tivesse efetivamente compreendido por que o programa era necessário.

"Entendo o *porquê*", um dos líderes de departamento disse. "Dou total apoio a essa migração para um sistema melhor."

"Então, por que o novo programa ainda não foi implementado?", perguntei. "Qual é o problema?"

"Acho que vocês estão muito habituados aos procedimentos atuais", o CEO apontou. "Mudar é sempre difícil. Ninguém quer mudar."

"Não, sou receptivo a mudanças", o líder respondeu. "Temos que mudar, mas não acho que esse novo software seja a solução. Ele resolve alguns lapsos, mas cria problemas maiores."

Já era um começo. Mas o CEO não conseguiu se conter e invadiu a discussão.

"Não acho que...", o CEO começou a falar, mas eu logo o interrompi.

"Calma aí", intervim. "Esse é um bom feedback. É por isso que estou aqui, para estimular o debate. Vamos ouvi-lo."

O CEO compreendeu e acenou para o chefe continuar sua argumentação.

"Explique para a gente como o novo software cria problemas maiores para a equipe", pedi.

Ele começou a descrever, em detalhes, o impacto negativo do novo programa sobre alguns dos seus projetos mais lucrativos e de maior visibilidade. Não eram só reclamações. Claramente, ele havia estudado a questão e identificado falhas graves no sistema que poderiam prejudicar gravemente a missão estratégica da empresa.

Outro chefe de departamento complementou: "Minha equipe tem a mesma opinião. Na teoria, o novo software parece excelente, mas, na prática, é muito problemático. Algumas semanas atrás, quando conversamos sobre a implementação do novo sistema, dois líderes de confiança me apontaram falhas graves."

O CEO demonstrou apreensão: "Esse é o tipo de feedback que eu quero ouvir", ele disse.

"Tentamos avisá-lo", o chefe de departamento apontou. "Muitos líderes contestaram esse novo software."

"Talvez sim", eu disse. "Mas a questão não deve ter sido tão bem articulada quanto o argumento que você apresentou agora."

Expliquei que o problema deles não era falta de humildade. Claramente, eles haviam sido humildes ao terem reconhecido a autoridade do chefe e sua visão estratégica.

"Mas nenhum de vocês tomou a iniciativa de organizar o grupo para rejeitar coletivamente o novo software. Inicialmente, vocês até reclamaram, mas depois seguiram a ordem do CEO", continuei. "Sim, ele é o chefe, e vocês devem executar as instruções dele. Mas você acha que ele quer implementar um sistema cheio de falhas?"

"Claro que não", respondi. "Este é o momento de mobilizar os superiores, como sei que a maioria de vocês leu no Capítulo 10 do *Responsabilidade Extrema*."

Expliquei que era necessário determinar criteriosamente o momento de se impor. Essa não pode ser uma solução para tudo, pois, quando adotam essa postura, os líderes não são levados a sério nas situações mais importantes. Mas, quando a missão estratégica e o sucesso da equipe estão em risco, o líder tem o *dever* de se impor. Se não fizer isso, eu disse, estará falhando como líder, com a equipe e com a missão.

"Essa ideia não é nova", expliquei. "Há mais de duzentos anos, Napoleão Bonaparte já lidava com essa mesma questão. Em suas *Máximas Militares*, ele faz o seguinte comentário:

Quando se compromete a executar um plano que avalia como ruim, o general é negligente. Ele tem o dever de comunicar sua opinião, insistir na alteração do plano e, se for o caso, renunciar ao seu posto para não conduzir a tropa à ruína."[5]

---

5 *Military Maxims of Napoléon,* traduzido do francês por J. Akerly (Nova York: Wiley and Putnam, 1845), Máxima LXXII.

"Se você for passivo, se não se impor, não vai conseguir mobilizar seus superiores. O chefe precisa de um feedback honesto sobre essa questão. Mesmo que ele ainda não saiba disso", eu disse, brincando.

Risadas soaram pelo grupo. O CEO também sorriu, pois percebeu que havia sido arrogante nessa situação. Ao focar a criação de uma solução estratégica para a equipe, ele não deu ouvidos aos seus subordinados, não respondeu às suas perguntas nem investigou as falhas apontadas.

"Francamente", o CEO disse, "achei que vocês estavam insistindo nesses pontos por pura resistência a mudanças. Não imaginei que vocês estivessem apreensivos com o novo sistema".

"Agora sei que deveria ter pedido feedback a todos e ouvido suas opiniões", ele continuou. "Em vez disso, inibi as críticas com a minha autoridade."

Foi uma grande lição para o CEO e para a equipe. Visando o sucesso da empresa e da missão, o CEO tinha que obter feedback e seguir as orientações dos seus principais líderes. Ele devia incentivar os chefes de departamento a expressarem suas opiniões e críticas. O CEO havia incorrido em um erro comum ao ignorar a extensão total da sua autoridade. Ele era o chefe e concentrava o poder. A maioria das pessoas não investiria sua coragem em um embate com ele. Era importante que o CEO reconhecesse plenamente o poder do seu cargo e a indisposição generalizada dos seus subordinados para confrontá-lo.

Para os chefes de departamento e os principais líderes da equipe, aquele episódio serviu para alertá-los sobre sua falha diante do grupo como um todo — eles se revelaram negligentes por não terem contestado a medida nem fornecido um feedback objetivo para seus superiores, explicando claramente os efeitos negativos do novo software sobre os objetivos estratégicos da empresa. Quando o CEO finalmente entendeu as falhas apontadas, delegou poderes para os líderes desenvolverem um novo sistema e criarem a própria solução.

Aqui, o tenente Seth Stone (no centro, à esquerda), comandante do Pelotão Delta, lidera um grupo de SEALs da Unidade de Tarefas Bruiser, Fuzileiros, Soldados e uma tropa do exército iraquiano em uma patrulha pelo distrito de Malaab, na região leste de Ramadi. Enquanto os membros da equipe miravam em possíveis ameaças, o tenente Stone se afastava mentalmente da situação para analisar a área e planejar as próximas movimentações da equipe.

(Fotografia da Marinha dos EUA.
Autor: Marinheiro de Segunda Classe Sam Peterson.)

CAPÍTULO 12
Tenha Foco, mas Preserve Sua Autonomia

Leif Babin

REGIÃO OESTE DE RAMADI, IRAQUE: 2006

YAK-YAK! YAK-YAK! YAK-YAK!

O estrondo inconfundível das rajadas automáticas dos fuzis AK-47 ecoava pela pequena sala enfumaçada, e as balas ricocheteavam no chão e nas paredes de concreto.

Os tiros estão passando pela porta, pensei. *É agora.*

Nossa equipe não contava mais com o elemento surpresa, pois havia acabado de explodir a porta de entrada com uma carga cuja potência era suficiente para acordar a vizinhança inteira. Nuvens de poeira e fumaça pairavam pelo ar; a visibilidade era baixa quando entramos no prédio em busca de ameaças. Logo percebemos que se tratava de um pequeno saguão, onde havia uma porta trancada que levava à casa principal. Havia estilhaços de vidro e detritos por toda parte, e os SEALs do Pelotão Charlie e os soldados iraquianos formaram uma fila de artilheiros para entrar assim que a porta fosse arrombada.

O relatório de inteligência indicava que aquela era a casa de um insurgente que planejara e executara muitos ataques fatais contra tropas norte-americanas e iraquianas. A última ofensiva fora bem planejada: os insurgentes usaram metralhadoras instaladas em vários pontos para investir contra um posto avançado do Exército iraquiano (que também abrigava alguns militares dos EUA que prestavam assessoria no local) e, em seguida, lançaram morteiros com precisão letal. Enquanto os soldados iraquianos que montavam guarda no momento recuavam para se proteger, em pânico, um insurgente conduziu um caminhão cheio de bombas em direção à base e provocou uma imensa explosão, deixando um saldo de mortes e destruição. Só a extraordinária bravura dos assessores, entre membros dos Fuzileiros e do Exército, bem como sua firmeza e seu ímpeto nos contra-ataques, conseguiu evitar um massacre no posto.

Tragicamente, um Fuzileiro, um Soldado e seis membros da tropa iraquiana foram mortos, e houve vários feridos. O posto fortificado foi reduzido a um monte de ruínas. Mas o dano estratégico ao moral da tropa iraquiana se revelou ainda mais prejudicial do que as mortes e a destruição. Nos próximos dias, um batalhão iraquiano com centenas de soldados quase desertou integralmente. Os insurgentes haviam desferido um golpe certeiro. Agora, a Unidade de Tarefas Bruiser poderia capturar ou eliminar um dos líderes desse ataque. Nosso foco estava em cumprir a missão.

Enquanto a equipe aguardava o arrombamento da porta, uma súbita rajada automática chamou a atenção de todos. Sem dúvida, era um AK-47, a principal arma dos insurgentes iraquianos.

"Os tiros estão passando pela porta", um SEAL disse, em tom calmo, mas forte. "Fica por aí, que já vem."

Ele rapidamente chegara à mesma conclusão que eu — como o grupo inteiro. Estávamos bem preparados para aquela contingência. O terrorista provavelmente estava armado e, sem dúvida, queria nos matar, como todos os seus companheiros. Os primeiros atiradores na fila apontaram as armas para a porta fechada a fim de conter aquelas possíveis ameaças. Um dos SEALs sacou uma granada de mão M67 (uma granada de fragmentação) para neutralizar o adversário. Como o inimigo estava atirando, precisávamos ligar o modo agressivo padrão para contra-atacar. Era a opção mais sensata. Não podíamos invadir um compartimento onde o inimigo estava à espera para nos massacrar.

Mas, assim que o SEAL sacou a granada e removeu a fita de segurança do pino, senti que havia algo de errado. Saí da fila e conferi o local. Havia armas suficientes para cobrir aquelas possíveis ameaças no outro lado. Eu era o líder sênior da força de assalto que entrara no local para capturar o alvo principal — ou eliminá-lo, se ele reagisse, nos termos das regras de engajamento.

Mas eu não estava na mesma vibração que os outros. A principal função de muitos daqueles SEALs era lidar com ameaças. Como líder, eu afastei minha arma da possível origem do ataque e a apontei para o teto, na chamada "guarda alta" — com o cano voltado para o céu. Queria me distanciar do foco muito apurado da mira para conferir o local e analisar o contexto. Assim, aumentei bastante meu campo de visão: podia ver o que estava acontecendo e avaliar a situação.

Logo notei a expressão aflita de um dos *jundhis*[1] na fila, olhando para o seu AK-47. Depois, vi os buracos que as balas tinham feito no chão de concreto perto dele, a poucos centímetros do SEAL à sua frente. Então, percebi claramente que os tiros não haviam atravessado a porta, mas partido desse *jundhi*, parado na fila conosco. Fora um caso de disparo acidental. Como um idiota, ele havia desativado a trava de segurança da arma e posicionado o seletor do AK-47 no modo automático. Para piorar, ele (indevidamente) estava com o dedo no gatilho e, por nervosismo, descarregara aquela rajada automática. As balas passaram raspando pelo SEAL do Pelotão Charlie à frente dele na fila.

Enquanto isso, a equipe estava prestes a arrombar a porta e lançar uma granada de fragmentação naquele compartimento, matando todos no outro lado com uma avalanche de estilhaços.

---

1 *Jundhi ou jundi*: "Soldado" em árabe; termo empregado entre os soldados iraquianos e, muitas vezes, pelos assessores militares dos EUA que atuavam no Iraque.

"Guarde a granada de fragmentação agora, foi um disparo acidental!", gritei bem alto, para todos ouvirem.

"O quê?", perguntou um SEAL no fim da fila, surpreso. "Quem foi?"

Ato contínuo, ele viu que eu e os SEALs ao meu lado observávamos o atrapalhado *jundhi*, cuja expressão revelava uma mistura de terror, surpresa e culpa.

Enquanto os primeiros atiradores da fila continuavam apontando as armas para a porta, o SEAL guardou a granada no seu equipamento. Um arrombador logo avançou e montou uma pequena carga na porta. Todos recuaram até atingirem uma distância segura.

BOOM.

A porta se abriu, e entraram dois SEALs. Logo depois, os outros SEALs e os soldados iraquianos também passaram.

No outro compartimento, havia um chefe de família (um homem em idade militar), sua esposa e quatro filhos pequenos. Ele não estava armado e não esboçou nenhuma reação. Muitos dos *muj* que capturávamos pregavam o jihad em público, mas, quando um grupo armado arrombava suas casas à noite, corriam para se proteger atrás de mulheres e crianças. Imobilizamos os prisioneiros e seguimos em frente.

Enquanto a força de assalto limpava o prédio, ouvi a voz de Jocko pelo rádio.

"Leif, aqui é o Jocko", ele disse. "Ouvi tiros. Tudo ok?"

Jocko, que comandava duas forças de assalto (entre elas, a nossa) e coordenava a mobilização dos Humvees, estava fora do prédio, perto dos veículos. Ele identificara os tiros do AK-47. Achando que a equipe havia se deparado com inimigos armados, ele esperou pacientemente por novas informações sobre a situação, pois sabia que eu estava ocupado e entraria em contato assim que possível.

"Jocko, aqui é o Leif", respondi. "Disparo acidental. Soldado iraquiano."

"Ok", Jocko respondeu, sucinto. Outros chefes teriam pedido mais informações, como quem fora o responsável, como havia sido o incidente, se tinha havido baixas e se o alvo fora dominado, mas Jocko confiava na minha capacidade de manter a situação sob controle. Ele sabia que, se eu precisasse de ajuda, pediria.

Enquanto a força de assalto limpava os últimos compartimentos do prédio, o chefe do grupo de ataque naquela ocasião, um líder de confiança, repreendeu o *jundhi* responsável pelo disparo acidental. Ele quase fora atingido pelas balas perdidas do soldado iraquiano e não estava nada contente com isso. O SEAL então tomou o fuzil do *jundhi*, tirou o carregador e limpou a arma. Em seguida, interpelou o confuso soldado iraquiano com uma lição de moral daquelas. O *jundhi* não falava inglês, mas compreendeu claramente a mensagem com base no comportamento e nos gestos do SEAL: aquela fora uma pisada na bola fenomenal e poderia ter ferido gravemente e até matado alguns de nós. Além disso, quase lançamos uma granada que teria causado baixas terríveis entre os civis.

Como a equipe ainda tinha muito o que fazer, eu me manifestei antes que a situação se agravasse.

"Ele vai ter que sair", eu disse. Chamei o intérprete, que traduzia as ordens para o árabe iraquiano, e pedi ao *jundhi* para esperar no banco traseiro de um veículo. Um SEAL foi indicado para escoltá-lo, junto com seu fuzil AK-47 descarregado, só para confirmar.

Como o alvo fora dominado, informei o Jocko e os outros SEALs dos Humvees pelo rádio.

Fui conferir a equipe encarregada dos detidos, que estava definindo a identificação do homem em idade militar. Logo, foi confirmado que o prisioneiro era o líder do grupo insurgente que procurávamos.

Jocko entrou no prédio para checar nossos resultados e perguntar se precisávamos de apoio.

276   A DICOTOMIA DA LIDERANÇA

"Tudo ok", eu disse, acenando para Jocko assim que ele entrou. "É ele mesmo." Apontei para o prisioneiro. Suas mãos estavam presas com algemas de plástico, e ele havia passado por uma revista minuciosa.

"Foi por pouco", eu disse.

"Sim", Jocko disse. "Ouvi disparos de AK logo depois do arrombamento. Pensei: *esses caras têm que se segurar, porque já vem*", ele continuou, com um sorriso.

"Pensei que os tiros estavam atravessando a porta", eu expliquei. "Por pouco não lançamos uma granada de fragmentação no outro compartimento. Provavelmente teríamos matado ou ferido gravemente a mulher e os filhos pequenos do alvo. Teria sido um desastre."

Terrível, pensei, ao perceber como era fácil ocorrer um episódio como aquele no caos do combate. Teria sido um peso na consciência de todos. Talvez fosse aproveitado como material de propaganda pelo inimigo, que sempre tentava desqualificar a imagem das forças norte-americanas para convencer a população local a não se aliar conosco e com o governo do Iraque no combate aos insurgentes. Aquele episódio teria prejudicado gravemente nossa missão estratégica.

"Graças a Deus, você não deixou isso acontecer", Jocko disse.

Naquele momento, fiz uma rápida oração mental, agradecendo a Deus por ter nos livrado de uma cena tão terrível.

Imerso naquele caos — em meio à fumaça, à poeira e às balas que ricocheteavam —, era perigosamente fácil ficar preso aos detalhes e não constatar que as primeiras conclusões eram falsas e não levavam em conta as trágicas consequências de um erro. Quando estava na fila, focado na possível ameaça atrás da porta, eu não conseguia captar a situação geral nem entender o que havia acontecido. Mas, assim que exerci minha autonomia e saí da fila, analisei o contexto e percebi imediatamente o que havia acontecido. Foi uma lição importante: os líderes devem ter autonomia e considerar o campo de batalha a partir de uma posição mais elevada, para ter uma visão panorâmica da situação. Esse era o único modo de liderar com eficiência. Caso contrário, os resultados teriam sido desastrosos.

Aquele fora apenas o lembrete mais recente de uma lição que eu havia aprendido em uma das nossas primeiras operações de combate em Ramadi. Nessa ocasião, fiquei muito imerso nos detalhes e não captei o quadro estratégico.

Logo após a chegada da Bruiser em Ramadi, o setor de inteligência me encaminhou o dossiê do nosso primeiro alvo, com informações sobre um possível insurgente, suas conexões e sua provável localização. Essa seria minha primeira operação real como comandante de uma força de assalto em uma ação direta de captura/eliminação. Compartilhei o dossiê com o Jocko e lhe disse que planejávamos iniciar a operação naquela noite. Jocko era muito experiente em liderar esse tipo de missão devido ao seu turno anterior no Iraque. Ele deu espaço para que meus principais líderes e eu executássemos o planejamento tático e nos ajudou a obter as aprovações necessárias dos nossos superiores. Para que a operação fosse aprovada, tivemos que providenciar muitos documentos: uma apresentação para PowerPoint com vários slides cheios de dados e um documento imenso do Word com muitas páginas. Além disso, a equipe entrou em contato com a unidade do Exército encarregada da seção do campo de batalha onde se situava o prédio alvo da operação. Também tivemos que obter a aprovação dos superiores dos soldados iraquianos que nos acompanhariam na missão.

Passamos o dia planejando a operação e obtendo as aprovações. Mas eu não exerci minha autonomia. Fiquei obcecado pelos detalhes. Dediquei muito tempo à papelada da aprovação e bem pouco ao plano. Falhei em aplicar efetivamente o princípio de Priorizar e Executar. Fui tragado pelo processo e não consegui definir onde a equipe deveria concentrar seus recursos no prazo determinado. O início da operação se aproximava, mas o dossiê da missão ainda não estava pronto e eu não acreditava no preparo da equipe. Além disso, ainda não tínhamos a autorização de saída. Sob uma pressão cada vez maior, levei minhas frustrações para Jocko.

A DICOTOMIA DA LIDERANÇA

"Não acredito que a equipe vai ficar pronta a tempo", eu disse. "Temos que adiar a operação para amanhã à noite."

Jocko discordou.

"Leif", ele disse, em tom tranquilizador. "Está tudo ok. Você e o pelotão estão mais do que prontos. Pode acreditar. Vamos obter as aprovações. Agora, apresente o dossiê da missão; vamos iniciar assim que chegar a aprovação."

Enquanto eu focava as tarefas imediatas de planejar e executar a missão, Jocko demonstrou autonomia. Ele captou a situação geral e por que era importante — para a Unidade de Tarefas Bruiser — executar o maior número possível de operações naqueles primeiros dias no campo de batalha.

"Temos que pegar ritmo", Jocko disse. "Temos que executar o maior número possível de operações no início do turno para adquirir experiência e conquistar a confiança do grupo de tarefas. Se pegarmos ritmo no início, vamos pegar o embalo e tirar de letra o resto do turno."

Soterrado pela avalanche de detalhes do processo de aprovação e planejamento, eu havia perdido o horizonte estratégico de vista. Naquele momento, percebi que, pelo quadro geral, era importante realizar a operação naquela noite sem falta.

Depois de chegar a essa conclusão, eu me dispus a fazer acontecer. Finalizamos os debates, definimos questões de última hora no plano e apresentamos o dossiê da missão à equipe (durante a ordem de operações). Logo depois, recebemos a aprovação e iniciamos a operação. Como Jocko previra, correu tudo bem. Não foi nenhum bicho de sete cabeças. Capturamos o insurgente, coletamos dados de inteligência e voltamos à base sem nenhum incidente. Quando chegamos, fui até a sala de Jocko.

"Você tinha razão", eu disse. "Deu tudo certo."

Tive que melhorar a forma como eu Priorizava e Executava. Para isso, exerci minha autonomia: parei de focar os detalhes e prestei mais atenção aos aspectos gerais do processo de planejamento e aprovação. O pelotão poderia cuidar dos detalhes, e eu confiava na capacidade dos meus subordinados para isso. Caso contrário, eu perderia muito tempo e ignoraria itens de maior valor estratégico. Entendi por que era crítico focar o cenário estratégico e transmitir esse ângulo para o grupo. Mas isso só seria possível se eu não fosse tragado pelos detalhes táticos.

Era difícil encontrar um equilíbrio nessa dicotomia. Aprendi a me afastar dos detalhes para liderar com maior eficácia. No entanto, algumas semanas depois, aprendi uma difícil lição: quando o líder se distancia muito dos detalhes — quando ele exerce autonomia demais —, acaba ignorando etapas importantes, e o desempenho da equipe sai prejudicado.

Essa realidade me atingiu em cheio certa vez, quando voltamos de uma operação de combate em Ramadi. Já estávamos no Sharkbase havia várias horas quando o suboficial do grupo me trouxe más notícias: o operador de rádio do Pelotão Charlie lhe informara que estávamos sem um componente muito importante do equipamento de comunicação.

Fiquei surpreso. "Como assim?", perguntei, perplexo. Havia procedimentos rigorosos que exigiam o controle eficiente dos equipamentos essenciais e altamente sigilosos. Essas normas se aplicavam a todas as forças armadas dos EUA.

Fui até o operador.

"O que aconteceu?", perguntei. Ele me disse como havia dado pela falta do equipamento. Claramente, ele e o outro operador não haviam observado os procedimentos aplicáveis. O incidente era grave e um grande constrangimento para o Pelotão Charlie. Pior, prejudicava a imagem da Unidade de Tarefas Bruiser e da Equipe SEAL como um todo.

Eu tive que comunicar o ocorrido ao Jocko, que não ficou nada feliz. Como ex-operador, ele conhecia os procedimentos estritos aplicáveis à situação e percebeu a flagrante indisciplina do Pelotão Charlie ao contrariar essas normas.

Fiquei furioso com os operadores. Eles conheciam as normas. Mas, mais importante, fiquei furioso comigo mesmo. *Eu era o culpado.* Jogar a culpa nos operadores era o oposto da Responsabilidade Extrema. Aquilo era culpa minha, e eu sabia disso. Eu tinha me afastado demais. Os operadores ficaram sem supervisão. Eu não tinha feito verificações periódicas para confirmar se os procedimentos aplicáveis estavam sendo observados. Eu havia exercido autonomia demais e me desligara dos detalhes relacionados ao departamento de comunicação do Pelotão Charlie.

No ano anterior, logo que o Pelotão Charlie iniciou o ciclo de treinamento, eu prestava mais atenção aos procedimentos aplicáveis aos equipamentos de comunicação. Mas, depois de um lapso inicial, rapidamente corrigido, o principal operador de rádio provou sua competência em várias ocasiões. Passei a confiar na capacidade dele de tocar o departamento e lhe dei espaço. Foquei outros pontos. E, francamente, com a equipe atuando em Ramadi, muitos fatores disputavam minha atenção. Eu estava tão ocupado que não tinha tempo de conferir se o desempenho do operador principal e do outro técnico estavam em conformidade com os procedimentos aplicáveis.

Em *About Face*, o coronel David Hackworth narra como aprendeu uma lição fundamental com seus mentores no Exército: "A organização só prospera sob a supervisão do Chefe." Checar regularmente a conformidade com os procedimentos transmite sua importância à equipe. Se eu tivesse feito isso, os operadores não teriam pisado na bola, pois estariam aplicando os procedimentos corretamente. Eu não havia destacado como essa conduta era essencial para o grupo nem as possíveis consequências de violar as normas.

Agora, a Bruiser tinha que assumir a responsabilidade por essa falha — a minha falha. Também havia procedimentos estritos para a perda desse tipo de equipamento, e exigi que eles fossem cumpridos à risca. Prontamente, informamos o alto-comando sobre o ocorrido. Enviamos uma mensagem eletrônica pelos canais militares para comunicar a todos sobre a perda daquele componente essencial. O caso era uma pedra no sapato para a Unidade de Tarefas Bruiser e o Pelotão Charlie e, especialmente, para mim. Mas eu tinha que assumir a responsabilidade. Mais importante, eu tinha que garantir que isso nunca mais ocorresse.

Cancelamos a operação de combate que o Pelotão Charlie executaria naquela noite. Aquela seria uma boa missão; como estávamos planejando a ação havia algumas semanas, fiquei desapontado. Muito provavelmente teríamos travado confrontos armados intensos, matado vários combatentes inimigos e obtido uma vitória estratégica substancial em uma área conturbada da cidade. Em vez disso, embarcamos nos Humvees e voltamos para o posto avançado de combate onde o equipamento perdido fora usado pela última vez. Depois de uma busca minuciosa pelo perímetro do posto, nada foi encontrado na área delimitada pelas barreiras de concreto e pela cerca de arame de concertina. Em seguida, saímos em patrulha pela rota que havíamos percorrido — uma estrada conhecida pelos ataques frequentes dos insurgentes. Foi uma busca difícil, mas alguns SEALs davam cobertura enquanto outros examinavam o pavimento e os montes de lixo. Depois de vasculhar minuciosamente centenas de metros, começamos a voltar para o posto avançado.

Então, quando a patrulha já estava no caminho de volta, ouvimos:

YAK-YAK YAK-YAK YAK-YAK.

Dois insurgentes abriram fogo sobre a equipe com seus fuzis AK-47, a partir de um beco perpendicular à via principal em que estávamos. Prontamente, vários SEALs revidaram, e os insurgentes fugiram. Marc Lee, Chris Kyle e eu seguimos pelo beco, Cobrindo e Mobilizando. Mas, quando chegamos ao ponto, os insurgentes já não estavam lá fazia muito tempo. Eles haviam desaparecido em meio aos blocos residenciais cercados por muros daquele aglomerado urbano.

Era hora de voltar. Nunca encontramos o componente perdido.

Aprendi uma importante lição sobre essa dicotomia. Para liderar com eficiência, eu tinha que ter autonomia. Mas não podia ser autônomo demais a ponto de me distanciar do grupo. Eu não podia ficar obcecado pelos detalhes — tinha que ficar atento a eles. Essa foi uma lição de humildade inesquecível.

Princípio

Evidentemente, os líderes devem ficar atentos aos detalhes. No entanto, não podem ficar tão imersos nos detalhes a ponto de esquecerem o quadro estratégico mais amplo e seu dever de comandar e controlar a equipe como um todo.

Em combate, quando você olha pela mira da arma, seu campo de visão fica mais estreito e apurado. Sua visibilidade é limitada por essa pequena abertura. Não é possível observar o que está acontecendo ao seu redor nem com a equipe. Logo, é fundamental que o líder, por padrão, coloque a arma em guarda alta, com o cano voltado para o céu, e se afaste da cena para aumentar ao máximo seu campo de visão. Assim, ele poderá analisar a situação e se movimentar para definir formas melhores de comandar e controlar a equipe. Mais importante, ele sempre levará em conta os objetivos gerais e estratégicos da missão. Isso também vale para outros contextos, como no mundo dos negócios, em que os líderes devem se policiar para não ficarem fixados em detalhes táticos, exercendo sempre sua autonomia.

No Capítulo 7 de *Responsabilidade Extrema*, escrevemos o seguinte comentário:

> Diante de planos operacionais imensos e do intrincado labirinto
> desses esquemas, é fácil se perder nos detalhes. Portanto, é crucial
> que os líderes "saiam da linha de fogo", recuem e percebam o
> quadro estratégico.

Essa ideia fundamental impressionou muitos leitores e os orientou a incrementar suas habilidades de liderança. A autonomia é uma dificuldade constante para os líderes. Eles não podem ficar tão obcecados pelos detalhes a ponto de perderem o foco estratégico. É essencial que eles adotem essa mentalidade-padrão e nunca se esqueçam desse ponto. Se não conseguirem se afastar da intensidade da cena, os líderes falharão com a equipe e com a missão.

Mas não explicamos claramente em *Responsabilidade Extrema* a necessidade de se atingir um equilíbrio entre compreender os detalhes e ficar fixado neles. Os líderes não podem ser tão autônomos — distantes — a ponto de perderem o contato com a dinâmica da linha de frente. Eles devem estar sempre atentos aos detalhes, analisar os desafios encarados pelas equipes que efetivamente executam as missões e determinar a melhor forma de apoiá-las. Essa dicotomia deve ser equilibrada: quando você fica absorto nos detalhes, pode fracassar na missão; mas, quando se afasta dos detalhes a ponto de perder o controle da situação, você está falhando com a equipe e a missão.

Aplicação no Mundo dos Negócios

"Por algum motivo, isso não passou pela minha cabeça quando eu estava na minha sala ontem", Rob disse. "Mas agora percebo claramente que o foco da empresa deve estar em melhorar o processo e aumentar a lucratividade."

"Modularização", Rob continuou. "A modularização deve ser aplicada em tudo que fazemos. Assim, vamos reduzir os custos enormes com horas de serviço externo, aumentar nossa eficiência e ajudar os gerentes de projeto a eliminarem despesas operacionais."

"Parece uma boa medida", comentei. "Essa foi uma excelente observação, e eu quero discuti-la com o grupo. Mas, antes disso, vamos parar um pouco e analisar por que você percebe isso claramente agora. Na sua opinião, por que essa ideia não passou pela sua cabeça ontem? Por que é tão fácil vê-la agora?", perguntei.

Para os líderes reunidos naquela sala, responder a essa pergunta era fundamental. Identificar e compreender a Dicotomia da Liderança — forças antagônicas que devem ser equilibradas — são ferramentas de liderança cruciais para liderar e vencer.

Na sala, havia quinze líderes de uma empresa muito bem-sucedida. A Echelon Front fora contratada para promover um Programa de Desenvolvimento e Alinhamento de Lideranças voltado para os líderes seniores da organização. Em geral, os participantes eram gerentes de divisão e tinham acumulado muito conhecimento e experiência no setor. A empresa passara por um período de grande sucesso e construíra uma sólida reputação, que soube aproveitar para superar seus concorrentes e aumentar sua participação no mercado. Nesse intervalo, a equipe de executivos teve uma boa ideia ao identificar a demanda por um programa de treinamento para seus líderes seniores.

Depois de lerem nosso livro, os executivos entraram em contato com a Echelon Front para desenvolver um curso que incorporasse os princípios da Responsabilidade Extrema na cultura da equipe. Após uma avaliação inicial, com entrevistas individuais e conversas com os chefes dos participantes, iniciamos o programa com uma sessão intensiva que durou um dia inteiro. Em seguida, marcamos as próximas sessões em locais variados na região de atuação da empresa, com poucas semanas entre elas.

Na terceira sessão, reunimos vários líderes, que vieram das unidades e home offices onde passavam boa parte do tempo. Além do conteúdo, das perguntas e das discussões abordadas no curso, esse período de afastamento dos seus afazeres cotidianos trouxe resultados muito positivos. Sobretudo, estimulou sua autonomia. Longe dos detalhes, pressões e prazos apertados, eles conseguiram pensar nas prioridades estratégicas com mais facilidade e clareza e definiram as melhores vias para atingi-las. Essa postura autônoma é uma habilidade crítica para a liderança no campo de batalha, nos negócios e na vida.

Repeti a pergunta para o grupo inteiro: "Por que isso não passou pela cabeça de vocês ontem? Por que, de repente, a ideia está clara?"

TENHA FOCO, MAS PRESERVE SUA AUTONOMIA   285

"Ontem, eu estava fazendo ligações, lidando com problemas urgentes em alguns projetos e tentando administrar um tsunami de e-mails na minha caixa de entrada", Rob respondeu.

"Você estava imerso nos detalhes, trabalhando no microscópio", eu disse, concordando. "Fique muito atento a esses detalhes. Não se afaste muito. Mas não fique obcecado por eles. O líder tem que ter autonomia, deve saber se afastar para ver o cenário global.

"Ao participar desta sessão, você está praticando sua autonomia e se distanciando dos detalhes", continuei. "Quando você está aqui, seu foco está em outras coisas. A próxima etapa ficou bem mais clara: você tem que aprender uma lição muito importante."

Narrei como aprendi essa lição nas Equipes do SEAL.

Expliquei: no campo de batalha, quando o líder olha pela mira da arma, o ângulo do seu campo de visão é reduzido de cento e oitenta graus ou mais para só o que ele pode ver através daquela pequena abertura. Mas o líder não pode ter um foco limitado. Sua função é analisar o contexto e determinar a situação global. Em dado momento, concluí que, em um pelotão de SEALs com um poder de fogo massivo, meu fuzil só fazia volume. Mas, se eu não analisasse a cena, quem faria isso? Ninguém. O dever era meu.

"Isso também se aplica à liderança no mundo dos negócios", expliquei. "Os líderes seniores devem sempre exercer sua autonomia para se afastar da cena, contextualizar os fatores e definir suas prioridades."

"Mas é preciso sempre primar pelo equilíbrio", continuei. "É necessário ter autonomia, mas sem se afastar tanto do grupo a ponto de perder o contato com o que está acontecendo. Se você não estiver ligado no momento, não poderá apoiar a equipe e não conseguirá liderar."

Para ilustrar essa dicotomia, contei que, como comandante, tive dificuldades para tomar posição na casa de tiro durante o treinamento de combate a curta distância, no qual o pelotão tinha que limpar compartimentos e corredores em um contexto urbano. No pelotão em que eu servira anteriormente, aprendi que o oficial devia ficar no fim da fila.

"Por que você está no fim da fila?", Jocko perguntou, observando os exercícios do Pelotão Charlie da passarela suspensa.

"Achei que era a minha posição", respondi.

"Qual é a situação dos caras lá no início da fila?", Jocko perguntou.

"Não faço ideia", admiti. Se eu não sabia o que estava acontecendo lá na frente, como poderia liderar? Eu não conseguiria ajudar a equipe a resolver nenhum problema complexo, solicitar mais recursos para os atiradores nem comandar ou controlar o grupo de forma adequada.

"'Sem conhecer a situação, você não vai conseguir liderar', Jocko me disse. 'Então, não fique lá atrás, pois você não vai saber o que está acontecendo lá na frente. Entretanto, não fique lá na frente, pois sua atenção vai ser totalmente absorvida pelas ações de limpeza e pelos detalhes táticos, o que inviabiliza um comando e um controle eficientes. Tome posição em algum ponto no meio da fila, junto com a maioria dos SEALs, a uma distância suficiente do início para captar a situação sem ficar fixado nas minúcias táticas.'"

Parecia bastante razoável. A orientação de Jocko era simples, mas muito inspiradora. Fiquei mais confiante e compreendi exatamente como eu deveria me posicionar como líder. Mais importante, percebi que não estava atrelado a uma determinada posição. Eu podia circular para conferir a situação e apoiar os membros da equipe sempre que necessário. Essa foi uma lição importante e inesquecível.

"Para atingir esse equilíbrio fundamental", eu disse, "não se aproxime de nenhum dos polos. Já vi líderes, entre SEALs e empresários, irem longe demais nessas duas direções. Então, mantenha sempre o equilíbrio: exerça sua autonomia, mas não se distancie a ponto de perder o contato com os fatos e inviabilizar sua liderança".

"Ao perceber que a equipe está se dando muito mal, o líder tem que intervir para ajudar o grupo a resolver seus problemas. Já vi líderes que se achavam bons demais para esse tipo de coisa. Essa é uma forma muito extrema de autonomia, algo que chamamos de 'alienação em combate'. Isso não é nada bom. O resultado pode ser catastrófico."

Como expliquei à turma, Jocko usou esse termo para descrever um líder excessivamente distante que observamos durante uma operação de treinamento.

Além de uma unidade de tarefas, esse líder comandava uma força terrestre que estava realizando exercícios em um terreno urbano simulado. Seus pelotões tinham que encarar um problema tático muito complexo: dominar um amplo prédio de concreto onde havia um grande número de adversários cenográficos armados com munição de paintball. A unidade de tarefas estacionou os veículos fora do alvo, e a força de assalto desembarcou e entrou no edifício. Imediatamente, os SEALs se depararam com um ataque intenso lançado por muitos "combatentes inimigos" (instrutores e voluntários disfarçados), entrincheirados no local. Logo, muitos SEALs foram atingidos e orientados pelos instrutores a simularem mortes e ferimentos graves. A força de assalto ficou acuada no prédio. Os SEALs precisavam de apoio, recursos e orientações. Jocko e eu estávamos no local, observando os pelotões em ação e esperando alguém assumir a responsabilidade e comandar o apoio, mas nada disso ocorreu.

"Onde está o comandante da unidade de tarefas?", Jocko perguntou, depois de minutos torturantes observando o agravamento do problema. Examinei o local, mas não o vi.

"Acho que ele ficou no Humvee, lá fora", comentei. Jocko e eu saímos do prédio. O comandante parecia ter evaporado.

Então, fomos até a fila de Humvees na rua, fora do prédio. O comandante estava lá, sentado confortavelmente em um dos veículos. Abrimos a pesada porta blindada.

"Que p*rra é essa?", eu disse, repetindo a frase favorita do ex-comandante do Pelotão Delta (Unidade de Tarefas Bruiser), nosso irmão Seth Stone. O comandante não disse nada.

"O que está acontecendo lá dentro?", Jocko perguntou, apontando para o prédio onde a equipe estava cercada.

O comandante ficou sem resposta. Olhou para o mapa, mas não demonstrou nenhuma intenção de sair do banco de trás do Humvee.

"Estou aguardando novas informações sobre a situação", ele respondeu, como se estivesse totalmente no controle do cenário.

Ele ligou o rádio. "Qual é a situação?", perguntou ao comandante de pelotão que liderava a força de assalto no local. Jocko e eu monitorávamos os canais da unidade de tarefas para ouvir as comunicações e avaliar o desempenho da liderança nesse aspecto.

Nenhuma resposta chegou pelo rádio. O comandante do pelotão e grande parte da sua equipe estavam acuados, em meio a um terrível confronto armado no local. Havia muitas baixas simuladas, e o grupo estava tentando removê--las do corredor sob uma intensa troca de tiros. Sem dúvida, o comandante do pelotão não estava nem um pouco disponível para chamadas de rádio.

"Aguardo informações sobre a situação", o comandante da unidade de tarefas repetiu pelo rádio.

Nenhuma informação chegou. Mais meio minuto de silêncio se passou.

"Então, o que está acontecendo?", Jocko perguntou novamente.

"Não sei", ele respondeu. "Estou aguardando mais informações sobre a situação."

Jocko se voltou para mim, intrigado.

"Você já pensou em ir até o comandante da força de assalto para obter essas informações?", eu disse. "Você não está preso no veículo. Então, circule pelo local em busca de ângulos melhores para exercer o comando e o controle sobre o grupo. Ou fique aqui, sentado no Humvee, enquanto todos morrem."

Ato contínuo, o comandante saiu do veículo e foi até o prédio para conferir o que estava acontecendo.

"Alienação em combate", Jocko disse. "Esse é o melhor termo que consigo imaginar para descrever um distanciamento desse nível." O líder estava tão afastado do grupo que perdera todo o contato com os fatos no local. Para ele, outra pessoa se prontificaria para resolver a situação. O comandante parecia bastante irritado quanto teve que sair do Humvee para liderar. Mas ele logo aprendeu que, quando a equipe está se aproximando do abismo, o líder sênior deve deixar sua autonomia de lado e partir para cima, resolvendo os problemas e apoiando o grupo. Esse é o momento de *liderar*. À medida que os problemas forem resolvidos, o líder poderá voltar para uma posição de maior autonomia.

Com esse exemplo, mostrei para os líderes reunidos na sala como era essencial equilibrar a dicotomia: tenha foco, mas preserve sua autonomia. Eles aprenderam a aplicar essa ideia com mais eficiência e ponderação e passaram a conquistar mais vitórias com as equipes que lideravam.

Aqui, uma patrulha de SEALs do Pelotão Charlie (Unidade de Tarefas Bruiser) retorna à zona controlada pela coalizão após a primeira grande operação da Equipe de Combate da Brigada "Ready First" (1ª Brigada da 1ª Divisão Blindada do Exército dos EUA), voltada para a implementação da estratégia de "Conquistar, Liberar, Manter, Construir" e a retomada de Ramadi dos insurgentes. Os SEALs da Bruiser e os soldados iraquianos deram suporte à seção "Conquistar e Liberar", realizando missões de vigilância com snipers, patrulhas e operações de limpeza e liberação em cooperação com os bravos Soldados e Fuzileiros da Brigada "Ready First". Quando chegavam à zona controlada, os SEALs rapidamente se reabasteciam, montavam o equipamento e planejavam a próxima operação da Bruiser. Esta fotografia foi tirada um dia depois dos eventos descritos na abertura do Capítulo 3.

(Fotografia dos autores)

POSFÁCIO

As dicotomias apontadas neste livro são apenas uma amostra das muitas forças opostas que a liderança deve equilibrar a cada ação e decisão. A lista de dicotomias é interminável, e cada uma delas merece um capítulo. Os líderes podem focar demais as métricas e ignorar os corações e mentes dos seus funcionários e clientes ou, no outro extremo, dar muita atenção aos sentimentos individuais e coletivos sem levar os dados em consideração. Eles podem ser diretos demais, intimidando a equipe e empurrando os líderes para a defensiva, mas também podem não ter a objetividade necessária para transmitir suas mensagens claramente. O líder às vezes investe capital demais; em outras, aplica recursos insuficientes. Às vezes, ele aumenta a equipe rapidamente, mesmo que o desempenho do grupo seja prejudicado ou só melhore lentamente; em outros casos, ele não integra novos colaboradores, e a equipe fica sobrecarregada. Há líderes que negligenciam sua vida pessoal ao colocarem o trabalho na frente da família; outros negligenciam o trabalho para passar mais tempo com a família e acabam perdendo seu emprego e meio de subsistência. Há líderes que brincam demais e nunca são levados a sério; outros não relaxam nunca e disseminam uma cultura austera de seriedade no grupo. Alguns líderes falam demais a ponto de perderem o interesse da equipe; outros quase não falam, e os subordinados desconhecem totalmente suas opiniões.

Existem infinitas dicotomias. Para cada comportamento *positivo* do líder, há uma conduta na direção oposta com efeito *negativo*. O ponto mais forte do líder muitas vezes é a sua maior vulnerabilidade. Mas identificar e entender essas dicotomias é o primeiro passo para evitar que elas causem problemas bem mais graves.

Além disso, o líder precisa estar sempre atento a possíveis desequilíbrios. Se a equipe está sem iniciativa, provavelmente o líder microgerenciou o grupo. Se a equipe fica na maior algazarra e deixa o serviço de lado, o líder se permitiu um excesso de descontração. Ao perceber qualquer ineficácia no seu comando, o líder deve analisar minuciosamente o contexto até identificar os fatores desequilibrados. Em seguida, ele tem que agir e recuperar o equilíbrio na dicotomia.

No entanto, ao promover o reequilíbrio, o líder deve ter o cuidado de não corrigir em excesso. Esse é um erro comum: quando percebem que foram longe demais em uma direção, os líderes muitas vezes reagem e aceleram na direção oposta. Essa postura é ineficaz e costuma piorar a situação. Portanto, faça ajustes pontuais e calculados, monitore os resultados e promova pequenas correções iterativas até atingir o equilíbrio.

Depois de harmonizar a situação, o líder deve admitir que nenhum equilíbrio é para sempre. As circunstâncias estão em constante mudança: subordinados, líderes, funcionários, o inimigo, o campo de batalha, o mercado, o mundo — tudo pode mudar a qualquer momento. Essas alterações impactam a estabilidade da Dicotomia da Liderança. Por isso, o líder tem que monitorar continuamente a situação, se adaptar às mudanças e recuperar o equilíbrio.

Como muitos desafios encarados pela liderança, encontrar e preservar o equilíbrio não é fácil. Mas, como escrevemos em *Responsabilidade Extrema*, essa grande complexidade só intensifica a recompensa do sucesso. Compreender a Dicotomia da Liderança em profundidade viabiliza uma alta eficiência na atuação do líder e da equipe, que desenvolvem a habilidade de dominar e vencer em qualquer campo de batalha.

Então, encare o desafio. Seja um líder mais eficaz. Assuma uma Responsabilidade Extrema por todos os fatores do seu mundo, mas se dedique ao máximo a equilibrar suas ações: no trato com seus subordinados, superiores e colegas; em suas decisões e emoções; na sua vida. A liderança é pontuada por situações complexas, bons resultados, superação de obstáculos e satisfação pessoal. Mas, só quando pensa e age com equilíbrio, o líder consegue concretizar o objetivo de todos os comandantes e de todas as equipes: a vitória.

Aqui, o tenente Leif Babin (à esquerda) e o tenente comandante Jocko Willink (no centro) aparecem com a Unidade de Tarefas Bruiser em Ar Ramadi, no Iraque, em 2006. À direita, está o tenente Seth Stone, comandante do Pelotão Delta e um amigo muito querido de Jocko e Leif. Ao fim desse turno, Seth assumiu o comando da Bruiser e voltou ao Iraque para liderar os SEALs em operações agressivas na campanha que efetivamente pacificou Sadr City, um distrito de Bagdá, em 2008. Em 30 de setembro de 2017, Seth morreu em um acidente durante uma sessão de treinamento. Jamais o esqueceremos.

(Fotografia dos autores)

MATERIAIS EXCLUSIVOS

A DICOTOMIA DA LIDERANÇA

Em combate, aprendemos que a liderança é o fator mais importante no campo de batalha — ela é decisiva para o sucesso ou o fracasso do grupo. Como instrutores de treinamento nas Equipes SEAL, conferimos em primeira mão o grande valor dos programas de desenvolvimento de lideranças. Desde a abertura da nossa empresa de consultoria, a Echelon Front, no início de 2012, confirmamos esse fato muitas vezes no mundo dos negócios, em organizações de grande e pequeno porte de todos os setores. Em outubro de 2015, com a publicação de *Responsabilidade Extrema*, sabíamos que as ideias explicadas na obra teriam uma grande repercussão entre os líderes. No livro, descrevemos os erros que havíamos cometido e as lições aprendidas com esses lapsos. Mas nunca teríamos imaginado o impacto que *Responsabilidade Extrema* teve, chegando ao topo dos mais vendidos no *New York Times* e se estabelecendo como um dos livros de negócios mais bem-sucedidos da última década.

Durante anos, realizamos muitas sessões de treinamento e palestras, dentro e fora das empresas. Mas já idealizávamos um projeto que reuniria os líderes mais talentosos, promissores e determinados a dominar seus campos de batalha. Esses aspirantes teriam lido e implementado os princípios indicados no *Responsabilidade Extrema* e estariam comprometidos a melhorar seu desempenho. Convocados entre os ouvintes do podcast de Jocko, os líderes se depararriam não com uma sessão de incentivo ao otimismo, mas com um evento que instigaria sua humildade e uma avaliação brutalmente honesta sobre suas condutas e os pontos que poderiam melhorar em suas vidas profissionais e pessoais. Falávamos desses encontros como "Passar em Revista a Tropa da Responsabilidade Extrema", mas logo abreviamos essa expressão para "A Revista". Nas forças armadas, passar em revista corresponde a inspecionar minuciosamente a tropa e seu preparo para o combate. O termo caía como uma luva quando nos referíamos àqueles líderes, efetivos e aspirantes, que atuavam em empresas, organizações filantrópicas, forças militares e órgãos de defesa civil e que nos procurariam para aprender a liderar e vencer em seus respectivos campos de batalha.

Organizamos a primeira Revista sem saber ao certo o número de participantes. Estimávamos um público de cem líderes, mas, como ninguém tinha certeza, talvez só aparecesse meia dúzia deles. Então, em outubro de 2016, dez anos depois da nossa partida de Ramadi com o último destacamento da Unidade de Tarefas Bruiser, após seis meses de combates intensos, promovemos o Extreme Ownership Muster 001 [Revista da Tropa da Responsabilidade Extrema 001, em tradução livre], em San Diego, na Califórnia. Cerca de trezentos e cinquenta líderes dos Estados Unidos e de outros países compareceram. O feedback foi extraordinário, e o público rapidamente se expandiu, pois muitos líderes voltavam aos eventos acompanhados por seus colaboradores mais importantes. Desde então, milhares de pessoas já participaram dessas Revistas, que continuam crescendo em público e porte.

Desde as primeiras edições, a programação de dois dias da Revista contém uma seção que desenvolve o tema do último capítulo de *Responsabilidade Extrema*, A Dicotomia da Liderança. Embora esse capítulo tenha introduzido o conceito, achávamos que alguns leitores talvez quisessem uma análise mais aprofundada. Confirmamos essa demanda quando trabalhamos com centenas de empresas e milhares de líderes por meio da Echelon Front. Esse é o aspecto mais complexo da liderança, mas também o mais essencial. Às vezes, ao tentarem implementar os princípios da Responsabilidade Extrema, líderes bem-intencionados, por equívoco, concentravam todas as tarefas e fracassavam. Outros tentavam adotar o Comando Descentralizado e erravam ao delegar responsabilidades demais, perdendo o controle e a capacidade de liderar suas equipes — uma postura igualmente desastrosa. Para ser eficiente, a liderança deve encontrar e preservar um equilíbrio entre essas forças opostas. Mas há muitas — infinitas — dicotomias que o líder precisa equilibrar.

Desde o início, reconhecemos a importância de analisar a Dicotomia da Liderança com mais detalhes na Revista. Conforme os eventos cresciam, aumentava também a demanda por uma abordagem mais centrada nesse fator. Ao longo desses encontros e da nossa atuação como consultores, orientando líderes a identificarem as dicotomias e atingirem um equilíbrio eficiente, fomos tomados pela necessidade de escrever sobre esse aspecto crucial da liderança. Então, um amigo próximo (que, por acaso, era um executivo de grande sucesso) sugeriu que esse deveria ser o tema do nosso próximo livro, na sequência de *Responsabilidade Extrema*, e logo concordamos com ele. Foi assim que *A Dicotomia da Liderança* nasceu.

Inspirado pelos anos de experiência que acumulamos em nossa consultoria após a publicação do *Responsabilidade Extrema*, *A Dicotomia da Liderança* aborda esse complexo desafio encarado pelo líder — equilibrar cada dicotomia da forma mais eficiente possível viabiliza a alta performance de que a equipe e o líder tanto precisam para triunfar.

— *Jocko Willink e Leif Babin*

LEMBRE-SE

Jocko Willink

Lembre-se de mim.

Sou o Soldado, o Marinheiro, o Aviador e o Fuzileiro que pereceram.

Sou o Guerreiro Caído.

Sou aquele que impôs disciplina.

Por vezes, fui voluntário. Em outras, recebi ordens.

Mas sempre atendi ao chamado da pátria.

Para servir, abri mão da família, dos amigos e da liberdade tão comum na pátria.

Troquei de armas com o tempo: uma espada, um mosquete, uma baioneta, um fuzil, uma metralhadora.

Muitas vezes, tive que marchar até a batalha — por quilômetros a fio —, atravessando continentes inteiros. Levava pouca água e quase nenhuma comida. Mas isso me era indiferente, pois havia uma missão a cumprir.

Em outras ocasiões, cavalguei e segui em comitivas; em trens; depois, em tanques, jipes e Humvees.

Nas primeiras guerras, meus navios tinham um casco de madeira e velas impulsionados pelo vento para se mover.

Depois, vieram os cascos de aço, motores a diesel e a era nuclear.

Alcei voo e dominei os céus em aviões, helicópteros e jatos.

302 A DICOTOMIA DA LIDERANÇA

As máquinas de guerra evoluíram.

Mas, lembre-se, sempre era eu — o guerreiro — quem combatia os inimigos da pátria.

Combati em Lexington e Concord no nascimento da nação.

Atravessei o rio Delaware no Natal de 1776. A liberdade estava conosco.

Defendi o rio Chattahoochee na Guerra de 1812. Peguei em armas novamente.

Na Guerra Civil, lutei *com* meus irmãos — e *contra* meus irmãos — em Gettysburg, Shiloh e Bull Run. *Aprendi que a pátria nunca mais deveria se dividir.*

Na Primeira Guerra Mundial, atravessei o Marne e encarei o olho do furacão no Bosque de Belleau. Aquela era "a guerra para acabar com todas as guerras", segundo diziam. Para mim, não passou de um inferno.

Na Segunda Guerra Mundial, lutei em toda parte: nas praias da Normandia, na Batalha do Bulge, nas areias de Iwo Jima, no inferno de Guadalcanal. Combati a tirania e impedi que a escuridão dominasse o mundo.

Na Coreia, desembarquei em Inchon e rompi o cerco ao Reservatório de Chosin. Dizem que essa é uma guerra esquecida — mas eu nunca a esqueci.

No Vietnã, lutei no Delta do Mekong, em Ia Drang, em Khe Sanh e em Hamburger Hill. Há quem diga que meu país cedeu. Mas eu não cedi. Nunca.

Nos últimos tempos, lutei em Granada, no Panamá, na Somália e outros pontos inóspitos do globo.

E, finalmente, combati no Iraque e no Afeganistão. Em Bagdá, Faluja e Ramadi.

Em Kunar, Helmand e Kandahar.

Com os avanços tecnológicos, passei a dispor de óculos de visão noturna e térmica, GPS, drones e lasers.

Mas era sempre eu, um ser humano, quem cumpria a missão.

Era eu quem patrulhava as montanhas, atravessava o deserto e cruzava as ruas.

Era eu quem padecia sob o calor implacável e o frio mais inclemente.

Era eu quem saía, a cada noite, para desafiar os inimigos da nação e confrontar o mal frente a frente.

Era eu.

Lembre-se de mim. Eu era um Guerreiro. Mas não só:

Eu não era *só* um guerreiro.

Eu não era *só* um Soldado, um Marinheiro, um Aviador ou um Fuzileiro.

Lembre-se: eu era um filho, um irmão, um pai.

Eu era uma filha, uma irmã, uma mãe.

Eu era uma *pessoa* como você, *alguém* com desejos e sonhos.

Eu queria ter filhos.

Eu queria acompanhar o crescimento dos meus filhos.

Eu queria ver meu filho marcar um touchdown ou fazer a cesta da vitória no final do jogo de basquete.

Eu queria acompanhar minha filha até o altar.

Eu queria beijar minha esposa novamente.

Eu queria envelhecer ao lado dela — e segurar sua mão a cada momento difícil.

> Quando prometi ficar ao lado dela até o fim, falei com o coração.

> Quando eu prometi que sempre cuidaria dos meus filhos, falei com o coração.

Mas abri mão de tudo isso.

Tudo.

Naquele distante campo de batalha, em alguma zona desolada, em meio ao medo, ao fogo e às balas.

Ou no céu, sobre o território do inimigo, carregado com bombas letais.

Ou no impiedoso mar, onde lutamos contra o inimigo e contra o abismo.

Em todos esses lugares tenebrosos, eu aguentei a barra. Não cedi nem hesitei.

Eu: o Soldado, o Marinheiro, o Aviador e o Fuzileiro.

Eu tomei posição e sacrifiquei minha vida — meu futuro, meus desejos, meus sonhos — sacrifiquei tudo — por vocês.

No Memorial Day deste ano, lembre-se de mim: o Guerreiro Caído.

Lembre não por mim — mas por você.

Lembre-se de tudo que sacrifiquei para que você usufruísse de liberdades tão valiosas:

Vida. Liberdade. A busca pela felicidade.

Aproveite esses prazeres, dos quais abri mão para que você pudesse apreciá-los:

Uma brisa suave.

A macia grama da primavera sob os pés descalços.

Um cálido sol de verão no rosto.

Família. Amigos. E Liberdade.

Nunca se esqueça de onde isso tudo veio...

Veio do sacrifício: do Sacrifício Supremo.

Não desperdice isso. Não perca tempo. Viva uma vida que faça jus ao sacrifício dos nossos Heróis Caídos.

Lembre-se deles sempre. E celebre o Memorial Day todos os dias.

VENCER, CUSTE O QUE CUSTAR

Jocko Willink

O que é liderança?

Alguns dizem que é influenciar as pessoas. Outros dizem que é conquistar sua ADESÃO.

Também há quem diga que é ocupar uma posição de autoridade para mandar nas pessoas.

Existem muitas definições de liderança.

Mas, para mim, a liderança sempre teve um só significado:

VENCER, CUSTE O QUE CUSTAR.

Esse é o significado da liderança para mim.

É preciso ter coragem para afirmar isso, porque essa definição tem um poder muito grande.

"Vencer, custe o que custar" é não se deter diante de nada na trilha até a vitória.

É não parar por nada e superar todas as dificuldades ao longo do caminho.

"Vencer, custe o que custar" é o lema supremo.

Ele grita: POSSO DESTRUIR QUALQUER OBSTÁCULO.

Agora. Parece bem direto.

Mas na verdade não é tão simples assim.

"Vencer, custe o que custar" é infinitamente mais do que isso.

É isso que muitas pessoas não conseguem ver nem entender.

"Vencer, custe o que custar" é ser implacável na superação de obstáculos.

Mas também é saber o momento de recuar.

Sem dúvida, é a capacidade de lidar diretamente com um problema.

Mas também é saber o momento de CONTORNAR um problema e atacá-lo pelos flancos.

"Vencer, custe o que custar" é executar seu plano com obstinação até o fim.

Mas também é saber o MOMENTO DE ADMITIR que o plano não está funcionando e recorrer a outra opção.

Para "vencer, custe o que custar", o líder deve assumir o comando e fazer acontecer.

Mas o líder também deve saber o momento de SAIR DE CENA e permitir que outra pessoa assuma o comando.

Para o líder, "vencer, custe o que custar" é se colocar diante de um grupo e apontar o caminho a seguir.

Mas também é saber ficar nos bastidores, incentivando a equipe e reconhecendo suas conquistas.

Então.

Como devo agir para vencer?

Você tem que ser DETERMINADO.

Você tem que ser OBSTINADO.

Você tem que ter uma intensa VONTADE DE VENCER.

Mas, de fato, "vencer, custe o que custar" exige mais FLEXIBILIDADE, mais CRIATIVIDADE, mais ADAPTABILIDADE, mais COMPROMISSO e mais HUMILDADE do que o senso comum imagina.

VENCER, CUSTE O QUE CUSTAR 307

É assim que você deve agir para vencer.

Então, se você precisa agir assim para "vencer, custe o que custar", como você pode se tornar um grande líder?

É difícil responder a essa pergunta.

As pessoas têm dificuldades para chegar a uma resposta porque não conseguem ver os fatores envolvidos no processo. Muitas características de um grande líder não são visíveis:

A confiança concedida.

Os relacionamentos construídos.

O exemplo implícito.

E, claro: o equilíbrio.

O equilíbrio nas dicotomias da liderança:

Encontre um equilíbrio entre a força e a leveza,

Entre o barulho e o silêncio,

Entre a agressividade e a passividade,

Entre a rigidez e a complacência,

Entre a tirania e a delicadeza,

Entre a dominação do ego ou pelo ego.

É aí que está a verdadeira beleza da liderança.

Felizmente, nem todo mundo sabe disso.

A beleza é essa:

Se você colocar a equipe, a missão, as pessoas e os princípios à frente do seu ego, VOCÊ VENCERÁ.

Essa realidade parece paradoxal.

Se você achar que está acima de tudo e todos e pensar mais em si do que nas outras pessoas, você fracassará.

308   A DICOTOMIA DA LIDERANÇA

Se você sacrificar a equipe em prol de si mesmo —

se seu sucesso pessoal for mais importante que as equipes —

se estiver mais focado em si que em seus colaboradores,

então, sem dúvida, você fracassará.

Porém, se você priorizar a equipe e fixar como meta não seu sucesso pessoal, mas o sucesso da equipe e da missão —

se, como líder, der mais atenção aos outros do que a si mesmo —

se você colocar sua equipe em primeiro lugar, acima de tudo,

então, sem dúvida, você vencerá.

Este é o significado da liderança: a meta legítima de priorizar os colaboradores e a missão e colocá-los acima dos seus interesses pessoais.

Só assim o líder poderá "vencer, custe o que custar".

ÍNDICE

A

abordagem detalhista, 233
ação
    corretiva, 53
    direta, 233, 277
    específica, 46
    furtiva, 187
aconselhamento, 98
adaptação, 123
agressividade, 150
    vencedora, 152
alienação em combate, 287
alívio, 97
Al Qaeda, 206
ameaça, 248
análise risco-benefício, 146
antecipar os eventos, 168
aparência profissional, 260
arrogância, 77, 188, 191
articulações, 46
assumir a responsabilidade, 192, 264
atenção aos detalhes, 282–283
atitude derrotista, 117

atribuição do crédito, 216
audácia, 51, 191
aumento de produção, 32
autonomia, 276
avaliação de desempenho, 220,
    220–221

B

Bagdá, 185
baixas, 20, 21
Belleau Wood, 228
blue-on-blue, 64
bomba, 235

C

call centers, 177
camaradagem, 87
campo
    de batalha, 285
    de visão, 282
cancelar a missão, 122

capacidade
    de aprender, 116
    falta de, 98
capital
    de giro, 153, 156
    de liderança, 77, 82, 80–84
casa de tiro, 90, 243
cautela, 150
C-Lake
    operação, 147–151
cobrir e mobilizar, 2, 134, 187, 231
comando
    descentralizado, 8, 61, 69, 119
    verbal, 118
combate, 143
    a curta distância, 89
    terrestre, 88
    urbano, 161
competência, 53
complacência, 77, 234
comprometimento, 59
    insuficiente, 51
conceito, 47
condições extremas, 46
conduta antiprofissional, 260
conexão, 180
confiança, 86, 191
conquistar a confiança, 278
contexto, 174, 285
controlador, 45, 70
conversa, 54
coordenação
    falta de, 53
coragem, 191

correr e proteger, 231
criatividade, 51
críticas, 223, 269
culpabilização, 100, 265

D

dados de inteligência, 186
dedicação, 32
delegação, 51–53
    de poder, 193
demissões, 87, 94, 97
    em massa, 35
descentralização do comando, 47, 187
desinformação, 53
desligamento, 16
despesas, 32
dever a cumprir, 27
dicotomia fundamental, 29
diretiva, 256
disciplina, 78–84, 165
    excessiva, 174–175
disciplina é liberdade, 79, 173
disparo acidental, 273
displicência, 49
distribuir a responsabilidade, 44
doença da vitória, 152
dúvidas, 22

E

Echelon Front, 284
economia de recursos, 36
eficácia, 217

ego, 59

elemento surpresa, 271

emblemas, 72–76

emboscadas, 42, 123

empatia, 33

equilíbrio, 285–286

equipe

   proteção, 98

estabilização, 254

estafa da missão, 90

estratégia, 26, 222

   de crescimento, 241

exageros no planejamento, 232

excedente de pessoal, 32

excelência, 60, 77

execução, 105, 135

exercer o comando, 289

expansão, 78

experiência, 278

extensão total da autoridade, 269

F

falhas graves, 267

fardo do comando, 33

feedback, 102, 269

flexibilidade, 47, 233

foco estratégico, 283

fogo

   amigo, 63, 166

   inimigo, 109–110

força de assalto, 144, 289

fratricídio, 144

G

gestão

   de riscos, 239

   dos recursos, 132

   do tempo, 132

guerra, xiii

   do Iraque, 43

guerreiros, 262

H

habilidades, 32

humildade, xiii, 238, 254, 263–264

I

improdutividade, 97

inabilidade, 98

ineficiência, 98

iniciativa, 59, 173

   falta de, 52

inovação e adaptação, 123

instinto de proteção, 253

instruções precisas, 117

instrutores, 133

inteligência tática e operacional, 90

J

jihad, 274

jundhis, 273

L

lealdade, 96
leis do combate, xiv, 8, 187
    cobrir e mobilizar, 9
    descentralizar o comando, 9
    priorizar e executar, 9
    simplificar, 9
liderança, xiii, 26, 97, 111, 118
    com eficiência, 277
    da equipe, 153
    desafios, 218
    desenvolvimento de, 113
    sucesso ou fracasso, 118
líderes, 7, 16, 30, 96, 128, 151, 217,
    258, 283
    agressivos, 151–160
    autônomos, 283
    boa índole, 35
    complacentes, 51, 53
    consistentes, 128
    criteriosos, 258
    desconectados, 30
    determinados, 219
    eficientes, 8
    experientes, 128
    fracos, 220
    imprudentes, 81, 152
    inteligentes, 99
    íntimos, 30
    passivos, 258
    proativos, 151
    seniores, 128
    subalternos, 258
    subordinados, 217

limite operacional, 200
linha de fogo, 168

M

manter a calma, 141
manutenção do equipamento, 42
máximas militares, 268
mentoria, 97–98
microfone aberto, 208
microgerenciamento, 45, 51–53
    sintomas, 52–53
mineração, 31–32
mira da arma, 285
missão
    a cumprir, 22
    estratégica, 267
mitigar riscos, 206, 238
modelo de precificação, 176
modo agressivo, 152
modularização, 283
momento de liderar, 289
motivação, 30, 59
muj, 248, 274
munição
    real, 89
    traçante, 7

N

Napoleão Bonaparte, 268
neutralizar o adversário, 272
névoa da guerra, 143

O

objeções, 177
objetivos
  elásticos, 155
  falta de, 53
operações, 277
  anticontrabando, 43
  de censo, 228
  de limpeza, 135, 233
  militares em terreno urbano, 112
  ordem de, 68
opiniões, 269
orientação, 97, 98

P

pacificação, 18, 254
passar em revista, 298
passividade, 52, 254
planejamento, 138, 173
  criterioso, 238–239
planos
  alternativos, 258
  de contingência, 231, 232
poder de fogo, 246
postura
  agressiva, 248
  falta de, 98
potencial
  falta de, 98
pouca ação, 54
preserve sua autonomia, 289
pressão, 115
  do comando, 257
presunção, 191

prioridades, 98, 285
  equivocadas, 54
priorizar e executar, 187, 277
proatividade, 151
problemas relacionados ao produto, 197
procedimentos
  equilibrados, 157
  estritos, 280
  operacionais padrão, 164–165, 168
profissionais competentes, 220
programar os rádios, 68

R

raciocinar, 165
Ramadi, 1, 97, 208
  batalha de, 234
regras de engajamento, 273
relatório
  da operação, 50
  de inteligência, 271
respeito, 30
responsabilidade, 22, 45, 77–84, 189
  equipamento, 188
  extrema, 45–46, 104, 118, 126, 178,
    221, 265, 284
  liderança, 189
  total, 51
responsabilização, 193
reuniões pessoais, 78
rigor, 168
risco, 24
  de morte, 113
roteiros, 178–180

S

seguidor, 216
segurança, 24
setor de commodities, 31
simplificar, 187
simulações, 47, 287
    de granadas, 112
    em alto-mar, 214
sistema de gerenciamento do
        relacionamento com os
        clientes, 195
situações de riscos, 19
sobrecarga, 232
    de tarefas, 68
sofrimento, 232
soluções
    alternativas, 174
    falta de, 52
sucesso da missão, 238

T

táticas, 222
    avançadas, 122, 126
tecnologia, 178
telemarketing, 177
tenha foco, 289
terrorista, 40
time, 23
tolerante, 70
tomar, limpar, dominar, construir,
        65, 259
treinamento, 24, 97, 113–114, 125, 126
    baseado em repetição, 126
    contínuo, 126

dos líderes, 264
fundamentos, 126
pesado, 87, 122
realista, 126

U

unidade coesa, 76

V

variação individual na equipe, 86
vendedores, 178
verificações periódicas, 280
vínculo emocional, 30
violações
    de segurança, 90, 166
    do protocolo, 75
visão
    estratégica, 151
    panorâmica, 277
visitar, embarcar, procurar e
        dominar, 214
vitória de Pirro, 222
voluntários, 287

Z

zelar e destacar, 24
zona
    de conforto, 115, 125
    perigosa, 249
zona de conforto
    de conforto, 219

CONHEÇA OUTROS LIVROS DA ALTA BOOKS

Negócios - Nacionais - Comunicação - Guias de Viagem - Interesse Geral - Informática - Idiomas

 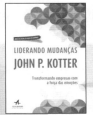  

   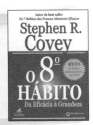

Todas as imagens são meramente ilustrativas.

SEJA AUTOR DA ALTA BOOKS!

Envie a sua proposta para: autoria@altabooks.com.br

Visite também nosso site e nossas redes sociais para conhecer lançamentos e futuras publicações!
www.altabooks.com.br

/altabooks ▪ /altabooks ▪ /alta_books

ALTA BOOKS
E D I T O R A

Este livro foi impresso nas oficinas gráficas da Editora Vozes Ltda.,
Rua Frei Luís, 100 – Petrópolis, RJ.